田中角栄　最後の激闘

下剋上の掟

大下英治
Eiji Ohshita

さくら舎

はじめに

「モンスター田中角栄」

本書は田中角栄に援けられ、総理になる盟友の大平正芳の闘いの描写からはじまるが、その大平が身内に語っていた。

「田中とは、絶対に一対一で会ってはいかん。あいつは、人間じゃない。霊能師だ。一対一で会うと、必ずあいつの言うことを聞かされてしまう。必ず、複数で行け」

田中角栄が子飼いの議員のなかでもまるで息子のようにかわいがっていた小沢一郎が、「オヤジ」とも呼んでいた角栄の魅力について筆者に語っていた。

「田中先生に憧れている点は、まず人柄です。なにより人の世話を焼くのを厭わない。気配りや配慮もあった。人を束ねていくうえで、こうした点は基本ですね。

目白台の田中邸には毎年、全国から陳情団が大挙して押し寄せていた。毎朝、一日百人もの陳情を受けていた。その陳情団への対応が見事。ぼくなんかから見たら、『まぁ、そこまでやらないでもいいのに』というくらいサービスしていた。あそこまではなかなかできないね」

かつて田中の秘書だった早坂茂三によると、田中は多忙をきわめるなか、早朝に地元の新潟から家出した息子の捜索の相談に訪れた老婆に対して、「よしきた」と答え、警察庁長官に電話をかけ、解決の糸口をつけたという。

さらに田中は老婆を玄関まで見送りし、下足の山の中から老婆の下駄を探し、自らの肩を貸して履かせた。

それを背後で見ていた早坂が、老婆が立ち去ったあと、田中に訊いた。

「なんで、そこまでしなきゃいけないんですか」

田中は笑って答えたという。

「ないさ。でもなぁ、婆さんは田舎で一部始終をふれ回る。みんなニコニコ聞くよ。あの田中角栄は、ワシの履物までそろえてくれたと。玄関の往復で俺の腹もへっこむ」

田中の気配りを感じさせるエピソードだといえよう。

小沢が、さらに田中について語る。

「田中先生は、それに加えて、頼まれたことはすぐにやるんです。決断が早く、億劫がらないということ。ましてひたすら人の世話、世話、世話。まぁ、マメなんです。これは、田中先生の生まれもった性分なんだろうね。どこかで学んだとか、努力してそうなったというようなものではない。本当に世話好きなんだから。何に対しても、気を遣って、気は遣いすぎるくらいだった」

夜は夜で、週三回、六時から九時までの三時間、神楽坂、赤坂、新橋といった料亭で一時間ずつ宴会に顔を出す。そこでもいわゆる金屏風の前に座って酒を注がれるのを待っているのではなく、自分で徳利を持って注いでまわる。そうしてさまざまな業界の情報を得ていた。

それゆえ、情報は総理官邸にいちばん多く集まっているといわれるが、田中角栄は「闇将軍」となってからも、もっとも情報を得ていた。

田中角栄は、そのように情、情報、カネ、人脈をすべて持ち合わせているゆえ、恐さもひときわであった。田中に逆らうと、どのように恐ろしい目に遭うかわからないと威圧を感じさせた。

田中角栄の支援を受け初当選を飾り、現在自民党幹事長として力を振るっている二階俊博（にかいとしひろ）も、田中角栄の最後の弟子といえる。二階が、田中角栄からの薫陶（くんとう）について語る。

田中は、初当選組の二階らに、いろいろなことを教えてくれた。

「いいか、一生懸命勉強して議員立法を成立させていくんだ。そうやって実力をつけていけば、たとえ一年生議員であろうと、大臣の椅子に座って説明や答弁ができる。マスコミに取り上げてもらおうと、おべんちゃらを言っているようでは駄目（だめ）だ。政治家は行動しないといけない。行動して、仕事をすれば、マスコミは自然についてくる。政治家のなかには、朝刊を読んで、初めて行動するものもおるが、そんなのは政治家じゃない」

田中は自分が手がけ、多くの道路を通すことができた「道路三法」をはじめ、議員立法をなんと三十三件も実現させている。田中の記録はいまだに破られていない。

田中は、「選挙の神様」といわれていたが、絶えず選挙について考えていたという。

「昨日、夜中に眼がさめたので、北海道から沖縄まで、わが派の議員の名前を書いて朝までかかって点検してみた。そしたら、これは応援に行ってあげないといけない、この人は役につけてあげないといけない、この人は資金を援助してあげないといけない、といろんなことがわかった。しかし、紙がなかったのでチリ紙に書いた。中身をもちろん見せることはできんがな」

田中は、政治家にとっていかに弁舌が大切かについても語った。

「いいか、政治家の資質は、五十人の前で話ができる人、五百人の前で話ができる人、千人の前で話ができる人、という具合に分けられる。しかし、五千人の前で話をし、私語をさせないでピタッと聞かせることができるのは、そうはいない。いまのところ、中曾根康弘（なかそねやすひろ）と田中角栄くらいなもんだな。きみらも、そうなれるように頑張れ」

田中は、打ち明けた。

「ある夜遅く、おれの家を訪ねてきた野党議員がいる。秘書が明日にしてもらおうと言ったが、おれはすばやく応接間にその議員を通すように命じ、服を着替えて応接間に向かった。こんな夜更けに、しかも党の違うおれのところを訪ねてくるというのは、よほどのことだ。その議員は、カネを借りに来た。そのカネがなければ大変なことになるのだろう。おれにできることなら、と渡した。だからといって、おれは別にその議員に何も期待はしていないさ。それまで三つおれの悪口を言っていたところを、二つくらいにおさめてくれるだろうさ」

新人の代議士であった二階にとって、ひとつひとつが役立つことで、将来の栄養になったという。

そのモンスターに金丸信と組んで立ち向かい、ついには権力を奪った竹下登もまた、一種の怪物といえよう。

竹下派の愛知和男は語っていた。

「田中さんにも、竹下さんにも、それぞれの怖さがある。田中さんは、陽性だ。駄目なものは駄目、とはっきり口にし、そこに怖さがある。一方、竹下さんは、あまり正面きって叱ることはない。が、情報網が発達しており、どこで眼を光らせているのかわからない。ジワジワと、まるで真綿で首を絞められるような怖さがある」

本書では、田中角栄最後の激闘を描いたが、あらためて考えるに、現在の政界はせせこましく、エネルギーが希薄だ。

田中角栄の時代の下剋上の凄まじさは、単なる権力闘争だけでなく、おのれの目指す方向に権力を運びたい情熱のぶつかり合いの激しさゆえといえよう。その意味では、権力闘争は悪い面だけでなく、切磋琢磨により政治家の人間力を磨く舞台でもあった。

政治家が単なる職業、仕事ではなく、生き方、生きざまであった。

いまの政治家は、ここに描いたような中選挙区時代の政治家の持つアクの強さもなく、まるで、匂いも味もない蒸留水のようで、描いていて情熱を掻き立てられない。

その意味で、あらためて、モンスター田中角栄とそれに立ち向かった政治家の暗闘を味わい、そのなかから、何かを汲み取っていただきたい。

大下英治

目次◆田中角栄 最後の激闘――下剋上の掟

第二章　下剋上――権力奪取のクーデター

第三章　田中支配の終焉

第四章　激突！　最強派閥の跡目争い

第五章　新たなる「権力の興亡」

終章 巨星、墜つ

田中角栄　最後の激闘

——下剋上の掟

第一章　政界を支配する闇将軍

大角vs.三福中――派閥対立激化の「四十日抗争」

大平正芳首相は、昭和五十四（一九七九）年九月、衆議院解散に打って出た。

大平は、前年十一月におこなわれた史上初の自民党総裁予備選挙を福田赳夫と闘った。「大福決戦」と呼ばれたこの闘いは、盟友・田中角栄と田中派議員の全面的バックアップによって大逆転となり、福田から政権をもぎとって第一次大平内閣が誕生した。そしていま、保革伯仲状態に終止符を打とうとし、安定多数と政権基盤の強化を狙って解散したのである。

福田は大平のやり方に不満があった。昭和五十三年八月、福田政権下で日中平和友好条約を締結した直後は、かなり自民党の大勢がよかった時期である。福田は国会を解散して民意を問いたいという考え方を持っていたのだが、幹事長だった大平はあまりそれに乗ってこず、むしろ、周辺からは解散に反対する言動が活発になった。

さらにいえば、三木武夫、福田両政権の時代は党内融和、挙党体制の見地から、幹事長は総裁派閥からは出さずに他派から選んでいた。ところが、大平が首相になると「三木、福田両政権は話し合いで選出されたが、自分は公選で総裁に選ばれたのだから違う」と主張して、自分の派閥に属している斎藤邦吉の幹事長に固執する。

その結果、首班指名選挙でつまずき、大平内閣は一日遅れてようやく発足するという状況だった。福田・大平会談で「今回の幹事長人事は〝差し当たり〟とする」ことによって妥協が成立してのスタートだった。

しかも、福田の内閣では解散にあれほど反対した大平が、自分の体制になると国会を解散するという動きに一変する。

福田は、この解散—総選挙には反対だった。そこで、反対論を展開した。

「いまは、その時期ではない。内外の情勢から判断して、国民はわが党に対して必ずしもいい感じを持っていない。こういう際に強いて解散ということになると、自民党惨敗といった不測の事態が起こるかもしれない」

三木、中曾根康弘の二人も、同様に解散反対の立場を鮮明に打ち出していた。ところが、大平は党内のそういう大勢をあまり考慮しないままに、国会解散を強行してしまった。

大平は、解散前に「財政再建のための一般消費税導入」の構想を掲げ、強気で選挙に突入していった。一般消費税に対しては、野党はもちろんのこと、自民党内や財界から猛反対が噴き出した。大平首相は、ついに選挙戦の最中に「一般消費税は導入しない」と言わざるを得なくなった。

解散については各方面にかなり批判があった。また、福田だけでなくほかの党内実力者たちも反対を公にしていたのに、解散を強行したのであった。

大平の意図とは裏腹に、十月七日の第三十五回総選挙で、自民党は二百四十八議席しか取れず、公認候補だけでは過半数を割るという、歴史的な敗北を喫してしまった。

ただし、このとき、各派が減るなかで、田中派だけは、逆に衆議院議員五十二人と増えた。参議院議員の三十二人を合わせると八十四人となり、それまで最大派閥であった七十三人の福田派を追い抜き、最大派閥にのしあがった。

総選挙の翌日の十月八日午後三時、大平は、自民党本部にもどり、総裁室にこもった。選挙区に帰っていた伊東正義、田中六助、佐々木義武らの腹心は、今回の自民大敗で首相が辞任に傾いている、との報道に驚き、次々と激励の電話をかけてきた。

「軽率なことを、言ってくれるな」

「弱気になってはいけない」

三木元首相は、いち早く大平首相の責任を追及する姿勢をあきらかにした。

「政治家は、責任のけじめをきちんとすべきだ」

大平の盟友である田中角栄は、すかさず十月十日、中曾根に電話を入れた。三木、福田と一枚岩になって動き出さないよう、楔（くさび）を打ちこんだ。

「大平は、つづける気だからな。これにどう対応するかは、きみの将来に関わることだ。きみにとって、いまがいちばん大事なときなんだから、軽挙妄動（けいきょもうどう）はいかん。もう、老人の時代じゃない。福田より、きみのほうがいいに決まっている」

田中は、中曾根の心をくすぐることも忘れなかった。

「おれは、福田よりきみのほうが好きなんだよ」

田中は、大平政権を存続させることに必死であった。

田中は、「大平君には、三、四年やってもらおう」とつねづね言っていた。

そのため、闇将軍として暗躍していた。

大平・福田会談が、十七日午後二時から、党本部の総裁室で開かれた。

福田は、斬り込んだ。

「党は、政局の見方について混乱している。方程式は、簡単だ。混乱の原因は、責任論と事態の収拾論をごっちゃに考えていることだ。分けて考えるべきだ。第一の責任論は、簡単である。総選挙の結果、すなわち国民の審判の重さを踏まえ、かつ国民にわかりやすい処置を進言する」

「それは、わたしに辞めろ、という意味か」

「恐れ多いことだがね」

「総選挙の結果を見て、わたしに辞めろ、と言うほどの責任が国民判断で下されたとは思わない。これから難問が山積しているので、全力投球で解決にあたるのが責任を果たすことになる。党の機関でわたしに辞めろ、と言わない限り、辞めることはできない。党の機関に移して決着をつけたい」

「それは、どうか……」

　福田は首をひねり、つづけた。

「そういう問題は、党の機関でどうのこうのではなく、自分から決断すべき問題ではないか」

　福田が辞めろ、と強硬に迫るのに対し、大平は、ひときわ険しい表情で言った。

「わたしは、あなたの意見にしたがって辞めるということにしても、結構ですよ。しかし、あと適当な人がおりますか」

「おる。灘尾（なだお）弘吉（ひろきち）君だ」

　大平は、しばらく考えて言った。

「いや、ちょっと年が進みすぎておる。灘尾さんは、わたしは適当ではないと思う」

「灘尾さんは適当じゃないと言うが、きみが辞めるということになれば、人材はいくらでもある。あとの人と相談して、決めますよ」

「いや、それは福田さん、わたしに死ねということだ」

　福田は、大平に迫った。

田中角栄

「総選挙の責任をとって、引責辞任せよ」

が、大平は、突っぱねた。

「党の意思決定機関である両院議員総会で決着をつけよう」

福田は、切り返した。

「首班指名選挙が先だから、代議士会でやるべきだ」

福田は、大平の肚を読んでいた。

〈自分の責任を棚上げして、数の力で強引に居座る気だな〉

数のうえからいえば、両院議員総会では大平―田中の「大角連合」の勝ちになるが、代議士会になれば、福田、三木、中曾根の反主流派「三福中」は互角に持ちこめる。

この日を境に、福田は態度を一変させた。三木や中曾根と組み、倒閣に動きはじめる。これから四十日間もつづく、いわゆる「四十日抗争」のはじまりである。

福田に、ふたたび首相になるチャンスがめぐってきたのである。

首相の座への未練が鎌首をもたげ、大平とぶつかることになったのだ。

調整工作に暗躍する角栄

福田は、いまひとつ、大平に不満を抱いていた。

〈大平は田中角栄と一線を画す考えを持っているはずなのに、わたしと対立するようになると、つい田中氏を頼りにする〉

この「大角」と「三福中」の対立は、歴史的なものでもあった。「大角」は、昭和三十（一九五五）年十一月十五日の「保守合同」前の吉田茂から禅譲を受けた緒方竹虎の自由党系で、「三福中」は、鳩山一郎の民主党系であった。自由民主党内の自由党系と民主党系とのあいだに起きた亀裂でもあった。

昭和五十一（一九七六）年、ロッキード事件で逮捕されて以降、田中角栄はつとめて政界の表面に出ないように隠れていた。ところが、この四十日抗争になると露骨に出てきて、「大角」の自由党系と「三福中」の民主党系が真正面からぶつかることになってしまった。

田中派の長老である西村英一副総裁が、調整役にまわった。が、福田は、最後まで言い張った。

「このはっきりした筋だけは、曲げるわけにはいかん」

大平も、一歩も引こうとはしなかった。秘書の安田正治に言った。

「自分が退いて全部おさまるなら、それは簡単だ。が、そうしたら、ますます政局が混乱してしまう。したがって、ある種の横車的な動きに対しては、断固排除して守っていくしかない。そのほうが、イメージはともかくとして、政局は安定する。

基本的には、レス・ワースの選択だ。どちらがいいか、どちらが悪いかの選択ではない。どちらを選んだほうが、より政局の混乱が少ないか、どちらの選択がより悪いことを少なくするのか、なんだよ」

田中は、首班指名選挙のおこなわれる前夜の十一月五日の雨の降る夜、赤坂の料亭で、福田の後ろ楯である岸信介にひそかに会い、頼んだ。

「岸さん、大平は、まだ一年ですよ。大平君の言葉じゃないが、いま辞めろというのは、あまりに酷だ。ここは、福田君に自重してもらうしかない。福田君を、説得してくれませんか」

かつて福田政権を存続させようとしたときには岸が田中に頼んだが、今回は立場が逆であった。田中は、岸をかき口説いた。

「このまま指名選挙に突入すると、党はまちがいなく分裂します。この危機を乗り切るためには、福田、大平、田中の三派が結束していくしかない。福田君は、三木に引きずられているんです。いま福田君を止められるのは、岸さん、あなたしかいません」

　このとき八十三歳であった岸は、田中の話をうなずきながら聞いていた。

〈この男は、勘はいいし、決断力はある。総理の器としては、いろいろと問題があったかもしれんが、とにかく相当な男だ。話も早い。優柔不断なところのある福田と足して二で割ればいいのに〉

　田中が佐藤栄作政権後の政権を福田と争った「角福戦争」のときには、岸の田中に対する評価は低かった。

　大野伴睦同様、政党人としても人間としても練れてはいるが、一つの政治理念を持ち、国内だけでなく、国際的にも日本を代表するという点で、適当な人物とは思えなかった。

　が、岸は、田中に接するたびに田中の魅力がわかりはじめ、評価が変わってきていた。

　岸は、田中の話を聞き終えると、きっぱりと言った。

「わかった。おれもそう考える。さっそく、福田に電話を入れてみる」

　しかし、いくら岸の言とはいえ、福田は聞き入れなかった。

　田中の暗躍もむなしく、調整工作は不調に終わった。

　ついに首班指名選挙に突入した。同一政党から二人の首相候補という、前代未聞のことが起こった。

　田中は、この間、自民党にだけでなく、公明党にまで工作していた。

　公明党委員長の竹入義勝にも電話を入れた。

「今回は、民社党の誘いに乗り、下手に動かないでください」

　田中は、自身がなし遂げた日中国交正常化を通じ、竹入とは太いパイプでつながっていた。

公明、民社、新自由クラブが福田、三木、中曾根などの勢力と呼応し、連合政権誕生をめざして頑張られては、大平が窮地に陥る。

田中は、公明党を押さえておきさえすれば、民社党の動きは封じられると考えていた。

田中は、自分の電話だけでは不安で、腹心の二階堂進にも、竹入に電話を入れさせ、動かぬように念を押させた。

そうして、公明と民社を釘づけにしておいて、大平に、新自由クラブへの工作をさせたのであった。

十一月六日、首班指名の第一回投票が衆議院本会議でおこなわれた。

大平百三十五、反主流派の推した福田百二十五と、票差は十票であった。

大平側から六票が福田側に動けば、福田が一位になるわずかな差である。それも、新自由クラブ四名は、第一回投票から大平に投票していた。無所属の田中角栄、橋本登美三郎、渡部正郎の三名をのぞいて、わずか三票差というきわどいものであった。盟友の田中の背後工作がなければ、どう逆転していたかわからない。

第一回の投票で二人とも過半数に達しなかったので、決選投票がおこなわれた。

今度は、大平百三十八、福田百二十一で、大平はふたたび総理の座につくことができた。

大平首相は、首班に指名されたあと、官邸に入った。記者たちのインタビューに答えて、ひときわ険しい表情で語った。

「熱いお湯のなかに、長いあいだ浸かりどおしだったのが、やっと解放されたという感じだ。しかし、これからもっと熱い湯に入らなければならないので、大変だ」

事実、「四十日抗争」のしこりは、なお残り、大平は、もっと熱い湯に入ることになる。

大平首相、非業の死

大平は田中派の全面的な支持を得て第二次内閣を発足させたが、昭和五十五（一九八〇）年に入るとKDD（国際電信電話会社。のちKDDI）事件をはじめとする一連の汚職問題などが、政官界の綱紀のゆるみとして世論の強い批判を受けるようになった。自民党内からは綱紀粛正、党改革の声が高まった。野党は内閣不信任案提出で足並みをそろえた。

福田と大平首相のあいだは、大平と同じ香川県選出の福家俊一が大平といつでも会えるような立場で行き来していた。

昭和五十五年五月十六日、社会党が内閣不信任案を提出した。

福田は、三木武夫、中曾根康弘らと衆議院第一議員会館の会議室で、大平首相の党改革と綱紀粛正問題に対する「回答」の内容を検討していた。福田は話をつけようと思っていたのだが、福家が先走ってしまった。福田が最後の断を下す前に、福家と大平首相との話が決裂し、大平首相が灘尾議長に不信任案採決のための衆議院本会議を召集するベルを押すよう要請してしまった。

あれよあれよという間に、福田たちのほとんどが出席しないまま本会議が開かれ、社会党から提出されていた内閣不信任案が最優先で審議ということになった。

採決の場となった衆議院本会議を自民党反主流派六十九人が欠席し、ついに不信任案は可決されたのである。

その数日前から、党内に異様な雰囲気が漂っていた。田中派の後藤田正晴は、まさか憲政の常道に反するようなことはあるまいと思っていた。しかし、自治大臣として「万が一の場合」を考え、不信任案成立の場合の対応策として解散日、公示日、投票日などの検討に入った。大林勝臣選挙部長に、考えられるあらゆるケースについてのスケジュールの作成を命じていた。

本会議の当日、本会議場に入ってみると、なんと、自民党席はすき間だらけではないか。大臣のヒナ壇から見ると、それがよくわかる。採決にあたって福田派、三木派、中川（一郎）派が衆議院本会議を欠席したのである。不信任案は可決されてしまった。

不信任案が成立したら、すぐ閣議だ。各閣僚がそれぞれの派閥に帰るまえにすぐ開かねば混乱する。そういうことを思いながら、自治大臣としてやらねばならぬ選挙のことを考えていた。

官邸でもすぐ閣議が開かれた。大平首相が順次閣僚の発言を求めた。

多くの大臣は「総理のご決断に従いたい」ということだったが、後藤田は、国務大臣としての考えをはっきり述べるべきだと思い、主張した。

「政党政治、議院内閣制の建て前上、今日の事態は看過できない。総辞職ではなく国民に信を問うべきである。したがって解散するのが適当である」

それに同意する意見も出た。

大平が断を下した。

「みなさんの意見はわかりました。解散にいたします」

世にいう「ハプニング解散」である。前回の解散からわずか七ヵ月しか経っていなかったのである。

民社党の春日一幸らいろいろ意見を言う人がいた。福田らはそうした意見を聞いて対応をどうしたらよいのか、うまくおさめたいと考えていたのだが、そうもいかない。はからずも、国会解散となった。

さて、選挙をどうするか、六月には参議院の通常選挙があるが、別々にするのかどうか。同日選挙というのは憲政史上になかったことだ。大林勝臣選挙部長の意見は、事務的には地方選挙が重なる県で混乱することがあるかもしれないが、その事態を事務当局の不始末といわないのであれば最善を尽くします、というものだった。

後藤田は同日選挙でも乗り切れると判断したが、その結論を出す途中で、田中角栄から電話があった。田中は大声で言った。

「きみが同日選挙に反対しているそうだな、それはだめだ」

後藤田は言った。

「いや、事務的にできるなら差しつかえないが、できないものはやれと言ってもできない。目下、それを事務当局と検討しているところですよ」

こうして党内抗争の総決算として、史上初の衆参同日選挙が、六月二十二日におこなわれることに決定した。

五月三十日、大平は、東京新宿で遊説第一声をあげたあと気分が悪くなった。が、この同日選挙に命を懸けていた大平は、党本部で一休みしたあと、横浜に向かった。戸塚駅前などで遊説した。

しかし、世田谷区瀬田の自宅に帰宅後、ふたたび気分が悪くなった。深夜、寝台車で港区の虎の門病院に入院した。

金丸信国対委員長は、その翌日の三十一日、地元の甲府市で毎日新聞の記者の質問に答え、「世代交代論」をぶった。

「政治を国民のものにするためには、思いきった世代交代をはかる必要がある。そのためには、いまの派閥の長は退き、派閥解消をおこなっていかねばならない。主流反主流を問わず、わたしの考えに同調する仲間が五十人ほどいる。わたしは、選挙後に行動に移すつもりだ」

　ロッキード事件で田中角栄が逮捕された直後、竹下登を担ごうとして田中に潰された金丸が、今度こそ世代交代の狼煙をあげたのであった。

　金丸は、記者に、派閥解消のためには田中派を飛び出すこともある、と示唆した。

　六月五日、金丸の「世代交代論」に、福田派の安倍晋太郎が、静岡市を遊説中に呼応した。

「八〇年代は、われわれの世代が自民党に新しい活力を注入しなければならない」

　河本派の河本敏夫も、六月七日、鹿児島市で記者会見し語った。

「同憂の士がどうしたらいいのか意見交換することになろう。必要とあれば、そういう意見を集約することも考えている」

　第二次大平内閣で大蔵大臣に就任していた竹下も、おなじ六月七日、京都市で賛同した。

「選挙がはじまって毎日各地に出かけると、ある種のうねりを感じる。率直にいって、自民党内の硬直化はもうやめなきゃいかん。今度の選挙が党再生の出発点という見方はどこに行ってもあるし、かくあるべきだと思う」

　大平の入院中、だれとだれを面会させるかは、その人の政治的立場に影響があるので、非常にむずかしい問題であった。

　医師の指示により、面会は原則として家族と伊東正義官房長官および田中六助副幹事長に限られていた。が、職責上、桜内義雄幹事長や鈴木善幸総務会長らとは面会した。

　ただし、大平が会いたがった人物が二人いた。

池田勇人元首相の秘書官をつとめ、大平首相のときもよき相談役であった伊藤昌哉と、田中角栄である。

大平は、女婿の森田一に言った。

「角さんに、会いたいなぁ。きみ、角さんのところにひそかに行って、実情を正直に話して、意見を聞いてきてくれ」

また、「角さんが、政局のほうはいっさいの段取りを考えてくれるよ」と期待していた。

大平と田中は、大平が政界入りしたときからの長い付き合いである。大平は田中より八歳年上だが、せっかちな田中とのんびりの大平は、対照的なタイプながら、とてもウマが合った。

森田は、田中に連絡を入れた。田中は、地元新潟県に帰っていた。

田中は言った。

「十二日早朝、午前五時頃、記者に見つからぬように、目白の私邸に来てほしい」

ところが、十二日に入った深夜二時二十五分頃、病院に泊まって寝ていた森田は、大平夫人の古い友人、菊川の悲鳴にも似た声で起こされた。

「早く、起きてください！」

森田は、急いで大平の病室に駆けつけた。ＣＣＵ（冠状動脈疾患集中治療施設）のセントラルモニターの心電図の異常を発見した看護師が、大平の胸を開いてこぶしで激しく叩いていた。

意識は、すでに完全になかった。

森田は、午前五時に、目白台の私邸に訪問することになっていた田中にも、電話を入れた。

「意識がなくなっています。もうだめかもしれません」

田中は、泣き声で言った。

「そうか。すぐそっちに行く……」

虎の門病院に駆けつけた田中は、涙を流した。

「まさしく、殉職だ……」

午前五時五十四分、医師が大平夫人に臨終を宣言した。享年七十であった。

捨て身で中曾根擁立を阻止した金丸

金丸の耳に、不快な情報が飛びこんできた。

「田中は、中曾根を推そうとしているらしいぞ」

「保守合同世代」の竹下を次期総理に担ごうとしていた金丸にとって、田中角栄が「占領世代」の中曾根を担いでは困るのである。

金丸は、中曾根が、大嫌いでもあった。

金丸の選挙区である山梨全県区に、中曾根派の中尾栄一がいて、ことごとく金丸攻撃をしていた。金丸にとってみれば、坊主憎けりゃ……の思いがあった。

金丸の師ともいえる保利茂が大の中曾根嫌いで、つねづね「中曾根は、信用できない男だ」と言っていたことも影響していた。金丸も、中曾根の権力のバランスを見極めて力のある者につく「風見鶏的政界遊泳術」が、鳥肌が立つほど嫌いで、まわりの者に言っていた。

「おれは、いつも温かいメシを食おうとするヤツは、嫌いだ。ときには、冷たい残飯にお湯をかけて食う。冷たいまま食うことがなきゃ。人生、いつもそういいことばかりはないんだ」

投票前日の二十一日、金丸は、地元甲府駅南口の開発温泉駐車場の中にある金丸信事務所「久親会」で、過激な発言をした。

「中曾根氏が総裁になることは、日本のためにならない。そのような動きがもし実際に出れば、わたしは、体を張って阻止する。また、田中派が実際に中曾根氏を後継総裁に担ぐことにでもなれば、わたしは、田中派を離脱する」

六月二十二日、衆参同日選挙の投票がおこなわれた。大平首相の急死が国民の同情を呼び、自民党は衆議院で二百八十四議席、と前回より三十六議席も増やし、参議院は百三十五名となり前回より十一議席を増やし、圧勝した。

この衆参同日選挙が終わった直後、この選挙で茨城三区から出馬し、最高点の八万七千四百四十六票で三回目の当選を果たした中村喜四郎は、元麻布の金丸の自宅に、当選のあいさつに行った。

中村は、金丸の直系の子分を任じていた。そのきっかけとなったのは、中村が昭和五十一年十二月に初当選して、初めての地元の陳情であった。

昭和五十四年九月三日、地元の者が上京してきて、陳情した。

「茨城県の体育館を建てるので、河川の砂を基礎埋め立て工事用に使いたい。先生に、なんとかしてもらいたい」

だが、一級河川の砂をむやみに持っていくことは許されていない。陳情者は、中村に提案した。

「金丸先生が、建設省に顔が利くらしい。先生から、金丸先生に頼んでもらえませんか」

中村は、さっそく、金丸を国会二階の国対委員長室に訪ねた。金丸は、その前年の十二月に、国対委員長に就任していた。

中村が金丸に事情を話すや、金丸は、すぐその場で電話をとり、建設省の河川局長に用件を伝えた。

四日後の九月七日、衆議院は、野党提出の内閣不信任案を受けたかたちで解散となった。中村は、陳情の件について不安になっていた。ところが、その翌日、建設省河川局長から中村に電話があった。

「中村先生、あの件は、ゴミということで砂を処理します。ですから、トラック五千台分くらいお渡しできますよ」

中村は唸った。

〈金丸先生の力は、田中角栄二世だな。おもしろいおじさんだ〉

中村は、田中角栄の秘書をしていた関係で、田中のやり方はよく見て知っていた。

以後、中村は、金丸信の直系を自任し、金丸の薫陶を受けるようになったのであった。

中村は、金丸の言葉を聞いていて、先を読むことを覚えるようになっていた。金丸は、総理総裁になる意志を持っていないので、みずから直系の子分は持たない。そのかわり、まわりの者が自発的に金丸の周辺につき、その人に合った役割を果たしていた。

金丸の周辺には、おなじ山梨の参議院議員で無派閥の志村哲良、衆議院愛媛三区で田中派の西田司、長野三区でおなじく田中派の中島衛らがいて、日常的な付き合いをしていた。中村は、その周辺のなかでも、生え抜きとして金丸にかわいがられていた。

金丸は、中村があいさつを終えると、中村の眼をのぞきこむようにして突然言った。

「おい、おまえ、いよいよとなったら、ついてくるか」

中村は、金丸が「世代交代論」をぶっていることから、すぐに察した。

〈いよいよ、竹下さんを総裁に担ぐということだな〉

正直いってそのときは、竹下に対して、特別な印象を抱いていたわけではなかった。

しかし、金丸の言うことだ。中村は、躊躇うことなく返事をした。

「はい、ついていきます」

中村はそう答えたものの、金丸邸から引きあげてくる車の後部座席で、興奮と同時に不安も感じていた。

〈大変なことを相談されたものだ〉

中村は、田中の性格を知り抜いていたから、あれこれと考えつづけた。

〈本当にやるつもりなのかな……やるとしたら、いまのところでは、竹下側近といわれている、橋本龍太郎、小渕恵三、羽田孜、梶山静六、小沢一郎……ら十人くらいしかついていくまい〉

中村は、心の底では思っていた。

〈恐ろしいことをやるな。もう少し先のほうがいいんじゃないかな〉

中村は、その不安を振り払うように頭を振った。

〈しかし、金丸さんは、おれのことを買ってくれているからこそ、おれにそういう話を持ちかけたのだ。ありがたいことと感謝しなければ〉


金丸は、もちろん、竹下をすぐ次の総理に担ぐことが時期尚早なのはわかっていた。

金丸は、六月二十六日の朝、目白台の田中邸に単身乗りこんだ。

金丸は、考えていた。

〈オヤジが、本気で中曾根を推す気なのかどうか。確認をとっておこう。中曾根を推さないなら、その言質をとっておかねばならん〉

田中派の議員は、年齢に関係なく田中のことを「オヤジ」と呼んでいた。金丸は田中より四歳年上だが、政界では先輩にあたる田中に惚れこんでいた。田中総理が誕生する前から、よく言っていた。

「おれは、田中のオヤジに、惚れとるんだ。義理人情だ。おれは、オヤジに右向けと言われりゃ、右向くし、死ねと言われれば死ぬよ。政治家は、そうでなきゃいかん。そう、こちらが惚れこむような親分でなきゃ、親分をもっても意味がない」

その金丸は、応接間で田中に会うと、まずは「世代交代論」をぶちあげたことを詫びた。

「神経を逆撫でしたことを、お詫びします」

金丸は、それからズバリ本題に入った。

「オヤジ、中曾根を推すんですか」

田中は、きっぱりと言った。

「金丸君、中曾根の目はないよ、心配することはない」

「わかりました。それだけ聞けば十分です」

金丸は、座卓越しに田中の手を握って言った。

「オヤジ、手を握ります。竹下のことも考えてください」

田中はうなずいた。

「わかっている。悪いようにはしない」

金丸は、田中との和解によって、ひとまず「世代交代論」の旗を降ろすことにした。

金丸は、帰りの車の中で、張った小鼻からフーッと息を吐き、つぶやいた。

「まずは成功とせねばなるまい」

金丸は、武田信玄から強い影響を受けている。武田軍団の戦いを記した軍略書『甲陽軍鑑』に、「信玄公御一代敵合の作法三ケ条」がある。合戦にあたっての、武将の心がけを述べたものである。

「信玄公おおせらるるは、弓矢の儀、勝負の事、十分を六分七分ゆかば十分の勝なり。中にも大合戦は、ことさら右の通りが肝要なり、仔細は、八分の勝はあやうし、九分十分の勝は、味方大負の下地なり」

つまり、十のものならば六分か七分、敵を破れば、それで十分な勝利だ。大合戦になればなるほど、そう考えなくてはならぬ。九分、十分の勝利を強引に求めるのは、味方が大敗を喫する原因となる。殺しあいに明け暮れた、戦国の世の実践的な知恵といえよう。金丸の政治戦法も、まさにそのとおりである。

〈まぁ、ひとまず「世代交代論」の旗は降ろしても、今回のことで、若返りが必要だということは、政界にくまなく浸透したはずだ〉

田中は、金丸が応接間から出るや、苦笑いしていた。

〈ヤツも、なかなかのタマに成長してきたな〉

田中は、この間、たしかに金丸の危惧していたように、中曾根を次期総理に据えようと思い描いていたこともあった。ところが、それでは金丸が田中派を出る可能性もあることを察し、中曾根を担ぐことをやめた。

田中は、金丸の性格を知り抜いていた。金丸は、いつでも捨て身で物事に取り組む男だ。もし金丸が尻をまくって田中派を出ていくようなら、金丸がそこまで思いきったのなら、金丸にも理があろう、という見方をされる。田中金脈問題、ロッキード事件が起こってもなお、一枚岩を誇ってきた田中軍団にひびが入る。

「宮澤ではまだ無理なので善幸を据えよう」

田中は、中曾根を担ぐことから、大平の属していた宏池会政権の継承という方針に転換した。

田中は、大平の死を悼む涙も乾かぬうち、側近の小沢辰男を使者に立て、鈴木善幸に会いに行かせた。

田中は、このときすでに決めていた。

〈宏池会からは、宮澤（喜一）ではまだとても無理なので、鈴木善幸を据えよう〉

鈴木善幸は、田中角栄より七歳年上であった。昭和十年農林省水産講習所（のち東京海洋大学）卒。戦後昭和二十二年の第二十三回総選挙に社会党から出馬して当選した。のち社会革新党をへて、民主自由党に移り、以来「水産族」一筋で、自民党では池田派宏池会へ流れた。

六年余のあいだ、総務会長をつとめ、党内の名とりまとめ役としての声価を高めた。大平派の発足にあたっては、いち早く大平を支持して、新生大平派の総参謀となった。五十三年の「大福決戦」の総裁予備選挙では、大平派ナンバーツーとして、田中派と全面協力して勝利をおさめていた。同年暮れに大平内閣が発足するとき、幹事長への就任が予想された。が、福田派の反対にあい、涙を呑(の)んでいた。

面倒見がよく「田中家の側用人(そばようにん)」とも称された小沢辰男は、つねづね言っていた。

「おれは、田中のオヤジとは運命共同体だ。田中に何かあれば、どこまでも一緒にやる。オヤジに何を言われても、おれと二階堂（進）さんは、『はい、そのとおりです』と言うしかない。それが、おれの運命なんだ」

金丸がぶちあげた「世代交代論」騒動のときには、小沢は、竹下に同調する動きに出た。が、あまりに田中に近いため、金丸、竹下、田村(たむら)（元(はじめ)）あたりから、田中が派遣した偵察隊のように見られ、警戒された。

しかし、麻雀(マージャン)をしても、大きい手がくるとすぐ表情やしぐさに現れてしまうように、根が正直なため、決定的な溝をつくるまでにはいたらなかった。

さて、小沢は、大平の遺体の安置されている虎の門病院から自民党本部に帰ったばかりの鈴木善幸をつかまえ、迫った。

「大平さんが亡くなるなんて思わなかった。これから、どうするんです」

「とにかく、まとまっていかなくちゃ。みんなを、路頭に迷わすわけにはいかん」

このとき大平派宏池会には、四十七人もの議員がいた。

小沢は、鈴木を口説いた。

「あとは、あんたしかいない」

鈴木は、右手を振った。

「いや、ぼくは柄じゃない。宏池会を守っていくのが、ぼくの仕事だ」

鈴木は、大平が入院中、退院後に総理をつづけるのが無理と判断し、大平の指名による次期政権を考えていた。

〈田中派の長老である副総裁の西村英一を、暫定総理に据え、その間、宮澤を宏池会の代表とし、その次の総理に宮澤を据えよう〉

鈴木は、亡き川島正次郎のように、みずからは総理になることをめざさず、調整役として裏舞台で生きることに徹しよう、と思っていた。

しかし、頼みの綱の西村英一が、信じられないことに、衆参ダブル選挙で落選してしまったのだ。

鈴木は、方針を変えざるをえなかった。

選挙結果の確定した翌日の六月二十四日、鈴木は、宏池会の代表に選ばれていた。

しかし、鈴木は、まだ自分が総理になることを想像しにくかった。

田中角栄は、小沢から鈴木の感触を聞くと、二階堂と、信越化学の社長から政界入りしこのときは無派閥だった小坂徳三郎をイトーピア平河町ビル二階の田中事務所の会長室に呼び、命じた。

「鈴木が、いまひとつ揺れている。二人が鈴木に会って、肚を固めさせてくれ」

二階堂と小坂の二人は、さっそく党本部近くのホテルに鈴木を呼び出した。

二階堂が、まず鈴木に強引に迫った。

「あんたがやればいい。田中派は、あんたならまとまるし、党内もまとまる」

小坂も、いかにも客観的な立場の発言者として迫った。

「鈴木さん、あんたしかいない。大平さんが死んだ以上、当然じゃないか。肚を固めてほしい」

田中は、福田派の抱きこみ工作にも成功し、昭和五十五（一九八〇）年七月十五日、自民党両院議員総会により、鈴木善幸が第十代自民党総裁に選出された。

金丸は、鈴木が総裁に就任する直前、鈴木に自民党総務会長室に呼ばれた。

鈴木は、金丸に言った。

「金丸君、わたしは、一期つとめたら辞める。わたしの仕事は、あんたがいう若い世代に、政治を引き継ぐことだと思っている」

金丸は、あらためて思った。

〈「世代交代論」も、少しずつだが、こうして政界に浸透していく〉

七月十七日、鈴木内閣の組閣がおこなわれた。

田中派からは、農水相に亀岡高夫、建設相に斉藤滋与史、防衛庁長官に大村襄治、自治相兼国家公安委員長に石破二朗と四人も入閣したが、そのなかに金丸信と竹下登の二人の名はなかった。

その日の夕方、金丸は、落選したものの副総裁に留任することになった西村英一と会った。そのとき、金丸はすでに悪酔いしていて、西村に苦々しい口調で言った。

「お仕置きをされたよ」

それまで、国対委員長をつとめた者は入閣する、というのが不文律であった。それなのに、国対委員長を二期もつとめながらも、あらゆるポストからはずされた金丸は、あらためて思っていた。

〈オヤジの、おれと竹下への怒りは、相当根深く、しばらくは解けそうにもないな〉

総理復帰を狙うキングメーカー

田中角栄は、衆参同日選挙で、無所属にもかかわらずトップ当選を果たした。自民党も圧勝した。その勢いに乗じ、田中は昭和五十五年十月二十三日、田中派「木曜クラブ」に名を連ね、公然と活動を再開した。

田中は、ロッキード事件で逮捕されたあと、旧田中派「七日会」を脱退し、自民党にも離党届を出していた。田中派議員を中心に組織していた政策研究グループ「新総合政策研究会」の会合に出席するときでさえ、「友人として」とか「来賓として」といった建て前を崩さないできた。それなのに、今回は、堂々と自分の名を連ねていた。

田中は、「木曜クラブ」の会長には、二階堂を据えた。

田中が金脈問題で退陣して以来、派をとりまとめてきた西村英一からその役割をはずし、二階堂を今後、派の代表としていくことに決めたのだった。西村は、前回の総選挙で落選していたし、次の党大会を契機に副総裁を辞めることも決まっていた。

田中は、この総会でも、竹下への仕置きを忘れなかった。

江﨑真澄と、参議院議員の郡祐一の副会長就任は予定どおりすんなり認めたものの、同時に決められるものと見られた竹下の代表幹事起用は、提案すらされなかった。

昭和五十五年からの田中のロッキード事件の公判では、首相の職務権限が最大の論点になった。鈴木内閣の大蔵政務次官であり、田中の弁護人の一人であった保岡興治（やすおかおきはる）は、内閣改造後、自民党財政部会長に就任する予定であった。が、公判に集中的に取り組むため、党の役職をすべて断った。

一方、田中の公判には、つねに小沢一郎の姿があった。小沢は、田中弁護団に与えられた席に座り、じっと傍聴していた。検事のあり方、弁護士のあり方、田中の対応の仕方など、あらゆる面で勉強になったのではないかと保岡は思う。

田中にとっても、とくにかわいがっている小沢の姿を毎回眼にすることは、心強かったであろう。

田中は、いつも毅然（きぜん）としていた。公判にはかならず出席し、裁判官にはきちんと礼をした。何一つ、非の打ちどころがないほど堂々たるものであった。

休憩時間は、警護の関係で東京地裁内に設けられた控え室で過ごした。弁当を食べながら、よもやま話に花を咲かせた。

昭和五十五年暮れの十二月十九日、小坂徳三郎が、約束どおり「木曜クラブ」に入会してきた。しかも、小坂は、野中英二（のなかえいじ）、竹内黎一（たけうちれいいち）、有馬元治（ありまもとはる）、松尾官平（まつおかんぺい）の四人の議員を引き連れての田中派入りであった。

田中は、その夜、小坂らと愉快に祝杯をあげた。田中は、江﨑真澄と田村元の大物二人の加入のときもうれしかったが、小坂の手勢を引き連れての加入は、ことのほかうれしかった。飲みながら、肚の底から笑いがこみあげてきた。

永田町では、

「小坂は、二、三億円のカネも一緒に持って田中派に入った」

といろいろささやかれていたが、田中にとってなによりうれしかったのは、小坂の加入で、跳ねあがっている竹下と、竹下を担ごうとしている若手たちを牽制できることであった。

田中は、羽田孜、渡部恒三、小沢一郎、梶山静六、橋本龍太郎ら若手が、竹下を田中派の総裁候補として担ごうと血気にはやっていることは知っていた。

竹下を担ごうとする若手議員たちのあいだに、ロッキード事件以降、不満がたまっていたことも知っていた。

彼らは、政治家でありながら、マスコミのインタビューで訊かれることは、ロッキード事件に関することばかりだった。自分たちは、まがりなりにも政治家である。にもかかわらず、政策については、一言も訊かれない。

羽田は農林族、渡部、小沢は商工族、梶山は建設族として、いちばん力をつけていかなければならない時期であった。それが、少しも報われない、と不満をつのらせていた。

竹下を担ごうとする彼ら若手のあいだから、

「おれたちの政治生命は、田中のオヤジとともに、終わっていくのか」

という声が洩れてくるのも田中の耳に入っていた。

田中は、それら竹下を担ごうとする若手の不満を、竹下に小坂を対抗させることによって牽制させるつもりだった。

若手の不満を直接自分に向かわせず、小坂に向けさせることによって、みずからの軍団の帝王としての地位を確保しつづけ、総理として再起する日を虎視眈々と狙っていた。

このようにして、田中が竹下と小坂を競わせ、みずからの権力の座を脅かす後継者の成長と追いあげを阻もうとする手法は、佐藤栄作の手法であった。

佐藤は、「人事の佐藤」といわれた。それほど、佐藤の人材の登用と活用は、絶妙をきわめた。

だれもが佐藤の後継者と目(もく)する田中角栄と福田赳夫を車の両輪のように置き、田中を幹事長に据えたときには、福田を大蔵大臣、田中を通産大臣に据えたときには、福田を外務大臣という具合に重要ポストに配置し、佐藤に忠誠を誓(ちか)わせた。

田中を「第一の忠臣」と呼べば、福田を「佐藤派のプリンス」と呼ばせ、二人の後継者同士にしのぎを削らせることで、みずからの政権を七年八ヵ月という長きにわたって維持したのである。

田中はこの頃、軍団を増やす膨張政策に切り替えていた。

軍団を膨張させることにより、自分は、キングメーカーになって他派閥の連中に政権をつくらせ、それによって刑事被告人という汚名をそそごうと考えはじめていた。

汚名をそそいだあかつきには、もう一度総理に復帰しよう、と本気で考えていた。

派閥の宿命――権力ゆえの結束と闘争

小沢一郎は、田中派が軍団といわれることについて、田中角栄のキャラクターから発するものかもしれないと思っている。

「派閥というものは、権力集団だ。田中派は、たがいに権力を確保していこうという認識を持っていた。それに、議員同士は仲がよく、結束力が強かった。田中派は、集団としてとらえると共産党の組織論の基本的な考え方とおなじだ。組織された少数は、無組織の大衆を支配するという論理をよく知っている。稲葉修(いなばおさむ)代議士（ロッキード事件で角栄逮捕を指示した当時の法相）は、『田中派は、みんなが群れをなしてリーダーについていく養殖の鮎(あゆ)の集団だ』と言っていた。『権力だけを狙う集団だ』と批判されたりもし

小沢一郎

たが、とにかく結束し、組織化されていた。

田中派は、最大で百四十一人ほどの所属議員を抱えていた。が、党内最大派閥といっても、自民党全国会議員の三分の一程度の勢力だった。つまり、他派が一致結束すれば、三分の二の勢力となり、田中派に勝てる。しかし、他派は、そのような行動に出ることはなかった」

田中派の議員は、いろいろな批判を浴びながらも、なぜ団結できたのか。

「それぞれの議員が、〝結束〟という言葉のもつ意味を、良くも悪くも、よく自覚していた。そして、組織を活かすため自己抑制ができた。それにくらべて他派の議員は、それぞれがバラバラな行動をとっていた。それではまとまりがなく、敵にあなどられてしまう」

田中派は、自分本位の行動をしている他派の議員とくらべ、議員同士がたがいに面倒見がよかった。

「権力を支えていくためには団結しなければいけない。組織を強くしないといけない。幹部以下、中堅・若手議員にいたるまで、その認識が徹底していた。契機は、ロッキード事件である。派閥の領袖が逮捕されれば、派閥はバラバラになるところだ。が、田中派は逆に『バラバラだと他派にやられてしまう』とよけいに団結心を強めた。そして、あらゆる批判をしのいだ。そのことが、より団結心を強めることになった。

烏合の衆が、たとえ何万人、何百万人いたとしても、きちんと組織されたグループにはかなわない。その意味では、数の多い、少ないは問題ではない。ただ寄せ集め、数さえあればいいというわけではない。団結し、目的をおなじくした数でなければ強くはならない」

昭和五十六（一九八一）年の一月一日午前八時前から、目白台の田中角栄邸の大ホールで、恒例の元日パーティーが華やかに開かれた。太い三本組みの孟宗竹と松でしつらえた門松の門をくぐり、二階堂進、山下元利、竹下登ら、田中派の大物幹部らが次々に訪れた。

このパーティーのメインの舞台は、田中の執務室兼応接間である。そこには、真ん中の長机のまわりにソファーが並べられ、さらに壁際に椅子がずらりと並べられている。いちばん奥のいつもは田中が座るソファーも開放され、客の接待に使われている。

しかし、中央席に、古くからの田中派で座る者はまずいない。田中派の古参議員たちは、もっぱら壁際の椅子に座り、小沢辰男、亀岡高夫といった田中派の中堅議員たちは、席をあたためる暇もなく、訪問客の接待に走りまわっていた。

中曾根派の会長である桜内義雄幹事長が、中央席に座ると、両脇の竹下、山下、二階堂の後継者候補三人を見て言った。

「田中派が、後継者争いでもめたら、わたしがすぐにでも駆けつけますよ」

冗談にまぎらわせた桜内幹事長の本音の発言で、竹下、山下、二階堂の三人は苦笑いしていた。

田中派の御意見番である木村武雄は、いつも田中角栄の座るソファーに遠慮なく腰をおろし、例によって「元帥ラッパ」を吹きはじめた。

「これだけの人材が集まれば、ここだけで組閣ができる。昔は、大命降下で政権ができたが、いまは、活力あるところに政権ができる」

木村のボルテージは、さらに上がった。

「これからは、天下を取ろう！」

田中は、そばで耳を傾けてにやりとした。

〈おれの復権を待望しての声だな〉

竹下は、田中派の幹部たちと、大ホールのソファーに座っていた。「木曜クラブ」の代表幹事に選ばれなかったこともあり、座っていてもいまひとつ心が浮かなかった。

そのうち、田村元が、大きな体をのっそりと歩ませ、桜内幹事長につづいて中央席にのぼった。

田村は、分厚い唇のあいだから大きな歯をのぞかせ、不敵な笑みを浮かべて大声で言い放った。

「おれは、いままで竹下内閣をつくるために努力し、竹下内閣ができたら辞めるつもりできた。おれは、大野伴睦役に徹すればいい、と思っていた」

大野伴睦は、党人派の政治家として吉田茂総理を支えたり、保守合同を進めるなど活躍した。

竹下は、田村が、ふいに竹下内閣と言ったので、一瞬、田中を刺激しはしまいか、と気にした。竹下は例によって曖昧な笑いをつくり、田村の次の言葉を待った。

田村は、太い下がり眉をぴくりと動かし、つづけた。

「だが、今年から考えをあらためるぞ。宗旨替えだ。竹下は、担がない」

竹下は、心臓に突然匕首を突き刺されたような衝撃を受けた。

「だって、そうだろう。鈴木善幸総理大臣だろ、桜内義雄幹事長だろ、それに徳永正利参議院議長だ。おれだって、何かやれるだろうよ」

つまり、「その程度の連中が政府と党の頂点に立てるのなら、おれだって総理になれる。おまえだけにいい目は見させないぞ……」と竹下に毒づいたのだ。

竹下は、童顔を強張らせ、苦虫を嚙みつぶしたような表情になった。

竹下は、田村とは年齢はおなじ、しかし、当選回数は田村のほうが一回上であった。田村が、竹下に対して、ライバル意識を持つのは仕方がない。竹下は、策士といわれ、あの田中角栄が「謀将」とまで呼んだ田村が、やりづらい相手であることをあらためて思い知らされた。

田中は、昭和五十六年一月十日発売の「文藝春秋」二月号のインタビューに応じた。「文藝春秋」は、かつて立花隆の調査報道によって田中の金脈問題を暴き、田中を退陣に追いこんだ総合雑誌である。

田中は、このときも前もってロッキード事件にはふれないことを条件に田原総一朗のインタビューに応じ、予定時間を倍もオーバーし、延々四時間も語った。

五月六日のアメリカの「ウォールストリート・ジャーナル」紙のインタビューにも出、つい本音を洩らした。

「冗談だが、ふたたび首相になりたい、と言ったら暗殺されるだろう」

おなじ月の二十八日、オーストラリアの「フィナンシャル・レビュー」紙のインタビューも受け、胸のうちを明かした。

「七十歳まで、引退しない」

田中は、竹下グループへの牽制役として、小坂徳三郎だけでなく、もう一人、山下元利も使った。田中の竹下憎しは、いっそうつのっていた。

だが、小沢辰男、亀岡高夫らは、山下が次期総裁候補だと騒がれることについて、不満を洩らしていた。

「山下、山下と、マスコミはどうして騒ぐのかわからない。総理総裁候補と言ったって、子分は一人もいないじゃないか」

田中は、昭和五十六（一九八一）年二月、山下に事務所を開設させ、マスコミに大々的に宣伝させた。

田中は、さらに山下に、二ヵ月後の四月十日には、東京プリンスホテル、四月二十七日には大阪ロイヤルホテルで、「山下元利を励ます会」を自分の肝煎りで開かせた。山下のニューリーダーとしての存在を、徹底的にアピールした。

　発起人は、東京が経団連会長の稲山嘉寛、日商会頭の永野重雄、経済同友会代表幹事の佐々木直、日本精工会長の今里広記、日経連会長の大槻文平、大阪が関西電力会長の芦原義重、関西経団連会長の日向方齊、大阪商工会議所会頭の佐伯勇、サントリー社長の佐治敬三らで、文字どおり東西財界人のトップクラスが名を連ねる豪華さであった。

　田中は、二階堂進、江﨑真澄、竹下登らを引き連れて、両会場とも顔を出した。

　田中は、東京会場でも、「次のポストは、国対委員長」と約束した。

　中曾根派の幹部で、おなじ滋賀全県区選出の宇野宗佑は、田中角栄がやけに山下を持ちあげることに不快の念を示し、他派閥ながら週刊誌のインタビューに答え、批判している。

「山下はなんであんなに騒ぎ出しているのかね。はしゃぎすぎだよ。田中派の連中だって快くは思っていない。竹下さん、田村元さんあたりも、いい感じは持っていない。本人も自覚しないといかんね」

　昭和五十六年十月四日、田中角栄の後援団体である「越山会」が大会を開き、「田中先生が、ふたたび国政を担当されるよう」決議した。

　田中は、その決議の話を聞き、心を躍らされた。

〈みんなの期待どおりに、いま一度総理をやってみせるぞ〉

「善幸は来年の秋ぐらいまでだ」

　昭和五十七（一九八二）年六月三日、赤坂の料亭「千代新」の一室では、田中角栄の威勢のいいだみ声が、いつやむともなく響きわたっていた。

田中の独演を聞いているのは、田中派の議員たちではなかった。中曾根派の議員たちであった。この日、田中は、中曾根派議員の会合に招かれたのであった。

五日後の六月八日には、ロッキード事件で逮捕された橋本登美三郎、佐藤孝行に対する判決が下ることになっていた。自分の判決を来年秋にひかえた田中は、橋本、佐藤らの判決後の政局をめぐって、まくしたてていた。

「判決を契機に、自民党内の反主流派が、またぞろ活発化してくるだろう。その結果、延長国会は、当然、大荒れになると思わなければならない。そうして、懸案の公選法（公職選挙法）改正はギリギリまで延ばされて、その挙げ句、下手をすると、廃案に追いこまれるかもしれん。いや、いまから、最悪の事態を覚悟しておいたほうがいいかもしれない」

もう、会合がはじまって二時間半が過ぎていた。にもかかわらず、田中は精力的にしゃべりまくった。

田中は、中曾根に話題を変えた。

「中曾根とおれは、同期だ。二十二年当選組も、いまでは三百人が十三人になり、中曾根、おれ、石田博英、園田直、松野頼三ぐらいのもんだ、中曾根は、じっと静かに時を待てば、自民党総裁になれる。福田も、大平も、三木もなった。残るのは中曾根だけだ」

田中は、いっそう声を張りあげた。

「きみらが頑張れば、中二階組のニューリーダーなどぶっ飛んじゃうよ。中曾根は、おれよりも男前だし、話はうまい。当選回数も十分だし、申し分ない」

中二階のニューリーダーとは安倍晋太郎、竹下登、宮澤喜一、小坂徳三郎らのことである。

ここで、田中は、中曾根に注文をつけた。

「ただ一つ言うことがあるとすれば、ものをつくったり、売ったり、買ったりしたことがない。中曾根の親父も、兄貴も材木屋をやってきたが、親父や兄貴なら、おれは、一発で総理にさせてやったが」

キングメーカーとしての自信満々の発言である。

「自分も、五年ぐらい経ったら、きみたちにまた世話になりたい。四十七年に総裁に立候補したとき、中曾根が応援してくれた。そのお礼はまだしていない。いずれお礼をするときがくる」

「自分も、五年ぐらい経ったら、きみたちにまた世話になりたい」というのは、五年ぐらい経ったら、自分もまた総理に返り咲く、そのときは頼む、と言っているのだ。

田中は、一呼吸おいた。議員たちを、気迫のこもった眼で、見渡した。これは、田中が初めてあきらかにする、実質的な中曾根擁立論であった。田中は、まくしたてつづけた。

「……おれは、自民党の周辺居住者だから、そのつもりで、聞いてほしい。鈴木善幸の人気は、この秋に再選されるとしても、五十九年の予算編成をやるのは、無理だ。だから、善幸は来年の秋ぐらいまでだ、と言う人がいるがね」

結局、田中は、三時間あまり、一人で延々としゃべりつづけた。

「来年の秋」といえば、ロッキード事件丸紅ルートの田中に対する判決が下される昭和五十八年秋のことだ。そのとき、政界は極端に混乱し、鈴木政権は衰弱する。田中は、田中判決によるショックをかわすためにも、鈴木から中曾根へ政権をバトンタッチさせる、ということを言っているのであった。

田中は、鈴木政権をつくり、さらに、次の政権も自分がつくるつもりであった。

田中派は、二階堂進、竹下登、江﨑真澄、山下元利といった総裁候補として出せる人材をそろえていた。が、一度総裁選に出馬させたり、さらに政権の座に就くようなことがあれば、田中自身の派閥統轄は、危うくなる。有罪判決が下れば、引退か失脚の道を、転げ落ちていくことになる。

田中にとって、あくまでもキングメーカーとして、自民党に圧倒的な影響力を維持することこそが、生き残る道であった。

田中は、料亭千代新での話は、あくまでも鈴木再選を考えていた。ところが、鈴木は、田中の強引な要求に、ほとほとまいっていた。

田中は、鈴木に対して、強引に要求した。

「再選支持の条件として、来年ロッキード事件の求刑の際、国会で弁明してくれ」

さらに、

「秋の判決で有罪となったら、ただちに恩赦（おんしゃ）の手続きをとってくれ」

この要求は、さすがの鈴木も、やんわりと断った。

鈴木政権の衰弱は、あきらかになった。この年七月、鈴木は、生産者米価を一・一パーセント引き上げてしまった。鈴木は、昭和五十六年度予算はゼロ・シーリング（概算要求を対前年度比同額に抑えること）、五十七年はマイナス・シーリング（概算要求を当年度予算額の各五パーセント削減の範囲内にとどめること）を断行すると約束していた。にもかかわらず、米価を上げるということは、事実上、財政再建の放棄であった。

さらに、五十七年度の歳入欠陥が、六億円あまりにも達することがあきらかになった。大幅な増税、あるいは赤字国債を発行せざるを得ない状況にまでなった。鈴木首相の公約である「増税なき財政再建」は、完全に破綻（はたん）した。

鈴木は、この時点で、退陣を覚悟した。が、あくまでも、自分の肚の中でであった。

田中の流儀、中曾根の流儀

昭和五十七年九月二十五日の夜八時半、中曾根は目白台に田中角栄を訪ねた。この頃、田中が中曾根に不信感を抱いているとの噂が、人を介して伝わっていた。中曾根は、田中発言の真意を確かめようと考えたのである。

中曾根は、単刀直入、田中に自分への不信の有無を質した。

田中は、言下に答えた。

「まったくの誤解だ」

中曾根支援は従来どおりだという。

この時点で田中は、目前の総裁選での鈴木政権支持に少しの迷いも見せず、党内に逆風が吹こうが、田中、鈴木、中曾根の三派体制がしっかりしていれば再選は堅いと考えていた。

その口ぶりには、鈴木首相をあたかも道具として利用しようという意図が明確であった。鈴木首相再選の後、次の選挙は来年六月がよいと手帳のカレンダーを睨み、そのあかつきには中曾根の副総理と大蔵大臣への就任を約諾するというのだ。

田中は、さらに言った。

「福田にふたたび首相への野心が見える」

田中は、中曾根の眼をジッと見詰めて、いつものだみ声を絞り出した。

「岸と福田は薄情だ」

中曾根が、その点に同意すると、田中はつづけた。

「軽井沢で中川に言った『飛び出せば、スルメになって干されるぞ』は、中川のことではなく、じつは福田を指して言ったのだ」

この年の夏、田中と中川一郎、笹川堯らは軽井沢でゴルフをした。総裁選出馬をほのめかす中川に、田中が「池の鯉は跳ねてもよいが、砂利の上に落ちるとスルメになるぞ」と恫喝したと、まことしやかに広まっていた。

田中は、硬い表情で言い切った。

「福田とは妥協しない。干してやる」

この夜は真剣勝負の話し合いを中曾根が挑むかたちになったが、田中もそれによく応じていた。

中曾根は、鈴木首相が中国を訪問する前の九月下旬、親しいテレビ朝日の三浦甲子二から「鈴木総理は再選不出馬の意向を中国訪問中に示唆するかもしれない」という情報を得ていた。

また、岸信介元首相の秘書だった宇田国栄から、朝晩、頻繁に電話が入るようになった。

ある日、宇田が中曾根のもとを訪ねてきて、岸は鈴木退陣の肚を固め、その後任に中曾根、河本敏夫の名前をあげ、福田赳夫は消えたという連絡が入った。岸は鈴木円満退陣の線で動き出し、ポスト鈴木が政局になったのである。

岸は、鈴木の政治をつづけてはならないという明確な判断を持っていた。鈴木は、社会党の出身のうえ、対米政策でも失敗、国内政治においても明確な理想を掲げられず、財政も危機的状況に陥った。そうした諸事情を岸は重く見て、これ以上、鈴木内閣はつづけてはいけないと、断定していた。

では、次に誰が首相になるべきか。岸は、「次は中曾根だろう」と考えていたようである。

十月に入ると、福田赳夫が批判の声をあげた。

「鈴木内閣は国民に支持されていない」

鈴木首相は、中国訪問から帰ってきた直後の昭和五十七年十月五日、閣議前に、中曾根に、胸中を初めて打ち明けた。

「総裁選には出馬しないから、その用意をしておくように」

鈴木は言った。

「自分はいまの心境でこれ以上やる気はない。難問山積の折、あえて世評の悪いなかに乗り出す愚かさはない。次は、きみがやってくれ。きみ以外に人はない。よく助けてくれたことに感謝している。わたしも協力する。鈴木派にも話していないので、これから説得せねばならない。ついては、田中君が大切だ。その方面も抜かりなくやっておいてくれ」

その段階で鈴木は、まだ田中に辞任のことを伝えていなかった。

鈴木は、釘を刺すことも忘れなかった。

「ただし、これは内緒だよ」

中曾根は思った。

〈これは、本物だな……〉

鈴木と田中の関係を考えれば、だれを差し置いても、まず相談する相手は田中だろう。それなのに、まだ話していないのは、中曾根には奇妙に思えた。

そのときはわからなかったのだが、二人の関係はけっして良好ではなかったようだ。その後、中曾根が聞いたところでは、田中が鈴木に要望を出したことがいろいろ重なっていた。鈴木にしてみれば、全部には応じきれなかった。一部は応じたらしいが、とにかく次から次へ要望が出てきて、鈴木はすっかりうんざりしたらしい。

その「要望」の中身がどんなものだったか、中曾根には知る由もない。が、鈴木が田中に最初に胸中を明かさなかった背景にそれがあったことは確かだろう。

内政・外交ともに失点がつづいて、支持率が下がったという現実はあったにせよ、このタイミングで辞める決意をするには、もっとインパクトの強い決定的な理由があったと中曾根は考えている。やはり田中との関係が辞任の大きな原因だったろうと感じる。

中曾根は鈴木首相に進言した。

「総理はまだ元気であるし、力もある。三派でやれないことはない。さらに頑張ってみてはいかがですか」

が、鈴木の決意は揺るがなかった。

「わたしは自分の限度を知っているし、すでに決心している」

中曾根と鈴木は、しばらく無言で対座していた。

中曾根が応えて、閣議前の会談を切り上げた。

「それではその心構えでいきましょう」

中曾根康弘

中曾根は、このことは、だれにも口にせず、心中で準備をはじめた。

ただし、中曾根には、〝闇将軍〟として君臨しつづけている田中角栄が、本当に自分を推してくれるかどうか、読めなかった。

中曾根は、田中に直接会って、今後のことを頼んでおくことにした。目白台の田中邸に出かけていった。

中曾根は、「今太閤（いまたいこう）」とまで呼ばれるほど力のあった田中とは、流儀のちがいがある、と思っていた。が、田中を高く評価していた。

〈角さんは、中小企業の親父さんが大企業になっていく過程をやった。苦労しているので、目配りが必要だ。人間関係を非常に大事にしてきた。中小企業が店を開いてやるには、防犯協会の会員になったり、税務署で法人会の会員になったり、ＰＴＡの会長になったりする。そういう地縁、血縁を大事にすることからはじまる。角さんは、政党に入っても、おなじことをやっている。そのうえ、角さんには、天性の能力がある。そういうものを足場にしながら、天性の能力をうまく発揮していった〉

それにくらべ、中曾根の流儀は別だ。

〈学校を出て、役人になり、海軍で将校になった。それから代議士になった。どちらかというと、治めるほうが長かった。べつに、お愛想をする必要はなかった。それだけに、冷たい男とか、権力的といわれた。が、純粋な情熱を持っている。角さんとおれと両方合わせれば、ちょうどよくなるんだが〉

二人とも、そういうちがいを持ちながら、認めあっていた。

中曾根は、二人とも、覇気（はき）のある人間であったと自負している。

昭和三十年前後に、大きな議員立法を手がけたのは、中曾根と田中の二人だけであった。

中曾根は、原子力法体系、科学技術法体系を、議員立法にした。日本のエネルギー、科学技術に大きな力をなした。

田中も、日本の高速道路網の議員立法を手がけた。それが今日の日本の国土形成に大きく寄与（きよ）した。三十代の若さにして、それだけの議員立法を手がけた者は、いまの政治家にはいない。気概や志（こころざし）がない。

中曾根は、田中が政権を取るとき、立候補をとりやめて田中支持にまわり、決定的に助けた。そのとき、田中と福田との差は、六票差。もし中曾根が立候補していれば、田中は福田に敗れていた。

田中は、そのときのことを非常に恩にきていた。

った。

「中曾根は、まだだめだ」、あるいは「二階堂がいい」と言ったりで、はっきりと決めかねているようであった。

行っては、「鈴木の次は中曾根にしてほしい」と言っていた。が、田中は、「中曾根でいい」と言ったり、

田中角栄とも、自分とも親しいテレビ朝日の三浦甲子二や鈴木派の田中六助は、年中、田中のところに

そう言っていた。

「かならず、きみに恩返しする」

中曾根は思っていた。

〈河本君は、三木（武夫）派だ。角さんは、自分がロッキード事件でやられたのも、三木のせいだと思っている。三木派を嫌っている。あるいは、田中派から二階堂を立てる、と言うかもしれない。が、いま政治の中心課題は、行政改革をやるか、やらないかだ。角さんも、わたしをはずすわけにはいくまい〉

中曾根は、田中邸で田中と会い、頼んだ。

「もし、善幸さんが辞める場合は、支持してほしい」

「ほかにいない」

田中は、そう言ったものの、かならずしも明確な返事ではなかった。

田中は、逆に探りを入れてきた。

「善幸から、何か言ってきたのか」

中曾根は、しらばくれた。

「鈴木首相からは、何も言ってこない」

田中は、鈴木への苛立ちを見せた。

「善幸は、おれに何も連絡しないで、けしからん」

密約をもって支持をとりつける中曾根

事態が進行し、しだいに鈴木は次の総裁選を辞退し、中曾根に譲るのでは――という空気が強くなってきた。後継総裁の座をめざして中曾根康弘、河本敏夫、安倍晋太郎、中川一郎の四人が名乗りをあげるのでは、とささやかれていた。

のちに中曾根派入りする笹川堯は思った。

〈日本の地位を向上させるには、防衛と外交を理解している総理大臣が必要だ。その意味では、経済音痴ではあるが、中曾根さんが最適任ではないか〉

笹川は、目白台の田中邸を訪ね、田中を懸命に口説いた。

「たとえ三日間でもいいから、中曾根さんを総理にしてください」

笹川は、二度、三度と田中邸を訪ね、口説きに口説いた。

が、田中は、首を縦に振らなかった。

ある日の夕方、笹川は中曾根に呼ばれた。

「どうしても、お目にかかりたい」

笹川は、砂防会館内の中曾根事務所に顔を出した。秘書の上和田義彦(かみわだよしひこ)に、中曾根の執務室に案内された。

「中へ、どうぞ」

執務室に足を踏み入れた笹川は、驚いた。なんと、真っ暗なのである。電気がついていないのだ。

笹川は、眼を凝(こ)らした。中曾根が、夜叉(やしゃ)のような形相(ぎょうそう)で眼を閉じているではないか。

笹川は思った。

〈中曾根さんは、総理になれるか、なれないかを考え、瞑想にふけっているのだろう〉

笹川は、声をかけた。

「先生、何の用でしょうか？」

中曾根は、表情ひとつ変えずに言った。

「笹川さん、お願いがあります。わたしのかわりに田中先生のところに行って、『中曾根は男です。かならず約束は守ります』と、こう言ってきていただけないでしょうか」

笹川は、深くは詮索しなかった。

「そう言えば、わかるんですね」

「わかります」

笹川は、ただちに田中にアポイントをとった。

翌日の早朝六時、笹川は、田中邸を訪ねた。あいさつもそこそこに、さっそく切り出した。

「じつは、中曾根さんからの伝言をあずかってきました。『中曾根康弘は、男です。約束したことは、かならず守ります。よろしくお願いします』。中曾根さんは、総理大臣の椅子だけもらえば結構なんです。あとは、全部あなたにさしあげるつもりですよ」

田中は、上機嫌でうなずいた。

「そうだ、そうだ。それでいいんだ」

笹川は、さらに訊いた。

「ところで、竹下先生は総裁選に出ないんでしょうね」

田中派の中堅・若手議員が竹下を擁立するのでは、という噂が流れていたのである。

田中は、机をドンと叩いた。

「おれが、出さないと言ったら、絶対に出さん！」

田中邸をあとにした笹川は、その足で中曾根事務所に向かった。

笹川は、中曾根に報告した。

「角さんは、『竹下は、絶対に出さない。約束は守る』と言いました。さらに、『総理の椅子は、一つだ。もし、おれとの約束を破ったら、神輿(みこし)を泥っ田に突っこむぞ』とも言ってましたよ」

中曾根は、なんともいえないうれしそうな表情になった。前日の夜叉のような表情とは一変した。無理もない。田中の支持により、中曾根総裁は決定的であった。

田中と中曾根との約束がいかなるものであったか、笹川は、中曾根にあえて訊かなかった。

笹川は、つづけた。

「防衛と外交のわかる総理をつくるのが、わたしの夢です。先生は、その意味ではまさに適任だ。しかし、先生は経済音痴だ。経済のことは、あまりしゃべらんほうがいい。大蔵大臣に任せたほうがいいですよ」

「はい」

中曾根か、自派閥候補かで揺れる田中

鈴木首相から辞意を告げられた二日後の十月七日、中曾根に田中六助から電話があり、会いたいと言ってきた。

鈴木と同じ宏池会の田中六助は、伝えた。

「鈴木さんはすでに決心を固め、天皇への内奏(ないそう)でも明らかにした。自分は退陣の声明を頼まれ、応諾した。鈴木首相は連休明けの十二日に鈴木派の幹部に初めて話すとのこと」

さらにこの日、田中六助は、田中角栄に明かした。

「鈴木は辞職する決心である。天皇にも内奏した。自分には辞職声明を依頼した」

田中角栄は、金切り声を上げたという。

「そんなことは、あり得ない」

田中六助は言った。

「いや、中曾根にも鈴木は話した」

田中角栄は言い張った。

「そんなはずはない。鈴木は就任したとき、朝の四時に目白に来ておれに頼んだくらいなのだ」

田中六助は、二の矢を放った。

「次は、誰がいいか」

田中角栄は、ためらうことなく言った。

「二階堂だ」

田中六助は一歩もひかない構えであった。

「絶対、反対です」

田中角栄はひとしきり声高にわめいたあとで、やがて落ち着きを取り戻し、静かに言った。

「岸も中曾根を推していた。ただ、十二日に鈴木派の斎藤（邦吉）や宮澤（喜一）に話すことは中止させてくれ」

田中六助は突っぱねた。

「そんな力は、自分にはありません」

田中角栄はおさめた。

「それでは、やむを得ないな」

田中六助は、さらに懐柔にかかった。

「角さんの裁判は、一月か二月に求刑、三月、四月に弁論、秋口の判決予定です。自分は裁判にもっともくわしい。私に任せてほしい」

田中角栄は、「明日、岸に話をするので待て」といい、最後に「二階堂は諦める。今日の話はよく考えてみる」と引き取り、話は終わったという。

翌日、十月八日朝六時四十三分に、田中角栄から中曾根に電話が入った。田中が新潟行きの飛行機に搭乗する前だった。

「今回の政変では、きみを絶対に支持する。中川（一郎）、園田（直）たちとは融和などするな。これから自分は新潟に行き、十日夜軽井沢に行く。十日夜、もしくは十一日夜に会いたい。それまではだれにも会わないでくれ。ゴルフでもやって平然としていてくれ」

中曾根は、応諾した。

田中六助は、その日の午後に岸信介元首相に会談を申し込み、その席で、切り込んだ。

「もし万一、鈴木が辞めるようなときに後継をだれにするか。田中角栄は中曾根を推している。ついては、岸さんにも賛成していただきたい」

岸は、にべもなかった。

「とにかく、鈴木君を辞めさせてくれ。それからの話だ」

田中六助は、問い質（ただ）した。

「もう一度、福田氏が首相になる可能性はありますか」

岸は、言下に言った。

「それはない」

田中六助は、重ねて訊いた。

「それならば、中曾根、河本しかいないはず。早く時代を進めて、安倍晋太郎君の政権をつくるには、中曾根に世代交代をさせ、若返らせて、次に安倍を持ってくるのがいちばんの早道でしょう」

安倍晋太郎は、岸の娘洋子の婿である。

岸は言った。

「とにかく、君の努力は多とする。確実に最高顧問会議前に鈴木君を辞めさせてくれ。今日の話は、大筋で了承する」

そう言い置いて、岸は席を立った。


同じ日の夜、中曾根は後藤田正晴と会い、いざというときの協力を依頼した。後藤田に官房長官を任せるという中曾根の腹案は、すでにこのとき固まっていたのである。

十月十日、中曾根は首相の座を射程距離にとらえられた手応えを感じていた。つまり、対抗馬となるのは河本だけと読んだ。

河本が大きな支持を集めることはむずかしいという見方がある一方で、バックに三光汽船という潤沢な資金力があり、日本大学という日本全国にネットワークを持つ結束の固い大学の出身であることから、河本を一番手に評価する声もあった。

十月八日早朝の電話で、十日か十一日の夜に会うことになっていた田中角栄は、その後も決断が揺れているとの情報が、田中六助からもたらされていた。

「中曾根を支持する」と言っていた田中角栄も、この頃は鬱と躁が激しく交錯して、田中六助を前に、「いや、二階堂にする、いや、後藤田がいい」と二転三転するような状況であった。田中角栄は田中六助と非常に仲がよく、なんでも言い合える仲だったことがかえって災いしたのかもしれない。あるいは本心ではなく、牽制球だったかもしれない。

約束どおり、中曾根は、十一日の夕方六時、九段の「喜京」で田中角栄と会った。

田中角栄は、例の調子で感情の起伏が見られたが、この日、先に会っていた田中六助に諭されたのか、中曾根を支持するという大筋ではもはや逡巡は見られなかった。

田中角栄は、早々に言った。

「五十名で政権を取るのだから、あまり注文は出すな」

これには、少数派閥の長である中曾根も苦笑せざるを得なかった。

田中角栄は言った。

「二階堂は総理候補だから、幹事長に留任させてくれ」

中曾根は応じ、後藤田を官房長官にと依頼した。田中は了承し、注文をつけた。

「敵と味方とのメリハリをつけること。福田、中川を許さず。河本が妥協すれば、協議に応ずる」

田中角栄は、それくらい福田に敵意を燃やしていた。

そして、いかにも田中角栄らしいと中曾根が感じ入ったことは、この時点ですでに、「六月のダブル選挙」の注文をつけてきたことであった。

田中角栄という政治家は、とにかく年がら年中、選挙と政局のことを考えていた。

この夜の相談のために役立てようと、田中角栄が自分で作成し持参してきた資料も、文字どおり田中の真骨頂と呼ぶべきものであった。衆参両院にわたった各派閥別の周到な資料で、これを見ながら、どの派閥はどういう状態で、どういう人間がいて、と組閣あるいはこれからの党運営をするさまざまな情報をたずさえてきた。

昭和五十七年の十月に入って間もない頃、福田赳夫は関西の新聞社・テレビ局が大阪で開いた公開討論会に出席した。招かれてアメリカからやってきていた当時のジェラルド・ルドルフ・フォード前大統領、ヘンリー・A・キッシンジャー元国務長官が一緒だった。

福田は彼らとともに壇上の席にいたわけだが、そこへ「鈴木首相が辞意表明」と書いたメモが届けられた。突然のことで、福田はメモをすぐ見たものの、それを会場の人たちに知らせると混乱しかねないと思い、討論会を最後までつづけ、終わったところで新幹線に飛び乗り帰京した。

鈴木善幸首相が正式に退陣を表明したのはこのあとの十月十二日で、本格的な後継総裁選びもそれからスタートした。

「オヤジはおれたちのムラから候補を出さないつもりだな」

田中派の五回生であった小沢一郎は、総裁選立候補締め切り二日前の十月十四日の夜、車で目白台の田中邸に向かった。興奮気味であった。

〈今度こそ、おれたちのムラ（派閥）から、総裁候補を立てられるぞ！〉

田中邸の応接間には、党行財政調査会副会長の後藤田正晴も同席していた。

小沢は、田中に、切実な気持ちを打ち明けた。

「ムラとして、独自の候補を立てましょう。二階堂さんで、いきましょう」

田中は、険しい表情で言った。

「おまえら、本気で二階堂をやるか」

「やります」

小沢だけでなく、おなじ五回生の羽田孜、渡部恒三、七回生の橋本龍太郎、小渕恵三もおなじ考えであることを確かめていた。

田中は、じつは、この日の夕方、東京プリンスホテルの「鳳凰（ほうおう）の間」で開かれた大分二区選出の田中派二回生である「田原隆（たわらたかし）を励ます会」で、派内の若手の空気を察し、前もって牽制しておいた。

「世代交代というのは、オヤジ死んでしまえ、というのと同義語だ」

そこに向けて、二階堂を担ぐという申し入れに、田中は一瞬考え、きっぱりと言った。

「では、二階堂でいこう」

小沢は、田中の一言でホッとした。

小沢は、田中派事務所に取って返すと、「七日会」のメンバーに、はずんだ声で伝えた。

「オヤジも、二階堂さんにゴーサインを出したぞ」

かつての派閥の集まりであった「七日会」は、昭和五十二年三月に、派閥解消の激流のなかで表向きは解散していた。その「七日会」の名は、その後、田中角栄が幹事長の昭和四十四年第三十二回総選挙以降に当選した、若手代議士の集まりの名称として復活していた。

渡部恒三らは、考えていた。

「まず、二階堂さんを擁立（ようりつ）して政権を取り、そのあとは竹下さんを擁立しよう」

橋本龍太郎が、小沢の報告に興奮した声で言った。

「それでは、今夜にでも、総裁選立候補に必要な五十人の推薦名簿を集めようじゃないか」

彼らは、その夜から翌日の昼までに、五十人の署名簿をそろえた。

二階堂も、立候補承諾の署名をした。

〈鈴木でも総理になれたんだから、おれでも、とは思っていた。が、まさか、おれがこのようにすんなり総理になれるとは〉

二階堂は、自分でもつい顔がほころぶのがわかった。

小沢は、十五日の夜、立候補に必要な書類をそろえ、目白台の田中邸を訪ねた。応接間で、田中に書類を差し出した。

ところが、田中の反応が、予想とはまったくちがった。

「いや、まぁ……これは、おれがあずかっておく」

田中は、その書類を、そっくり金庫にしまいこんでしまった。

小沢は、その瞬間察した。

〈オヤジは、おれたちのムラからは、けっして総裁候補を出さないつもりだな〉

その夜の九時すぎ、目白台の田中邸の応接間は、異様に緊張した雰囲気に包まれていた。

田中角栄、金丸信、後藤田正晴の三人が強張った表情で激論を闘わせていた。田中派の大番頭である金丸は、田中に言い張った。

「若いもんが、今度は、ウチから独自候補を立てたいと言っております」

しかし、田中は、色をなして怒鳴った。

「そうは、いかん！　今回は、中曾根でいく！」

中曾根嫌いである金丸も、引き下がりはしなかった。

「しかし、なんで、あんな『オンボロ神輿』のようなものを担ぐんですか」

田中にとって、翌年秋のロッキード判決後の自分の生き残りを懸ける人物は、中曾根しかいなかった。

〈中曾根派は、一枚岩ではない弱小派閥だ。だからこそ、中曾根を、百七人で、しかも一枚岩であるおれの派が担げば、中曾根は、おれの言いなりになる〉

そのとき、そばで黙って耳を傾けていた後藤田が、金丸をなだめるように口を出した。

「オンボロ神輿というのなら、それを修理しながら使えばいい。だめなら、捨てるさ」

後藤田は、自分の育った内務省出身者のなかから、いつの日か、一人は総理大臣をつくりたい、という悲願を持っていた。その第一号として、中曾根総理の誕生を願っていた。

すでに、この一週間前の十月八日、後藤田は、中曾根とひそかに会い、協力を求められていた。

金丸は、後藤田の一言で、しぶしぶ引き下がった。

十五日の深夜まで、砂防会館の田中派事務所には、煌々と明かりが灯っていた。幹部協議が、緊急に開かれたのであった。党本部幹事長室で待機していた竹下も、気が気ではなく、途中から加わった。

田村元は、太い眉を寄せ、大声で発言した。

「この際、江崎さんを立ててはどうだろう！」

江崎真澄は、水田（三喜男）派から田村と一緒に遅れて田中派に入ってきた。

田村の突拍子もない発言に、部屋の空気は重苦しいものになった。

竹下は、

〈この場におれが居つづければ、険悪になるばかりだ〉

と思い、トイレに立ったまま、席にはもどらなかった。

その後も、さまざまな意見が出され、揉めに揉めた。

若手議員のなかから、別の案も出た。

「われわれは、竹下さんを担ぎたい」

竹下擁立の声が出ると、殺気立った雰囲気にさえなった。

「それでは、幹部は、江﨑さんを担ぎ、若手のわれわれは竹下さんを担ぐというのは、どうでしょうか」

結局、結論は出ないまま、その夜はそれぞれ引きあげた。

翌十六日朝八時から、田中派事務所のいちばん奥にある、かつて田中角栄が使っていた部屋で、田中派幹事会が開かれた。

やはり、田中派からだれかを担ごう、という意見は根強くあった。総裁選の立候補届けは、午後一時からはじまる。午前十一時を過ぎた。それでも意見はまとまらなかった。

十一時半を過ぎたとき、二階堂幹事長から、紛糾をつづけている部屋に、電話が入った。田中派会長代理の江﨑真澄に、二階堂が訴えた。

「調整工作に、協力してほしい。わが派の独自候補は、見送ってほしい」

二階堂は、田中角栄から引導を渡されたのであった。

江﨑から二階堂の話を聞くと、前夜田中から中曾根でいくと言われている金丸が、ここがまとめどきとばかり言った。

「オヤジが右を向けと言やあ、おれは右を向く。左と言えば、左を向く。それでいやなヤツは、派閥を出ていくべきだ。最後は、天の声が聞こえてくるんだから。それにしたがうより、ほかにない」

天の声というのは、もちろん、田中角栄の声のことである。

総裁予備選挙の流れを変えた一本の電話

総裁予備選挙の告示日は十月十六日であった。

予備選挙には、中曾根康弘行政管理庁長官、中川一郎科学技術庁長官、河本敏夫経済企画庁長官、安倍晋太郎通商産業大臣の四人が立候補の届け出をした。だが、党内には当初、なんとか予備選挙を回避して話し合いでまとめたいという声も強かった。

そこで、予備選挙の運動を告示後一週間〝凍結〟して、調整をすることになった。

最高顧問会議では、福田赳夫と鈴木善幸総裁に加え、二階堂進幹事長、田中龍夫総務会長、田中六助政調会長、町村金五（まちむらきんご）参院議員会長の党四役による調整に委（ゆだ）ねようということになった。

十月二十二日、自民党四役らが総裁室に集まり、後継総裁選出の最終協議をはじめた。

中西啓介（なかにしけいすけ）は、このとき、ひそかに田中に呼び出されていた。

「おまえには、おれと二階堂の連絡役をやってもらう。ずっと二階堂について、おれに逐一（ちくいち）報告しろ」

田中とすれば、自分の影響力を保持するためには、中曾根が総裁になるのがいちばん好都合だ。党幹事長で、田中の腹心中の腹心、二階堂に指示し、なんとか中曾根総裁を実現させたい。中西は、その田中の意を受けて、連絡役に抜擢（ばってき）されたのである。

中西は、田中から託された手紙を持ち、総裁室を訪れた。総裁室では、後継総裁選出のための調整委員会、すなわち鈴木、福田、二階堂、田中六助らの最終協議が開かれている。

中西は二階堂の付き人として入室を許された。が、さすがに会議をしている執務室には入れない。中西は、執務室の扉に耳をあて、中の様子をうかがった。

幹事長代理の竹下が総裁室にやってきた。会議が終わりになりかけたこともあって、竹下は執務室への入室を許された。

十分後、竹下が出てきた。

中西は、勇んで聞いた。

「どうなっておりますか」

「うーん、困ったな。おい、事務局長の花田を呼んでくれ。万策尽きたようだ。これで予備選挙になる」

そこへ、田中派の幹部、国対委員長の田村元が顔をのぞかせた。

「竹ちゃん、どうなってる？」

「いやー、ゲンさん。万策尽きはてて予備選挙だわな」

「なに!?　そんなことしたら自民党は潰れるぞ。いま、中はどうなってるんだ」

「田中六さんは、左側が脱腸になりかかっている。二階堂さんは、右側だ。みんなヨレヨレだわな」

十二時間にもおよぶ会議である。みな、疲れはてていた。

田村は、扉を少し開け、中をのぞいた。ちょうど休憩中だったので、二階堂が田村に声をかけた。

「おお、ゲンさんか。まあ、入れや」

田村は中に入ると、いきなり机をドンドンと叩き、大声で訴えた。

「このまま予備選挙に突入したら、日本が潰れるぞ！」

二階堂が、しわがれた声をにじませた。

「ゲンさん、あんたの言うこともわかる。われわれだって、知恵を絞り果たしてのことなんだ。もう、予備選挙しかない」

が、田村は、太い眉毛をピクピクさせながら言った。

「福田総裁、中曾根総理という案は、検討したんですか」

「ん？」

三人は、顔を見合わせた。

「それは、まだだな。その案で、もう一回検討してみるか」

田村の奇抜な総理総裁分離案を議題に、ふたたび会議がはじまった。

その結果、両者がこの案を呑むのであれば、総総分離でいこうという結論に達した。が、その前に、立候補を表明している安倍、中川、河本の意見を聞かなければならない。

中西は、田中に電話を入れた。

「どうやら、総総分離でいくようですよ」

田中は、電話の向こうで中西を怒鳴った。

「なに!?　二階堂はどうしたんだ。なんで、おれのところに電話をよこさん」

「いや、幹事長のまわりにはものすごい数の人間がおります。電話しようにも、できない状態なんです」

そうこうするうちに、二階堂は総裁室に安倍、中川、河本の三人を呼びこんだ。

中西は、電話で田中に実況報告した。

「あッ、いま、三人が応接に入りました」

四十五分後、三人は総裁室から出てきた。

中西は、ふたたび田中に伝えた。

「いま、三人が出てきました。中川さんは、ものすごく興奮しています。河本さんは、顔面蒼白(そうはく)です。どうやら、三人とも、総総分離で納得したようです」

二階堂は、ご満悦だった。田中の意向に沿えたと確信したからである。中西から受け取った田中の手紙には、こう書かれていた。

「中曾根を、絶対総理にしろ。予備選挙は、回避しろ。おまえは、幹事長を放すな」

総総分離案は、このすべての条件を満たしていた。二階堂は、田中に電話をせず、すぐさま中曾根を呼びこむよう指示を出した。

中西と田中の電話は、なおもつづいていた。田中が、苛立った。

「おい、中西、どうなった」

「いま、二階堂さんが、中曾根を呼びこむところです」

「なに!?　二階堂を、電話に出せ」

「人に囲まれていて、とても出られる状態じゃありません」

田中は、怒鳴った。

「ようし、中西！　ここ一番、どんなことがあっても、中曾根に電話をかけさせろ。中曾根の首根っこをつかんでも、おれに電話をかけさせるんだ。いいな、わかったな」

中西は、あくまで二回生議員のひよっこにすぎない。状況が状況だけに、中曾根に直接話しかけることはできない。しかも、中曾根に二階堂の待つ総裁室に入られたら、そのきっかけさえも失ってしまう。

中西には、ひらめくものがあった。

〈これしかない〉

紙の上に電話番号を書きはじめた。それも、一つの数字が、十センチ四方ほどの大きさだ。これを、中曾根側近である藤波孝生に渡し、中曾根に電話してもらおうというのだ。

中曾根は、自民党本部の裏のエレベーターからやってきた。まわりには、藤波をはじめとする側近たちが、ピタリと張りついている。中西は緊張のあまり、足がかすかに震えた。中曾根一行は、直接、総裁室に向かわず、まず幹事長室に入った。

「しめた！」

中西は、思わず小さな声をあげた。

中曾根は、幹事長代理である竹下に、状況を訊くつもりなのだ。

中西は、すかさず幹事長室に飛びこんだ。持っていた紙を藤波に手渡しながら、言った。

「藤波さん、中曾根先生に、いますぐここへ電話するよう伝えてください。相手は、目白です」

目白とは、いわずもがな、そこに住む田中角栄のことである。

藤波は、中曾根のもとに近づくと、耳もとでささやいた。中曾根は小さくうなずき、電話口に向かった。

田中は、中曾根からの電話を、いまかいまかと待っていた。電話がコールされた瞬間に、電話に飛びついた。

「中曾根です」

「おーッ！　いいか中曾根君。いまから二階堂がきみに総理をやれと言う。が、絶対受けてはいかん。おれが、総裁予備選挙で勝たせてみせるから、心配するな。二階堂の案を、絶対に呑むんじゃない！」

その間、わずか三十秒。中曾根は、自分の名前を電話で告げただけで、あとは「はい、はい」と返事をするだけだった。

もし中西が中曾根に電話をさせるタイミングをはずしたら、中曾根総理、福田総裁の総総分離がまさに誕生し、党の危機を迎えたかもしれない。

中曾根は、電話を置くと、総裁室に向かった。

そこには、何も知らない二階堂が悠然（ゆうぜん）と待ちうけていた。二階堂は言った。

「中曾根さん、あなたに、総理をやってもらいます」

中曾根は、言下に言った。

「お断りします」

「えっ⁉」

二階堂は、てっきり中曾根は受けてくれるものと思っていた。事実、中曾根は田中と電話で話さなければ、この案を了承したであろう。まちがいなく、うなずけば総理大臣の椅子が転がりこんできたからだ。

マスコミは、仮に、総裁予備選挙が実施されたら、河本が圧勝だろうと報じていた。河本は、自身の出身校である日大人脈を使い、抜群の党員数を集めていたからである。

田中排除を画策する長老たちの「話し合い」

一方、中曾根サイドの視点から見ると、事態は少し異なる様相を見せる。

中曾根は、最初から予備選挙でいこうと考えていた、という。予備選挙で選ばれた首相は、強いリーダーシップを発揮できる。加えて、国民の無党派層対策にも効果がある。

しかし、鈴木の後継者として、田中派が中曾根を担ぐことに対し、福田、河本、中川ら反主流派は、凄まじい反発を示した。

予備選挙は一週間延期され、中曾根いびりのようなことがはじまった。党内の情勢は予備選挙になれば中曾根が勝つことを示していたが、これを福田や三木など総理経験者が嫌った。中曾根に勝たせると、自分たちの発言権がなくなるうえに報復にあうと思ったようだが、中曾根にすれば、そんなことは考えもしなかった。

これが話し合いによる調整となれば、福田も三木も発言権を維持したうえ、リーダーシップも発揮しつづけられると踏んでいた。

十月二十二日夕刻から二十三日未明にかけて、自民党本部の総裁室でどん詰まりの徹夜協議になった。福田と鈴木総裁、二階堂幹事長の三者だったが、鈴木は「わたしは去り行く者ですから、ただ席におるだけで発言はいたしません」と言ったため、ほぼ福田と二階堂とのあいだで話が進んだ。

福田はいろいろ考えて、具体的な提案をした。

「河本敏夫、中曾根康弘両氏による総総分離は考えられないか」

さらに主張した。

「いま名乗りを挙げている四候補には総辞退を求め、第五の候補として、桜内義雄氏か福田一（ふくだはじめ）衆議院議長はどうか」

が、賛成を得られない。

どんどん時間がたつうちに、国対委員長だった田村元が、鈴木・二階堂・福田の三者が協議中の総裁室に激しい勢いで入ってきた。

田村が言った。

「ここまで来て、予備選挙を回避できないはずがない。総総分離論もある。福田さんのような人はどうか」

二階堂幹事長も同調した。

「福田さんが総裁になれば、国民もなるほどと思う。総理は中曾根さんだ。それでいこうじゃないですか」

鈴木総裁は、福田と二人きりになって口説いた。

「ぜひ受けてほしい」

福田は言った。

「総総分離というなら河本・中曾根両氏の組み合わせでどうか」

「それでは、だめだ」

鈴木は、今度は二階堂や田村と一緒になって、福田を説得にかかった。

福田は固辞した。

「そういう考え方は、一切だめだ」

鈴木は、いったんは「予備選挙もやむを得ないか」と判断して、待機してもらっていた最高顧問たちに集まってもらおうと連絡をとりかけた。

が、ついには「それでは、福田さんに次の党大会までやってもらったらどうだろう」とまで言い出した。

福田もそこで言った。

「みなさんがそこまで言われるのなら、わたしの影響力がある三人の候補の方に意見を聞いてみる」

そのとき、福田は肚（はら）の中で思ったのだろう。

〈次の党大会まで時間は何週間もないが、それまでのあいだに党改革の大筋を固めてしまい、その後にバトンタッチしようか〉

結局、河本敏夫、安倍晋太郎、中川一郎の三人は福田の考えを聞いて、最終的には「福田先生がおっしゃるのなら了承します」となった。

しかし、中曾根だけは「みなさんの言われることはよくわかりますが、もう少し考慮の時間をいただきたい」とひとまず引き取った。

ただし、総総分離には反対の態度を表明した。

「絶対に反対です。総総分離というのは日本の憲政の伝統に反し、議院内閣制に汚点を残すことにもなる」

じつは「総総分離」というのは、大平正芳（おおひらまさよし）のとき（大福決戦となった初の総裁予備選挙）にも西村英一（にしむらえいいち）が持ち出したが、そのときにも中曾根は真っ向から反対した。党の危機には、いつもこの亡霊が出てくる。

中曾根は、このときも思った。

〈またぞろ出たな……〉

鈴木、福田、二階堂たちは、そうした「話し合い路線」が民主主義なのだと考えていた。鈴木なら「和の政治」というだろう。福田は、「総裁は争って決めない」、二階堂にしろ、「自分も参加した」ことになる。

要は、中曾根の自由にはさせないということであった。

しかし、「和の政治」というのは、「足の引っ張り合いの政治」の謂（いい）にほかならない。そうでなければ「談合の政治」である。結果としてそうなるものだ。

「総総分離案」を中曾根が受け入れると考えていたとすれば、まったくの見当違いであった。あるいは、総理の椅子と引き換えに受け入れると思っていたのか、第四派閥の劣勢の立場だから、ここらで手を打ってくると見たのかもしれない。

マスコミは、書き立てた。

「田中元首相に『反対しろ』と言われたのだ」

こうして、福田赳夫にしてみれば、いわば万策尽きたかたちで、自民党は十月二十三日、予備選挙に突入していった。

なお、内閣総理大臣を辞めた後の福田の政治行動は、一言でいえば自民党、ひいては日本の政治をゆがめ、汚してきた「金権支配」に対する闘いであった。

福田は、何人（なんぴと）に対しても、個人的には、なんらの恨みも抱いてはいない。しかし、「政治は力、力の源泉はカネだ」と割り切る党内の流れだけは、どうしても許すことができなかったという。

残念ながらこの「金権支配」の流れは、福田内閣でいったん断ち切ったものの、やがては復活して自民党を蝕（むしば）み、日本の政治構造全体を救いがたいまでに腐敗させてしまった。

いわゆる「四十日抗争」も、一時は総総分離に応じざるを得ないと決断したのも、福田としては政策と人事を中心に政治権力を裏から操っていた金権支配の影響力、すなわち田中の力をなんとか排除したいと考えての行動であった。

さて、鈴木、田中の主流派からは中曾根、福田派から安倍、河本派から河本敏夫、そして中川一郎が名乗りをあげた。

予備選挙での田中角栄は、陣頭指揮に立った。

田中は、全国の建設、郵政関係に、圧倒的な力を持っている。田中は、各県庁や、それに連なる建設業者、郵政事業関係者に、みずから直接電話を入れ、中曾根支持を訴えた。田中は、わがことのように、必死に予備選挙を闘った。

およそ一ヵ月にわたる予備選挙で、中曾根は、十一月二十四日の開票時には、最終的に、有効投票数の過半数を超える五七パーセントの五十五万九千六百七十三票を獲得し、圧勝した。

二位の河本、三位の安倍両候補は、総裁決定選挙への立候補を辞退した。

なお、田中から「あんまり飛び跳ねるな」と釘を刺されていた中川は、四位に終わった。

中川は、それから間もない翌五十八年一月九日、札幌のパークホテルで首つり自殺をはかった。

中曾根は、昭和五十七年十一月二十五日、第十一代自民党総裁に選出された。

ロッキード対策の「田中曾根内閣」成立

中曾根は内閣で、田中派を重用することにした。後藤田正晴を官房長官、竹下登を蔵相、林義郎を厚相、内海英男を建設相、山本幸雄を自治相兼国家公安委員長、梶木又三を環境庁長官、と田中派から六人も入閣させた。

そのうえ、無派閥ながら隠れ田中派の秦野章を法相に、大野明を労相にした。元警視総監の秦野は、かつて国会でロッキード事件の検察捜査のあり方を批判した、親田中系の参議院議員である。

中曾根は、さらに、田中派の二階堂進を党の幹事長に留任させようとはかった。

中曾根が二階堂に組閣の構想を打ち明けると、二階堂が驚いた。

「総理、これは、とてもできませんよ」

中曾根は、それでもひるまなかった。

「きみは、そう思うだろう。明日の新聞は、大東亜戦争の開戦みたいにでかく、田中派偏重の内閣だ、こういう角栄の影響の大きい内閣はだめだ、と罵詈雑言を浴びせてくるだろう。田中派偏重の内閣だ、と罵詈雑言を浴びてもいい。おれは、そんなことはわかっている。しかし、おれにはおれの考えがある。それを突破する。

要するに、内閣というのは、仕事なんだ。顔がいいとか、若いのをそろえたとかの問題じゃない。どういう仕事をやったか、が半年でわかる。そこで勝負になる。おれは、仕事師を集めた。わが内閣は、仕事で勝負する。二階堂さん、おれが責任を持つから、これでやってくれ」

「それだけ言うなら、しょうがありません」

二階堂は、そのとおりに組閣した。

昭和五十七年十一月二十七日、第一次中曾根内閣が発足。

翌日の新聞を見ると、果たせるかな、凄まじい攻撃であった。

『〝田中内閣〟が躍り出た、世論唖然』『金権・右傾ドッキング・ゴリ押しに大揺れ』（朝日新聞）

『主流派も驚く〝直角人事〟』『政治倫理に皆、がっちりロッキードシフト』（読売新聞）

『ロ事件つぶし軍団布陣、〝田中後見内閣〟の様相』『滞貨組一掃へブルドーザー田中派、中曾根派内にも怒り』（毎日新聞）

中曾根は、計算ずみの「田中曾根内閣」との批判を浴びながら、おのれに言い聞かせていた。

〈田中派の力をうまく使って仕事をやることが、実際に実績を残す。それには、恰好いいだけ、ひ弱いお嬢さんだけを集めても、しようがない。おれは、真剣勝負をするんだ。勝つか負けるかというところで、善人だけでなく、アクの強い連中でも、みんな使うんだ〉

一方の田中角栄は、してやったり、と満足であった。

〈ロッキード事件公判の結果がもたらすだろう打撃を、最小限に抑える布陣ができた〉

年の明けた昭和五十八年元日、恒例の目白台の田中邸大ホールでの正月パーティーで、田中角栄は、酒焼けした顔をいっそう赤く染め、年始に詰めかけた客のあいだをまわっていた。手には、オールドパーのボトルを持ち、陽気な声を出していた。

「飲めや、飲めや。おれは、午後四時までに百杯は飲むぞ」

巷間では、いわれていた。

「年始めの一月二十六日に開かれる予定の、ロッキード裁判の一審求刑をひかえているので、さすがに『闇将軍詣で』の客も、いつもより少ないだろう」

しかし、田中は、「いや、千人は来る」と豪語していた。

田中は、「中曾根内閣は、三年はつづく」と気炎をあげたあと、さすがに疲れ、自分のソファーに座った。

田中の右隣には、中曾根内閣で大蔵大臣に就任したばかりの竹下が座っていた。

しかし、田中は、まったく竹下を無視し、口をきかないばかりか、竹下のほうを向こうともしなかった。左隣に座っている田中派参議院議員の山東昭子の手を握ったり、冗談を言いつづけてばかりいた。

田中は、背中にまで竹下への怒りを露にしていた。じつは、竹下が、暮れに田中派の議員に、それまで田中が彼らに渡していたより二倍ものカネを渡した、という情報を耳に入れていたのだ。

〈おれから独立するつもりらしいが、おれの面目を潰しおって。どこまでもかわいくないヤツだ〉

一方、竹下は、田中と口もきいていないので、席を立つに立てず、顔色を青ざめさせていた。

竹下がトイレに立ったとき、新聞記者が、竹下に声をかけてきた。

「竹さん、元気がないじゃないですか」

竹下は、

「いや、ちょっと風邪をひいておりましてね」

と逃げた。

第二章　下剋上——権力奪取のクーデター

元首相に下された実刑判決

昭和五十八（一九八三）年十月十二日——いよいよ、その日がやってきた。空は、雲一つない秋晴れであった。が、いくぶん肌寒い。前日の気温を五度近く下回っていた。

午前八時三十四分、田中派の当選五回以下の衆議院議員の集まりである「七日会」は、イトーピア平河町ビルの田中派事務所で会合を開いた。小沢一郎も、そのメンバーの一人である。

事務局長の渡部恒三が、演説した。

「無罪を勝ち取ることが、元総理大臣の名誉を守り、政治への信頼を取りもどす唯一の道である」

が、会場には張り詰めた空気が漂っていた。

午前十時から、ロッキード事件丸紅ルートの一審判決公判が東京地裁で開かれた。

岡田光了裁判長から、田中角栄に対し、懲役四年、追徴金五億円の実刑が宣告された。首相の職権を利用した収賄事件で、実刑判決が出たのは初めてである。

判決は、全日空のトライスター導入をめぐる丸紅からの協力依頼の請願、工作資金五億円の受領を、検察側の主張どおりに認めた。

法律上最大の争点である「首相の職務権限」については、首相がトライスターを選定するよう運輸大臣に指示する行為は、その職務権限に属する行為であり、直接全日空に働きかける行為は、この職務と密接に関連する準職務行為である、と裁判所として初の判断を示した。

昭和五十二年一月二十七日の初公判以来、一日も欠かさず公判を見つづけてきた小沢一郎は、残念でならなかった。

〈有罪か……〉

田中は、判決後、目白台の自宅にもどった。詰めかけた田中派の議員たちを前に、涙を浮かべながら力説した。

「おれのことを、いろいろ言うヤツがいるが、おれは絶対に議員を辞めない」

その数分後、旧友を自分の部屋に呼び、感情を剝き出しにして言った。

「もう、めちゃくちゃな裁判だ。三権分立もなにも、わかっていない。あの調子なら、検察官が十人いれば、中曾根だってやれるぞ。われわれ国会議員がこんなバカなことを許していたことを、恥じなければいかん！」

田中は、この一審判決を「きわめて遺憾である」とし、「生ある限り、国会議員としての職責を遂行する」との所感を発表した。

ところが、田中の進退について、三木武夫はけじめとしての辞職を要求し、福田赳夫も、自発的辞職をうながした。田中の引退・辞職を求める声は、自民党支持者のなかからも起こった。

野党は、田中議員辞職勧告決議案の衆議院本会議上程を要求して自民党と対立、国会の審議は、三宅島噴火の災害対策を除き空転した。

橋本龍太郎は思っている。

〈オヤジは、法にふれることをしたとは本気で思っていなかったであろう〉

それゆえ、汚名をそそぎたいという気持ちを強く持っていた。その気迫を考えても、悪しきことに手を染めたとは思っていなかったのではないか。田中が、なかなか後継者を決めなかったのは、汚名をそそぐまで世代交代をさせたくないという気持ちもあっただろう。

が、それだけが理由ではないと橋本は思う。「おれが、これだけ本気で無罪だと言っているのに、おまえらは疑心をはさむのか」という思いも強かったかもしれない。

また、「おれを信じてついてきてくれるのなら、一緒に苦労をしてくれ。おれが、この人物が総理にふさわしいと思うヤツを、おまえら助けてくれよ」という感じがあったのではないか。

田中・中曾根会談——果たせなかった辞職勧告

昭和五十八年十月二十八日の午後二時五十二分、中曾根康弘(やすひろ)は、首相公用車の黒塗りのトヨタ・センチュリーに乗り、虎ノ門のホテルオークラ地下二階の駐車場に滑りこんだ。トヨタ・センチュリーは、特別仕様車で、防弾ガラスはもちろん、車底部は爆弾テロにあっても吹き飛ばされないように、厚い鉄板が敷きつめてある。

別館九〇二号室では、すでに二分前にやってきた田中角栄が、中曾根を待ち受けていた。

駐車場には、報道陣は一人もいなかった。官房長官の後藤田正晴(ごとうだまさはる)が、会談場所をうるさい報道陣に察知されないよう、場所は帝国ホテル、時間は午後四時が有力という偽情報を流していた。

おまけに、後藤田は、この日の朝、都内のホテルすべてに予約し、田中・中曾根会談の場所を、開始から数十分間、完全にカムフラージュしていた。

別館九階に上がるエレベーターの中で、中曾根は気を引きしめていた。

中曾根の胸には、「田中辞職勧告」という言葉が、重く刻まれていた。

中曾根は、総理総裁としての責任追及の火の手が自分におよびそうな雲行きに、自分を最高権力の座に押しあげてくれた恩人・田中との会談へ、重い腰を上げたのであった。

中曾根の気分を暗くさせていたのは、それだけではなかった。

中曾根は、田中から、解散総選挙を迫られていた。田中は、この五十八年の初めから、「今年は、ダブル選挙だ」とことあるごとに言い、実際にカネまで配って態勢をととのえていた。

しかし、「田中主導での選挙は、もってのほか！」と、鈴木善幸、福田赳夫らは猛反発していた。

中曾根にとっても、まだ政権奪取一年にしてダブル選挙などとても打てない。かろうじて、日程にのぼっていた第十三回参議院選挙だけを六月二十六日に打ち、ダブルは回避していた。しかし田中は、衆議院選挙を、どうしても年内に打てと中曾根に突きつけていた。

田中は、野党からの議員辞職勧告決議案上程を突きつけられ、解散総選挙によって自分の不利な状況から脱しようと謀ったのである。

ロッキード判決で実刑判決が下されたあとを受けて総選挙をやれば、自民党は負けるに決まっている。中曾根は、できれば、年が明けた昭和五十九年に選挙を持っていきたかった。が、田中は、なりふりかまわず選挙を打ち、強引に中央突破をはかろうと、必死であった。

中曾根は重い足取りで、田中の待つスイートルーム九〇二号室に向かった。

〈角さんに会えば、年内の解散総選挙はまぬかれないだろう〉

九〇二号室は、別館九階の北側にあるいちばん奥の部屋であった。上和田義彦秘書官が先に立ち、ドアをノックした。ドアが開けられた。

「どうぞ」

中曾根は、部屋に入った。八畳のリビングルームであった。奥にはやはり八畳の寝室がある。

中曾根は、長年の友人として、田中と対峙した。

「おたがいに昭和二十二年当選の同期生として、いろいろと苦労してきましたね」

中曾根が、切り出した。

「おれのせいで、きみには苦労させてすまん」

田中も、感慨深げに答えた。

話は、いきおい昔話となった。六十五歳の二人の元首相と現首相は、ときどき声を詰まらせ、あるいは眼に涙をにじませた。

「辞職を、考えてください」

とは、中曾根も切り出せなかった。それは、田中にしても、何のために中曾根が自分と会談しようと持ちかけてきたのかを考えれば、十分察しがつくことであった。

しかし、中曾根にそう言わせないということは、田中の勝ちである。

田中には、中曾根に対して、

「そもそも、おれがいなければ、おまえは一国の総理になれない男なのだ」

と言える強味がある。中曾根にしたところで、初めから辞職を切り出す気持ちはなかった。

駆けつけてきた報道陣を退去させてからの三十分は、両者のいちばんの懸案である解散問題に入った。

中曾根は言った。

「十二月下旬解散、一月選挙ではどうでしょう」

それが、自分の譲歩できるギリギリの線だ、という言外のふくみを持たせていた。

が、田中は、言下(げんか)に否定した。

「それじゃ、予算を組んでの選挙となる。予算は、どうしても増税ぶくみにならざるを得んから、選挙は不利だ。もっと前に解散しなきゃだめだ」

有無を言わせない口調であった。

結局、解散をめぐる二人の綱引きは、勝負つかずであった。しかし、解散を前提にした二人の話では、説得力と力関係の差で、田中に分があったことは確かである。

一時間四十分にもわたる会談の終了後、中曾根は、無念な気持ちで奥歯を噛みしめた。

この会談の直後、田中は、ごく簡単な談話を発表した。

「時局重大の折から、わたしも自重自戒、国民各位のご期待に応えるべく全力を尽くしてまいります」

中曾根も、後藤田官房長官を通じて記者団に談話を発表した。

「懇談ではたがいに政党人として、現在の重大な時局において真剣に意見を述べあうとともに、わたしは、一人の友人としてできる限りの助言をおこなった」

田中辞職勧告決議案が国会に提出され、野党から責められていた。このときの議院運営委員長が小沢一郎で、筆頭理事が山崎拓。中曾根は、二人を督励した。

「これを、議運の日程にのせるな。国会議員の進退は、議員と選挙民が決めることだ。政治的圧力で決めるものではない。本人が辞職するか、選挙民が選択するものだ。それが、議会制民主主義だ」

小沢と山崎は、懸命に努力し、ついに田中辞職勧告決議案を議運の日程にはのせなかった。

二十二万票のトップ当選「わが生涯最高の日だよ」

十一月五日夕刻、二階堂進幹事長が首相官邸に乗りこみ、中曾根首相に迫った。

「国会正常化のためにも、年内解散、総選挙を打つしかない」

中曾根のブレーンである政治学者の佐藤誠三郎、社会学者の公文俊平、社会工学者の香山健一らは、そろって口にしていた。

「いま、選挙をやれば、まちがいなく負ける」

が、田中派からは、金丸信（かねまるしん）も後藤田正晴も中曾根のもとにやってきて、中曾根に年内解散を迫る。

このとき、中曾根はもっとも力を入れていた「行革関連六法案」を抱えていた。そのなかには、過去何回出しても通らなかった「国家行政組織改正法」もあった。行政管理庁と総理府を一緒にして総務庁をつくる「総務庁設置法」などもふくまれている。

中曾根は、決断した。

「最終的に、野党が『行革関連六法案』などの全法案を無傷で通すなら、解散もやむを得まい」

福田一（ふくだはじめ）衆議院議長があいだに入り、わざわざ首相公邸にまでやってきた。衆議院議長が首相公邸にまで来ることは、憲政史上ないことであった。

福田議長は、約束した。

「『行革関連六法案』をふくむ全法案を、まちがいなく通します」

中曾根は、法案成立の保証があったので、十一月二十八日、解散に踏み切った。いわゆる「田中判決選挙」に突入したのである。

十二月十八日の第三十七回総選挙の投票がおこなわれた。

田中は、得票数は十四、五万票というマスコミの予測をあざ笑うかのように、なんと二十二万七百六十一票もの大量票を獲得した。総理在任中におこなわれた昭和四十七年の第三十三回総選挙のときの十八万二千六百八十一票をはるかに上回り、これまでの十五回の当選中最高の得票数で、トップ当選を果たした。

が、自民党の選挙結果は、惨敗（ざんぱい）であった。

開票結果は、自民党が過半数を割って二百五十議席、社会党百十二、公明党五十八、民社党三十八、共産党二十六、新自由クラブ八、社会民主連合三、無所属十六議席であった。

自民党は、ただちに無所属当選者から八人を加えて二百五十八議席としたが、無所属残留の田中角栄、佐藤孝行の二人を加えても二百六十議席、対する野党勢力の合計は二百五十三議席、まさに「与野党伯仲時代」の再来であった。


田中角栄は、目白台の田中邸の応接間で、オールドパーの水割りを快い気持ちで飲みながら、選挙の祝い客たちを迎えていた。祝い客の一人が、田中にすり寄るようにして言った。

「先生、わが国の選挙史上でも、二番目の票数ですよ。四十七年に、大阪三区で、共産党の村上弘が、二十二万九百七十票を取りましたが、その最高記録と、わずか二百九票しかちがわないんですからね」

田中は、勢いよくウイスキーを呷り、酔いでつやつやしている顔をほころばせうそぶいた。

「これが、世論の結論だよ。わが生涯最高の日だよ！」

数こそがすべて、という論理を持つ田中にとって、今回の大量票は、有罪判決を受けた汚名をそそぐ禊の意味があった。田中は、みずからの頭脳のコンピューターが、まったく衰えていないことをよろこびながら言った。

「わしは、今回の票数を、二十二万一千票ぐらいと予想しておったが、予想と、わずか三百票しかちがわなかった」

選挙の大勢が決まるや、中曾根総理から、目白台の田中邸の応接間に電話が入った。

「二十二万票、おめでとうございます。しかし自民党はごらんのとおりの状況です。残念至極です……」

中曾根の声は、田中の票を祝いながらも、沈みに沈んでいた。

田中は、逆にはしゃいだ声で言った。

「まぁ、そう心配するな。支援は惜しまんから、こういうときは、じっくり腰を据えていたほうがいい」

「そうですね……よくわかりました」

中曾根の声は、いっそう沈んでいた。田中は、元気づけるように言った。

「野党や、反主流派が妙な動きをしおったら、また解散すりゃいいんだ。来年六月の解散だ。そうなったら、この次は、絶対に勝つ」

中曾根は、沈みきったまま電話を切った。その気配には、田中離れしたくてもできない苦悩が表れていた。

田中は、応接間のソファーから、「よいしょ」とかけ声をかけ、勢いよく立ちあがった。

二階俊博(にかいとしひろ)も、この総選挙で初当選し、田中派入りした。

二階は中央大学法学部卒業後、遠藤三郎(えんどうさぶろう)代議士の秘書となる。和歌山県議二期をへての総選挙であった。田中派の候補として出馬することを決めた二階は、田中派の江﨑真澄(えさきますみ)に連れられて、砂防会館近くのイトーピア平河町ビルにある田中角栄の個人事務所に出向いた。

田中は、二階の顔をじっくりと見ながら言った。

「ここにいる江﨑君をはじめ旧藤山派の人たちのほとんどが、木曜クラブに来ている。遠藤三郎さんの秘書だった二階君が、うちに来るのは、自然の姿だよ。きみは、外から見ると、欠点はなさそうだし、まちがいなく当選するよ」

田中は、選挙の神様と言われている。その田中に「当選する」と言われて悪い気はしない。しかし、二階は、にわかに信じがたかった。思わず、聞き返した。

「そんなこと、どうしてわかるんですか」

田中は、手に持った扇子をせわしなくあおぎながら、茶目っ気たっぷりに言った。

「おれは、馬喰だ。毎日、馬を見て暮らしているんだ。この馬は、中央競馬に出して大丈夫か、この馬は地方競馬どまりか、この馬は馬車馬にしかならない、ということをずっと見てきた。大丈夫、きみは中央競馬に出られるよ」

田中の父親の角次は牛馬商、いわゆる馬喰であった。田中は、父の職業である馬喰に見立てて、自らの政治家に対する観察眼を誇った。

その後、二階は、記者会見を開き、次期総選挙に出馬することをあきらかにした。

二階は、知りあいの中央紙の記者に言われた。

「いつ選挙になるかわからないが、十月にはロッキード事件で逮捕された角栄さんの判決が出る。ベテランや力のある現職国会議員なら別だけど、新人が田中派を名乗って出馬するのは、大変なことだよ」

その記者は、二階のことを思って助言してくれたのであろう。

しかし、二階は、覚悟を決めていた。

〈わたしは、すでに田中先生の門を叩き、江﨑先生や小沢（一郎）先生をはじめ、田中派の議員とかねてより親しくおつきあいし、ご指導していただいている。新人に不利だからといって、別の派閥から出ます、ということは性に合わない。前進あるのみだ〉

十一月二十八日、中曾根首相は、衆議院を解散した。十二月十八日投票の第三十七回総選挙、いわゆる「田中判決選挙」に突入することになった。

公示の三日前、田中角栄から、電話が入った。

「選挙の情勢を聞きたいから、すぐ上京するように」

二階は、紀伊半島南端の新宮市から夜行列車に乗って、目白台の田中邸に向かった。

田中は、二階の顔を見るなり言った。

「きみの選挙区には、どのくらい市町村があるんだ」

「三十三市町村です」

「そうか。それじゃ、その一つひとつの状況を言ってみろ」

二階は、眼を丸くした。

「えっ！　一つひとつですか」

「そうだ」

二階は、言われたとおり、三十三市町村の状況を一つひとつ報告していった。

田中は、熱心に耳を傾け、「なぜ、そんなに少ないんだ」「そうか、そんなにとれるのか」といった具合に点検してくる。二階は、そのたびに理由を説明した。

まもなく、三十三市町村すべての点検が終わった。二階は、新人候補のために、わざわざ時間をかけて、一つひとつ点検してくれた田中を心から尊敬した。

〈なんて、頼り甲斐のある人なんだろう〉

田中は、激励してくれた。

「ここで負ければ、少なくともあと三年間はこれまでとおなじように選挙区まわりをしないといけない。きみもつらいだろうが、おれもそういうことをきみにさせたくない。だから、なんとしても、石に齧りついても、この選挙で当選させてもらえるよう頑張れ！」

昭和五十八年十二月十八日の投票日、二階は、五万三千六百十一票を獲得し、みごと初陣を飾った。

十二月二十六日、国会が召集されることになった。この日朝八時、二階は地元の後援会の幹部数人とともに目白台の田中邸に出向いた。当選のお礼のあいさつをするためである。

田中は、開口一番言った。

「おー、二階君、よく当選したな。たくさんの票をとったな。よかったな、本当によかった」

田中の読みでは、二階は、当選ラインぎりぎりだったのであろう。まるで、自分のことのようによろこんでくれた。

その夜、田中派新人議員の歓迎会が料理屋で開かれた。田中をはじめ二階堂進、江﨑真澄、竹下登、後藤田正晴ら錚々たる顔ぶれが集まった。一回生議員は、幹部らと相対するかたちで座敷に一列に並んで座らされた。

司会役の議員が、口を開いた。

「それでは、一人ずつ自己紹介をしてもらいましょうか」

そう言い終わるやいなや、田中が、いきなり立ちあがった。

「おれが、紹介する」

なんと、田中みずからが紹介していくというのである。

田中は、一人ひとり、すべてそらで紹介していった。

「彼は、××県××区選出で、こういう経歴の持ち主だ。彼の公約は、こうだ。対立候補は、××派の××だな」

やがて、二階の番になった。

田中は、すらすらと紹介していく。驚いたことに、名前や数字を一つもまちがわない。

田中は、最後に言った。

「二階君は、遠藤三郎先生の秘書を十一年もつとめてきたから、長い政治経験をもっているんだ」

二階は、照れくさそうに下を向いた。

「この人は強がりを言っていても、弱い人なんだな」

田中は、なりふりかまわず派閥の膨張策をとりつづけた。昭和五十九（一九八四）年には、百二十人にもなる巨大派閥となった。

あるとき、田村元（たむらはじめ）は、田中事務所をぶらりと訪ねた。江﨑真澄、竹下登の姿もあった。田中は、昼間だというのにオールドパーの水割りを上機嫌で飲んでいた。

いろいろな話をしたあと、田村は思いきって諫言（かんげん）した。

「角さん、今日は、ちょっと言いたいことがあるんですが」

「なんだい、ゲンさん」

「言いにくいんですが、これ以上、あんまり派閥の膨張策はとらないほうがいいんじゃないですか」

田中の顔色が、さっと変わった。

「なぜだ」

「まぁ、なんといったって、あなたは刑事被告人だ。どんどん派閥を膨張させて、仮に闇将軍といわれても、裁判所は、悪意こそ持て、好意を持つはずがない。政界で隠然たる力を持っているから、判決を軽くするなんてことはあり得ないと思う。だから、あまり、それはしないほうがいいんじゃないですか」

田中は、鬼のような形相になった。

「なにィ！」

田中は、わなわなと怒り震える手でマドロスパイプの絵の書いてあるマッチ箱を握りしめた。それを、田村に向けて投げつけた。

マッチ箱は、田村の額を直撃した。

そのはずみで、中身のマッチがバラバラに飛び散った。

田村は、さすがに頭に血がのぼった。

〈この野郎！　無礼なことしやがって〉

田村は、マッチを一本ずつ丹念に拾い、マッチ箱に詰めた。

お返しとばかりに、田中の額めがけて思いきり投げつけた。みごとに田中の額に命中した。

江崎と竹下は、眼の前でくり広げられる凄まじい光景に呆然とした。二人を止めることすらできなかった。

田村は、興奮冷めやらぬ口調で言った。

「帰るッ！」

ドアを蹴破るような勢いで、部屋から飛び出した。

その夜十一時すぎ、渋谷区松濤にある自宅の電話が鳴った。妻は、すでに就寝し、起きる気配はない。

田村は、仕方なく電話に出た。

「はい、田村ですが」

受話器の向こうから、威勢のいい声が響いた。

「おお、ゲンさん、おれだよ、おれだよ」

田村は、首をひねった。

〈だれだ、こいつは〉

田村は訊いた。

「あんた、だれ」

「田中だよ、角栄だよ」

「エッ！　角さんですか。これは、昼間に大変失礼なことをして、申し訳ありませんでした」

「いや、いや、そんなことはいいんだ。いまね、一人で飲んでいるんだ。もう、ばあさんも、だれも、相手になってくれないんだよ。一人じゃ淋しいから、きみ、いまから飲みに来いよ。話し相手になってくれないか」

田村は、渋った。

「いまからといっても、もう、運転手も帰したし……」

「タクシーで、来ればいいじゃないか」

「まぁ、そうですが」

「帰りは、心配するな。おれの車で、家まで送るから」

そこまで言われ、さすがに断りにくくなった。

「わかりました。すぐに行きますよ」

田村は、表でタクシーを拾い、目白台の田中邸に出向いた。田中の書生に、母屋に案内された。

田中は、丸干し鰯をかじりながらオールドパーの水割りを飲んでいた。

「いや、よく来てくれた。ゲンさんは、何にする？」

「ぼくは、日本酒をもらおうかな。冷やでいいから」

ほどなく、書生が日本酒の一升瓶とコップを持ってきた。田中が、コップに日本酒を注いでくれた。

田村は、田中に詫びた。

「今日は、どうも失礼なことを言ってしまって、すみません」

「おれこそ、きみに無礼なことをして、申し訳なかった」

「ぼくも、無礼なことをしてしまったのでおたがいさまですよ」

「そうか、許してくれるか」

「もちろんですよ」

田村は、三十人規模の派閥横断の田村グループを形成していた。田中派には、二十人ほどおり、小宮山(こみやま)重四郎(じゅうしろう)と内海英男(うつみひでお)が代貸しとして束ねていた。仮に田村が田中派を脱藩すれば、彼らも行動を共にするだろう。田中派にとっては、大変な打撃になる。が、田村は脱藩する気持ちはなかった。

田中も、それを確信したのだろう。両手で田村の右手をぎゅっと握りしめた。顔をくしゃくしゃにし、何度も、何度も、上下に激しく振った。

「ありがとう、ありがとう……」

田村は、目頭が熱くなった。

〈やはり、この人はいい人だ。強がりを言っていても、弱い人なんだな〉

しかし、この一件以来、田村は、田中の事務所に足を向けなくなった。

田中も、国会内やパーティーなどで顔を合わせると、「よっ、ゲンさん」と右手を振ったが、「たまには、遊びに来いよ」とは言わなかった。

水面下で進む「二階堂擁立構想」

昭和五十九年秋の自民党総裁選を前に、田中角栄は、九月十日、神奈川県の箱根プリンスホテルで開かれた「田中派議員研修会」で、日の丸の旗と金屛風(きんびょうぶ)を背に、色つやのいい顔に汗を噴き出しながら、ぶちあげた。

「われわれは、権力闘争の先頭に立ってはならない。権力闘争に巻きこまれて、総理総裁に、おれもおれも……という時代ではない。今回は、われわれは、駕籠を担ぎ、草鞋をつくる必要がある。総裁任期が四年以内というのは、茶番である。任期は三年延ばし、原則として二期六年、自民党議員三分の二の発議があれば、三選ができ、国民が求めれば、四選も可とするのが当たり前なんだ」

もちろん、中曾根の再任を表明したのであった。

この日、田中軍団百二十人中、百十二人もが会場に出席していた。熱気がムンムンする会場は、冷房も効かないほどであった。田中はつづけた。

「わが派から総裁を出さなくていいとは考えないが、いま、強いて出す必要はない。いまは、われわれには政権の駕籠かき、草鞋づくりが必要だ。十年間のうちに政権をになわなければならぬときが、かならずくる。もっと同志を増やし、国の安定に応えよう」

いちばん前の席の二階堂の左側に腕を組んで座って耳を傾けていた金丸信は、険しい表情になっていた。

〈あと十年もすれば、竹下は、もう七十歳になっている。そのとき、はたして、竹下が総理総裁になれる保証があるか。まず無理だろう。まして糖尿病のおれが、そこまで生きていられるかどうか〉

金丸は、ロッキード事件後の五十二年頃から糖尿病を患い、食餌療法をしていた。

金丸は、いっそう険しい表情になった。

〈オヤジが、どうしてもこの気持ちを崩さないのなら、一戦交えることもやむを得ない〉

自民党各派は、党総裁選を前に、さまざまな駆け引きをおこなっていた。党内には、福田派、鈴木派を中心に中曾根総裁の再選に反対論が根強かった。が、中曾根に代わる有力な候補もなく、不戦の雰囲気が漂っていた。

田村元が世田谷・野沢の福田赳夫の家にやってきたのは、昭和五十九年九月十二日だった。

田村は、打ちあけた。

「まだだれにも話していないんですが、二階堂政権をつくりたいと思うんです」

田村は、さらに言い添えた。

「二階堂進を首班にしましょう。これから鈴木善幸さんにもこの構想を話すつもりなので、鈴木さんと会談してほしい」

その頃、岸信介(きしのぶすけ)元首相が主宰する「親和会」が赤坂の料亭で開かれた。田中派の田村元は、福田赳夫元首相の横に座った。

この日、福田は、田中派の二階堂進をさかんに持ちあげた。

「二階堂君は、国士だな。ああいう人物を大切にしないといかん。二階堂君のような人物が総理になってくれれば、日本国のためにもいいことだよ」

「そいじゃ、中曾根の対抗馬に二階堂を立てましょうか」

福田は、真面目な表情で訊(き)いてきた。

「ゲンさん、できるかね」

福田の思惑は、たった一つである。おなじ選挙区のライバルである中曾根を引きずり降ろすことだ。中曾根を退陣させることができるなら、後継者は、だれでもいいという気持ちもあったのではないか。

田村は答えた。

「できるか、できんかは、二階堂の根性ひとつです。どうですか」

「二階堂の気持ちを訊いてくれ」

田村は、右手を横に振った。

「訊いたらだめだ。訊いたら、断るに決まっている。だから、ある程度やぐらを組んでおいて、無理に乗っけるしかないでしょう」

「そいじゃ、鈴木善幸に呼びかけて、三人で会おう」

「どこで会いましょうか」

「そうだな、あまり目立たないところがいいなぁ」

結局、九月二十六日、渋谷区松濤にある田村の私邸で極秘裡に会談することになった。

田村は、鈴木に相談した。

「福田先生とも話し合ったのですが、二階堂を総裁に担いでは、どうでしょう」

鈴木も、乗ってきた。

「二階堂なら、いいんじゃないか」

鈴木と二階堂は、大の親友であった。

三人は、二階堂擁立構想を確認した。

三日後、田村の私邸で二度目の密談がおこなわれた。この日は、主役となる二階堂にも声をかけた。

三人は、二階堂に持ちかけた。

「総裁選に出てくれ」

二階堂は、思いもよらぬ重大な話に尻込みした。

「いや、それは無理だ……」

押し問答をくり返したのち、ようやく二階堂を口説き落とした。

「わかった。そこまで言うなら、考えてみよう」

田村は、釘を刺した。

「しかし、この話は、煮詰まるまで目白には内緒ですよ」

田中は、ロッキード事件で無罪を勝ち取るまで一線を退く気はさらさらない。仮に二階堂総裁が実現すれば、田中派は二階堂派に衣替えする。田中は隠居の身となり、影響力がなくなってしまう。いくら、腹心中の腹心である二階堂といえども、自分の命をあずけるわけにはいかない。潰しにかかるに決まっている。田村は、それを恐れたのである。

鈴木の行動は、すばやかった。密談後、ただちに鈴木派の幹部を招集した。二階堂擁立構想を胸に秘めたまま、総裁選の対応について会長一任をとりつけた。

しかし、福田は、そのような根回しをしなかった。そのことが、結果的に二階堂擁立構想が失敗に終わる要因となる……。

鈴木と福田は、公明党と民社党の引きこみにかかった。公明党の竹入義勝委員長、矢野絢也書記長、民社党の佐々木良作委員長らに、保守・中道連合構想を打診した。

彼らも、乗ってきた。築地の藍亭に集まり、謀議をおこなうことになった。

むろん、田村も誘われた。が、田村はきっぱりと断った。

「自民党総裁を決めるのに、なんで野党の力を求めないといかんのですか。ぼくは、反対だ。行きません」

結局、藍亭での謀議は田村抜きでおこなわれた。

この頃には、二階堂首相に宮澤喜一副総理、林義郎官房長官、河本敏夫副総裁、安倍晋太郎幹事長、そして、総理経験者の福田赳夫と鈴木善幸には党最高顧問をお願いしたい、という具体的人事構想をぶつ人も出てきた。

二階堂擁立構想は、しだいに外に洩れはじめた。田中の知るところとなった。

「二階堂は社長のつとまる男じゃないよ」

金丸は、初めのうちは二階堂擁立の動きもおもしろい、と思っていた。

〈これで、田中派内に世代交代論の空気がこんなにまであるのだ、ということをオヤジにわからせることができる〉

金丸は、高をくくっていた。

〈なぁに、二階堂総理なんて、どうせ絵に描いた餅(もち)さ〉

ところが、金丸が、糖尿病の療養のためハワイのマウイ島にある小佐野賢治(おさのけんじ)の経営するホテル、シェラトン・マウイに泊まっているところへ、藤波孝生(ふじなみたかお)官房長官から国際電話が入った。十月十七日の夜であった。山梨県出身の金丸は、同郷の小佐野と親しかった。

藤波によると、十月十日頃、田中角栄が中曾根総理に電話を入れてささやいていたという。

「注意しろ。二階堂擁立の背後に、鈴木がいる」

鈴木善幸前首相と手を組んでの画策(かくさく)だという。

金丸も、二階堂擁立を絵に描いた餅と笑っているわけにはいかなくなった。もし二階堂政権が実現すれば、竹下が飛ばされ、協力した鈴木派の宮澤喜一会長代行、次に福田派の安倍晋太郎外相へと、政権は受け継がれてゆく……。

〈要は、中曾根といかにうまくやっていくかだな〉

金丸は、大の中曾根嫌いであった。が、いまや好きとか嫌いなどと言ってはおられなかった。かわいい弟分の竹下政権を実現させるためだ。

〈中曾根は、なんといっても現役の総理総裁だ。今後のキャスティング・ボートを握る〉

中曾根は、次期総裁の指名権を持っている。福田は、高齢で先がない。鈴木は、もともと力がない。なにしろ、ヤツには、カネがない。今後は、中曾根が圧倒的な力を持ってくる。中曾根が、次は、だれを指名するか。流れは、それによって確実に変わる。

〈二階堂擁立構想を潰し、オヤジにも、中曾根にも、恩を売っておくのだ〉

金丸は、二日後の十九日の午後、夫人を残し、ホノルル発の日航ジャンボ機で帰国した。

金丸は、十九日の午後二時前に成田空港に着くと、黒塗りのクラウンで都心に向かった。衆議院の配車係から各党三役にあてがわれた車である。ハワイに電話を入れてきた藤波官房長官に会うため急いでいた。

金丸は、待ちあわせの都心のホテルの一室で藤波に会うと、まるで藤波が二階堂本人であるかのように憤然として言った。

「中曾根再選で、決まっているんだ！　総裁を替えるというような話し合いは、問題外だ。そんな話は、おれが潰す！」

金丸には、自信があった。藤波と別れて帰る車の中で、いつもの口癖である言葉をつぶやいた。

金丸信

〈なぁに、土の上で起きていることで、なんとかならねぇものはねぇよ〉

金丸は、さっそく二階堂擁立構想潰しにかかった。その頃すでに、右足の踵（かかと）に腫（は）れものができていた。少し歩いても痛い。本来なら手術したいところであったが、とてもその時間的余裕はなかった。

〈この問題のカタをつけるまで、痛い足を引きずるほかあるまい〉

十月二十三日、自民党総務会がおこなわれた。二階堂擁立派と二階堂潰し派が、激しく対立した。

金丸総務会長が、議論を引き取った。

「執行部は、告示前に、副総裁もふくめた五役で調整に全力を傾ける」

党四役に副総裁を加えたのは、副総裁の二階堂を行司役にし、二階堂擁立構想を潰そうとする田中の指示によるものであった。

五役会議では、金丸による調整が決まった。竹下の後見人である金丸が、二階堂を総裁にするわけがない。かならず、潰しにかかる。

しかし、田村は、あきらめたわけではなかった。十月二十六日には、鈴木善幸が中国から帰国する。その足で田中と会談し、田中を説得するというシナリオを描いていた。

金丸は、十月二十三日午後五時すぎ、イトーピア平河町ビル二階の田中事務所を訪ねた。

金丸は、この日の自民党五役会議で、総裁選びの調整役として白紙一任されていた。翌日から党員実力者めぐりを予定していたが、その前に田中の肚(はら)のうちを聞いておく必要があった。

「木曜クラブ」の事務総長小沢辰男(おざわたつお)も同行していた。金丸は、田中に確認した。

「中曾根再選でやっていいでしょうか」

「それ以外、ないじゃないか」

「仮に選挙になっても、勝てますか」

「勝てる。十票差だ」

「二階堂さんの問題は」

「考えていない。だいたい、二階堂は、社長のつとまる男じゃないよ。ただ、わしが動くと傷つけることになるので、きみのほうから諫めておいてくれ」

金丸は、念を押した。

「多少、波風の立つやり方でやってもいいですか」

田中は、深くうなずいた。

「すべてきみに任す」

田中は、話が一段落すると、金丸の機嫌をとるように言った。

「次の選挙が終わったら、きみは衆議院議長だ」

金丸は、いつもの、茫洋とした顔でその言葉を聞いていた。べつにうれしい表情を見せもしなかった。心の中では、別のことを考えていたのだ。

〈衆議院議長なんて……。おれの欲しいのは、幹事長の椅子だ〉

衆議院議長といえばいかにも恰好よく聞こえるが、つまりは、神棚に祭りあげられて、実質的な力を奪われることだ。田中は、自分を衆議院議長に祭りあげ、竹下擁立の動きを鎮静化させようと狙っているにちがいない。

金丸は、なまずのような眠そうな眼をちらと横に向け、張った小鼻から、例によってフーッと息を吐いた。

〈どっこい、思いどおりには、させねぇよ〉

金丸、二階堂潰しに奔走す

金丸は、翌二十四日朝、やはり小沢辰男をともない、永田町一丁目にある自民党本部四階の副総裁室を訪ね、二階堂副総裁に田中角栄の意向を伝えた。

「この期におよんで、軽挙妄動しないでほしい」

じつは、二階堂は、その前夜、北京を訪問中の鈴木前総理と国際電話で話し合い、それまでどおり話を進めてゆくことを確認しあっていた。

が、二階堂は、その席ではあくまで角を隠してみせた。

「おれは、総裁選には出ない」

しかし、いつまでも自分を封じこめようとする田中と、自分を無視しつづける中曾根総理への反感を露にした。

「ただ、これからは、田中さんにも、中曾根さんにも、どんどん言いたいことを言いますよ」

金丸は、その日の午後、中曾根再選のために外堀を埋める挙に出た。

病床にある田中六助幹事長から二日前に送られてきた金丸への書簡を、あえて公表したのであった。その書簡には、『いまは中曾根首相に代わる指導者はいない』と中曾根再選支持が切々と訴えられていた。

さらに、

『この時期に中曾根首相に代わる指導者を必要とする合理的根拠は乏しく、派閥抗争の印象を与える。執行部としては、総裁公選規程に従って総裁を選出することが必要である。便宜に従って政権抗争の種子を残すことは戒め、安易な話し合い調整は避けるべきだ』

と、鈴木前首相を軸に潜行している二階堂暫定政権の動きを批判していた。党の要である幹事長の「意見」を明確に内外に示すことで、中曾根再選の機軸を固めることを狙ったのであった。

さらに河本敏夫経済企画庁長官を説得し、二階堂擁立派から中曾根再選側に寝返らせることに成功した。

二階堂擁立に鈴木派とともに動くことになっていた福田派の安倍晋太郎外相とも会い、行動を共にしないように説得した。

十月二十六日の早朝、二階堂擁立に動いていた田村元の自宅に、福田赳夫から電話がかかってきた。福田は、か細い声で言った。

「おれは、降りたよ……」

田村は、激怒した。

「いまさら、なんですか！　今日、田中・鈴木会談がおこなわれるんですよ」

「ゲンさん、本当にすまん。じつは、安倍君に真意を打ち明けたところ、ひどく反対されたんだ。うちの派は、安倍君に反対されたらどうにもならんのだ。いまや、実権は安倍君に移っているんだよ」

田村は、あきらめにも似た気持ちになった。

〈これじゃ、もう無理だ〉

田村は、鈴木に電話を入れ、説明した。

鈴木は言った。

「そうか、これで、だめだろうな……」

十月二十六日午後一時半、中国から帰国したばかりの鈴木は、田中事務所で、田中に迫った。

「二階堂君は、これまで幹事長、副総裁として公平な立場で挙党体制のために努力してきた。そんなところから、二階堂待望論さえある。二階堂擁立ということになったら、どうするんです」

田中は、おれの派の内部のことを外から口をはさまんでくれとばかり、だみ声で怒鳴った。

「二階堂は、最近、体調を崩して、病院を出たり入ったりしてる。そんな状態だから、ほっといてくれ！」

鈴木は、田中のあまりの見幕に、それ以上問いつめることができなかった。金丸の河本切り崩し、安倍晋太郎の反対が響いていた。が、二階堂擁立の動きはそこで息の根を止められなかった。

二十七日から二十八日にかけ、自民党実力者会談がおこなわれたが、二十八日午後に入り、二階堂を総理に、という話がふたたび出てきた。土壇場にきての巻き返しをはかろうとしたのであった。公明、民社の支援を受けての、最後の賭であった。

福田赳夫と二階堂進、鈴木善幸、河本敏夫とが会談した。

この席で、二階堂はあらためて決意を示した。

その後、「木曜クラブ」会長代行の江﨑真澄も、総務会長室で、金丸総務会長の説得にかかった。

「あなたが肚を決めれば、新しい流れができる」

金丸は、

〈なにをまたぞろ……〉

という思いがこみあげてきた。とたんに、右足の踵にできている腫れものの痛みがひどくなってきた。

金丸は、猛然と反論した。

「中曾根内閣は、国民の六〇パーセントの支持を得ている。潰してはならない、という委任を受けている。あなたの話を聞くわけにはいかない。幼稚園児みたいなことは言わんでくれ！」

江﨑は、食いさがった。

「田中派も相当数ついてくることになっている。あなたがイエスなら、雪崩を打ってついてくる」

金丸は、激怒した。

「そんなことが、どうしてあんたにわかるんだ。いいかげんなことを言うな！　田中派は今朝、中曾根でいく、と決めている。党本部にいて、わかるわけがないじゃないか」

金丸は、二階堂にも食ってかかった。

「あんたが、出ないと言えばすむことだ」

金丸は、二階堂、江崎を説得するため、竹下登、小沢辰男、後藤田正晴の田中派三幹部を総務会長室に呼んだ。三人とも、二階堂につかえたことがある。かつての腹心に反対させようという金丸一流の策であった。

小沢辰男のもとに、総務会長の金丸信から連絡があった。

「いまから、すぐに党本部に来てくれ」

小沢は、党本部に飛んでいった。

小沢は、二階堂擁立について思っていた。

〈これは、角さんの意思に反した動きだ。なんとか止めねばならない〉

田中は、九月の派閥研修会で中曾根の再選支持を表明していた。この研修会の前、田中と中曾根は、ホテルオークラで三時間ほど会談していた。その中身は定かではないが、小沢が想像するに、そこで田中は中曾根に再選を約束したようであった。

竹下は、当然、金丸とぴたりと歩調を合わせた。

「この期（ご）におよんで、二階堂擁立には、われわれはとても賛成できない」

後藤田は、机を叩き、二階堂を怒鳴った。

「きみは、明智（あけち）光秀（みつひで）になろうというのか！　いいかげんにしろ！」

小沢も、二階堂を懸命に説得した。

「出るべきではない」

小沢は、二階堂擁立構想に関わっていた田村元から叱責（しっせき）された。

「おなじ派閥から総理を出そうというのに、反対するとは何事だ！」

小沢は、言い返した。

「角さんが、ウンと言わないんだから、しようがないじゃないか！」

深夜に入り、二階堂は、ついに今回の擁立をバックアップしてくれた福田、鈴木にすまなそうに伝えた。

「総裁には多くの批判が寄せられているが、これは副総裁であるわたしにも責任の一端がある。今回は、立候補を辞退します」

万事休すだった。

福田が二階堂擁立の動きに同調したのも、福田としてはこれによって金権支配を断ち切れないかと考えてのことだった。が、あれほど決意の固かった二階堂がなぜ変わったのか、民社、公明両党との話し合いはどういう内容だったのか、いくつかの謎が残ったという。

二階堂擁立劇の幕が、今度こそ下りたのであった。


その夜、田村元は、新宿区にある二階堂のマンションに詰めた。二階堂擁立構想に加担した議員の応対をするためである。

公明党の竹入委員長、民社党の佐々木委員長、そして公明党の矢野書記長も、電話をしてきた。

田村は、矢野に言った。

「まことに残念だが、もうサイコロを背中の後ろのほうに捨てた。あんまり深追いしないでくれよ」

矢野は、のちに雑誌に手記を書き、このときのやりとりを紹介した。

『田村元が、眼の前で号泣した』

しかし、これは大嘘であった。

〈矢野も、誇張しすぎだな〉

田村は、この渦中（かちゅう）、矢野とは電話で話しただけである。一度も顔を合わせていない。

ただし、田村は、それを咎（とが）めるつもりはなかった。

〈べつに、おれに迷惑をかけたわけでもないし、ある意味においては「タムゲンは純真な人だな」と人から好意的に見られたかもしれないし……〉

なお、のちに週刊誌が「田中と二階堂は怒鳴りあいの喧嘩（けんか）をした」と報じるが、田村はそれはないと思っている。

二階堂は、「わたしの趣味は、田中角栄だ」と言っている。その二階堂が、田中に噛みつくわけがない。

それでは、なぜ二階堂がこの構想に乗ったのか。二階堂には、「おれなら、角さんもよろこんでくれる。おれは、竹下や金丸とはちがう」という自負心があったのではないか、と田村は思っている。

中曾根が金丸に頭を下げた日

二階堂擁立劇の幕が下りきったと見るや、金丸はにんまりした。

〈おれにとっては、これからが幕開きだ〉

金丸には、幹事長の座を、確実につかむ大仕事が残されていた。金丸が幹事長の座を狙う難関は、田中角栄であった。田中は、前々から金丸に言っていた。

「次の選挙が終わったら、きみは、衆議院議長だ」

金丸には、当然、田中が自分を、なるべくなら幹事長に据えたくはないことはわかっていた。幹事長に据えれば、竹下を担いで動きはじめることは決まっている。

〈諸刃（もろは）の剣になる〉

と危惧（きぐ）している。

田中派からの幹事長候補者には、金丸のほかに、江﨑真澄、小沢辰男、後藤田がいる。が、江﨑は、二階堂擁立に動いたから田中も締めあげようと考えているはずだ。懐刀（ふところがたな）の後藤田は、残念ながら党務の経験がない。

田中は、首相の中曾根に小沢辰男を推していると聞いている。中曾根も、金丸が大の中曾根嫌いであることを知っている……。

そうした厳しい状況のなかで、金丸が幹事長の椅子をつかむのは容易なことではない。が、金丸には自信があった。


昭和五十九年十月三十一日に総裁再選を果たした中曾根は、内閣改造、党役員人事に着手した。

中曾根は、ニューリーダーといわれる竹下登蔵相、安倍晋太郎外相を留任させるつもりであった。

田中角栄は、小沢辰男に言った。

「きみが、蔵相になれ」

小沢は答えた。

「なぜ、竹下じゃだめなんだ」

「竹下は、蔵相としてはだめだ。あれは、大蔵官僚には一二〇パーセント評判がいい。そういう大臣は、落第だ」

一二〇パーセント評判がいい、ということは、それだけ大蔵官僚の言いなりになっているということである。

田中はつづけた。

「だから、きみが蔵相にかわれ」

小沢は断った。

「おれは、やるつもりはない。竹下でいいじゃないか」

小沢が、竹下の留任を進言したのには、わけがあった。じつは、小沢は、だいぶ前から竹下にすすめられていた。

「タッちゃん、今度の改造では、おれのあとの大蔵大臣になれよ」

小沢と竹下は、比較的仲がよかった。二人は、麻雀（マージャン）仲間でもあった。麻雀好きの竹下は、夜八時頃になると、よく小沢に電話をかけてきた。

「これから『満ん賀ん』で麻雀をやる。メンバーを集めてくれや」

そんなやりとりをしては麻雀に興じた。

ところが、改造間近になって、竹下は申し訳なさそうに言った。

「タッちゃん、すまんが、安倍ちゃんが外相に留任するなら、おれに、もう一期蔵相をやらせてくれよ」

竹下と安倍は、ニューリーダーといわれていた。竹下とすれば、ライバル関係にある安倍には負けたくない、という対抗意識があったのだろう。

小沢は答えた。

「わかった。もしそうなれば、留任すればいいよ」

そのような約束を交わしていたのである。

田中は言った。

小沢を幹事長に据えようとしたのである。中曾根も、おなじ内務省出身で気心の知れている小沢を幹事長に望んでいた。

「それじゃ、幹事長はどうだ」

幹事長候補には、金丸信の名前があがっていた。が、金丸は、中曾根嫌いである。そこで、田中は、小

小沢は、田中に訊いた。

「金丸さんは、どうする」

田中は答えた。

「金丸は、保利（茂）さんの子分だ。いずれは、保利さんとおなじく衆議院議長にしてやりたい」

その布石として、今回は副総理として入閣させる肚づもりであった。

小沢辰男は、田中の指示で港区元麻布の金丸邸を訪ねた。金丸邸には、小沢一郎らも顔を見せていた。

小沢辰男は、金丸に言った。

「角さんは、いずれあなたを衆議院議長にしようと考えている。そのために、今回は副総理で入閣したらどうかと言っている。どうだろうか」

金丸は、押し黙った。

かわって口を開いたのは、小沢一郎であった。

「反対です。幹事長を経験したって、議長になれるじゃないですか」

小沢辰男は、判断した。

〈ここで、おれが幹事長になれば、派内はまとまらなくなるな〉

小沢辰男は、中曾根首相に断った。

「せっかくの話だが、幹事長は受けられないよ」

中曾根は、残念そうに言った。

「仕方ないな」

小沢辰男はつづけた。

「あなたも、党とのパイプ役がいないと困るだろう。おれは、連絡役として副幹事長になってもいいよ」

中曾根は、笑みを浮かべた。

「それは、ありがたい。ぜひ、お願いする」

が、結局、小沢はその副幹事長にも就任しなかった。

金丸は、三十日の夜遅く、黒塗りのクラウンに乗り、首相官邸を極秘に訪ねた。昨日まで、次期首相の座をめぐり生臭い暗闘がくり広げられていたのが嘘のような静けさであった。

首相官邸には、正門、西門、通用門、坂下門の四つの門がある。金丸は、ふだんはまったく使われていない道路をへだてて総理府に面した坂下門、通称「開かずの門」から邸内にひそかに入った。

首相官邸では、再選が決まったばかりの中曾根首相が待っていた。

金丸は、SP（セキュリティ・ポリス）の二人に両脇をかかえられ、右足を引きずりながら歩いた。ハワイから、急を聞いて急遽（きゅうきょ）帰国した頃から右足の踵にできていた腫れものがひどくなっていた。

中曾根は、首相執務室で金丸を迎えると、深々と頭を下げた。

「明日は、真っ先に、あなたを呼びます」

事実上の幹事長就任の要請である。中曾根は、二階堂擁立構想を振り返って言った。

「あなたは、恐ろしい人だと思っていましたが、おかげで命拾いしました」

中曾根としてみれば、金丸を頼らざるを得なかったものの、それでも、いつ寝首をかかれるかもしれない……と絶えずおびえていたのであろう。

金丸は、つい苦笑いした。かつて、大平正芳が幹事長をしていたとき、冗談まじりに言われたことがあった。

「金丸さん、あんたと一緒にいると、どこに連れていかれるかわからない。恐ろしい人だ」

金丸は、中曾根にきっぱりと言った。

「総理、わたしも幹事長となる以上は、筋を通してあなたを補佐します。足を引っ張るようなことはしないから、安心してください」

そのあと、金丸は一瞬眼をきらりと光らせて、大見得を切った。

「しかし、あなたがおかしなことをやるようだったら、話は別だ。そのときは、この金丸信、あなたと刺しちがえる覚悟です」

翌十月三十一日、金丸は正式に幹事長に就任した。

金丸は、

〈やっと終わったか〉

と思うと、その日、自民党本部四階の幹事長室に医者を呼んだ。右足を手術するためであった。踵の傷から黴菌が入り、破傷風になる寸前であった。

切り終わったあと、医者が金丸に驚きを隠せない口調で言った。

「こんなに痛くて、これまでよく我慢できましたね」

金丸は、晴れ晴れとした顔で言った。

「いやぁ、できるさ、こんなもん。おれは、『おしん』の兄貴だもん」

「おしん」というのは、竹下登のことである。田中角栄が、まだまだ雑巾がけが足りんと言って、いつまで経っても竹下を総裁候補に認めてくれない。それに、じっと耐えてきた竹下のことを、政界マスコミは、この当時人気を呼んでいたＮＨＫの朝の連続ドラマ『おしん』――苛められても耐え抜く女性の姿に重ねあわせ、そう呼んでいた。

金丸は、さらなる闘志を燃やしていた。

〈さぁて、いよいよ「おしん」擁立の番だ……〉

「小型角栄」竹下の決意

自民党幹事長となった金丸は、東京都港区元麻布二丁目の自邸で、いつもの眠そうな眼をカッと見開き、中曾根内閣の大蔵大臣である竹下を口説きにかかった。

「オヤジは、佐藤（栄作）から禅譲されるんじゃなく、福田と争って、首相の座を奪いとった。政権は、口を開けて待っていても、落ちてくるもんじゃない」

昭和五十九年十一月下旬の、朝の七時半すぎであった。

金丸は、いよいよ、竹下内閣実現のための旗揚げを開始しようとしていた。ためらいを見せる竹下の腰を強引に上げさせていた。

竹下は、金丸の言葉を深刻な表情で受け止めていた。なにしろ、金丸は、かつて佐藤派から飛び出し、田中角栄が政権を奪いとるために命を懸けた。その金丸の言である。説得力は十分あった。

金丸は、竹下の煮えきらない態度に苛立つように言った。

「オヤジは、派閥の領袖を、ついに『平均寿命までやる』と言い出している。平均寿命といやぁ、七十五歳だ。そのときは、あんたは、六十九歳。それまで、待てねえだろう」

竹下は、ようやくうなずいた。

「わかった。よろしく頼みます」

金丸は、初めて顔をほころばせた。

〈いよいよ、この男を総理に担ぐときがきたか〉

金丸と竹下は、同じ第二十八回総選挙で初当選した同期である。竹下は、金丸より十歳若かった。二人とも、造り酒屋の長男ということでウマが合い、行動を共にしてきた。政界では、金丸・竹下の「弥次喜多コンビ」といわれていた。

田中より六歳年下の竹下は、自分を「小型角栄」と任じている。が、口の悪い連中は、小柄で童顔の竹下を評し、「乾電池付きおもちゃロボット」とも、「あれは電子計算機じゃなく、電池計算機だ」とも言う。なかには、「コンピュータ付きブルドーザー田中角栄の能力は、ブルドーザー部分を金丸が、コンピュータ部分を竹下が受け継いでいるといえるが、ともに田中の迫力はない」と言う者さえいる。

金丸は、そういう声に対して思っていた。

〈よし、竹下とおれとががっちりと手を組み、コンピュータ付きブルドーザーとして暴れまくってみようじゃないか〉

田中派幹部で、田中に「謀将」といわれていた田村元も、金丸と竹下の思いを知っていた。五ヵ月前のこの年の六月末、千代田区平河町にある田村の個人事務所に、金丸と竹下がやってきた。

金丸は、小鼻をふくらませ、悔しそうな表情で言った。

「ゲンさん、おれは脱藩する。新しいグループをつくるよ」

なにやら、田中と一悶着あったらしい。

竹下が、金丸に不安そうな顔で訊いた。

「どうしても、脱藩するのか」

「脱藩する」

「それじゃ、おまえだけ脱藩させるわけにはいかんから、おれも一緒に出るよ」

金丸は、涙をこぼしはじめた。

田村には、何があったのか、はっきりわからなかった。が、つい情にほだされた。

「きみらが脱藩するなら、おれも一緒に脱藩してもいいぜ」

金丸は、頭を下げた。

「ありがとう」

それからしばらくして、田村の個人事務所に竹下がやってきた。このときは、竹下一人だけであった。

竹下は言った。

「ゲンさん、新しいグループを一緒につくろうよ」

「このあいだは、よく事情がわからなかったんだが、つくると言ったって大変なことだぞ。角さんは、まだ元気なんだし」

「角さんは、派閥を維持するのに三十億円くらいは使っているだろう。しかし、おれはそれほど使わなくてもいい。おれが十億円出すから、あなたは、二、三億円ほど出してくれんか。おれは、肚を決めてお
る」

「きみが肚を決めているなら、おれも一緒に脱藩してもいい。しかし、金丸ともう一度よく相談せいや。あれは、思慮分別の深い男だよ」

竹下登

竹下は、ふたたび田村の個人事務所にやってきた。

竹下は、田村の言うように、金丸に相談した。そうしたところ、金丸にこう怒鳴られたらしい。

「おれが脱藩すると言ったとき、おまえは慎重論を口にしたじゃないか。そのおまえが、いまさらなんだ！」

竹下は、ばつの悪そうな表情で言った。

「金丸が、だいぶ怒っている。金丸の協力なしではできないから、なかったことにしてくれ」

が、金丸と竹下は、今度こそ決起を決意したのである。

ただし、今回は、田村にも内緒であった。

総理を十年出せない最大派閥の鬱屈

若手議員の人望厚い金丸は、昭和五十九年十二月十九日、港区赤坂の日商岩井ビル十九階にある金丸行きつけの高級フランス料理店「クレール・ド・赤坂」に、田中派の議員を極秘裡に集めた。

声をかけ、この日来る都合がついたのは、橋本龍太郎、小沢一郎、梶山静六、羽田孜であった。

羽田は、金丸、竹下の待つその会に向かう車の中で、田中角栄と、竹下との複雑な事情について思いをはせた。

昭和五十九年一月、羽田は、田中派「木曜クラブ」の事務局長に就任した。事務局長は、事務総長直属のポストで、だれでもつとまる役職ではなかった。初代事務局長が、羽田と無二の親友の小沢一郎、二代目が、これまた仲のよい渡部恒三、羽田は三代目であった。

が、羽田の就任に際して、派内でちょっとした騒動が持ちあがった。

じつは、当初、羽田の二期先輩である小渕恵三が事務局長に就任する予定であった。が、江﨑真澄ら派内の番頭格から、反対の声があがった。小渕は、竹下側近である。その小渕が事務局長に就任すれば、田中派から竹下派へと代替わりする布石になりかねない、というのがその理由であった。

昭和五十八年十月十二日、ロッキード事件丸紅ルートの判決公判がおこなわれた。東京地裁は田中に対して懲役四年、追徴金五億円の実刑を宣告した。十二月十八日には、いわゆる「田中判決選挙」がおこなわれ、自民党は大惨敗に終わった。わずか二百五十議席しかとれず、追加公認の八議席を加え、かろうじて過半数を維持することができたのだった。

田中派の中堅・若手議員は、さすがに危機感を覚えた。

仮に田中の身に何かが起これば、派は四分五裂になってしまう。そうならないためにも、田中派の長男格である竹下登を、なんとか総裁候補として認知してほしいと願っていた。が、田中に面と向かって直言する勇気のある者は、だれもいなかった。

それをよそに、田中は、着実に力をつけてきた竹下の動きを封じこめた。すなわち二階堂進、小沢辰男、後藤田正晴ら腹心の議員、江﨑真澄、田村元、小坂徳三郎（こさかとくさぶろう）といった、いわゆる外様（とざま）議員を重用し、竹下に対抗させたのである。

自然、彼らと、竹下、金丸を慕う中堅・若手議員とのあいだに、大きな溝ができた。そんな背景から、彼らは、小渕の事務局長就任に難色を示したのである。

そこで、田中サイド、竹下サイド双方に、ものが言える人物として浮かびあがったのが羽田であった。

羽田は、小沢一郎とおなじく田中の秘蔵っ子といわれていた。そればかりか、二階堂、後藤田に次ぎ、田中に直言することができる数少ない議員の一人であった。

田中派木曜クラブ事務総長の小沢辰男は、羽田が事務局長に就任することに対して、最大限の賛辞を贈った。

「前任者の渡部君もよかったが、羽田君もいいね。オヤジにも、ピシャリとものを言うしね」

だが、羽田は事務局長を引き受けたものの、複雑な心境をのぞかせた。

〈二年前の総裁選には、ニューリーダーといわれる安倍晋太郎さんや中川一郎さんが出馬した。それなのに、最大派閥のわが派はだれも擁立していない。わが派だって、その適任者がいるじゃないか。竹下さんだ。それをいつまでも総裁候補に出さないというのはおかしい〉

羽田は、小沢辰男に訊いた。

「この秋におこなわれる総裁選なんですが、わが派から、独自候補を出すつもりはあるんですか」

「それは、わからんな。オヤジの肚ひとつだろう」

「それなら、直接、オヤジに訊いてみます」

小沢辰男は、羽田を制した。

「それは、もう少し待ってくれ。正直いって、わたしの本心も、きみとおなじだ。だが、きみが言うのはまずい。わたしから、オヤジに言ってみるから」

だが、いつまで経っても小沢辰男から明確な答えは知らされなかった。業を煮やした羽田は、直接田中に訊いてみることにした。

羽田は、議員会館から、平河町二丁目の砂防会館別館三階にある田中派の派閥事務所におもむいた。なお、派閥事務所は、それまでの砂防会館の本館から、別館のできた昭和五十九年三月二十七日から、別館に移っていた。

そのとき、なんと砂防会館別館の玄関前で小沢辰男とばったり出くわしてしまった。

羽田の表情が、あまりにも思い詰め、悲愴感が漂っていたのであろう。小沢は、羽田を諭すように言った。

「このあいだ、きみたちの意見をオヤジに率直に伝えたからね。オヤジも考えている様子だった。だから、もう少し待ってくれよ」

「ええ、わかりました」

羽田は、田中の顔を見ることなく、議員会館に引き返した。

あとで羽田らにわかったことだが、田中派の事務総長をつとめる小沢辰男は、おなじ田中派の原田憲と目白台の田中邸を訪ね、田中に言った。

「竹下のことも、考えてやんなさいよ」

田中は、きっぱりと答えた。

「おれも、竹下の将来を考えている」

田中派には、西村英一、二階堂進、江﨑真澄ら大幹部がいる。小沢辰男とすれば、羽田ら若手の言うように竹下を副会長にする必要は見当たらなかった。

が、羽田らがあまりにも執拗に訴えるので、仕方なく田中に報告したのであった。

「若手が、竹下を副会長にしろ、とワーワー言ってきてますよ」

田中は答えたという。

「なにを言っておるんだ。おれは、竹下の将来をきちんと考えている。会社や役所のように、肩書がないと偉くなれないとか、副会長にしないとだめだとか、そんな馬鹿なことを言うな。会社や役所とはちがうんだ」

ところが、である。総裁選を二ヵ月後にひかえた昭和五十九年九月十日、神奈川県の箱根プリンスホテルで、田中派の議員研修会が開かれた。

演説に立った田中は、自派から独自候補を擁立する意思のないことを表明した。議員の中から、深いため息がもれた。

「おれたちは、また他派の神輿を担ぐのか」

彼らの願いは、一日でも早く自派から総理総裁を誕生させることにあった。

田中派は昭和四十九年十二月に、田中が首相の座を退いて以来、十年ものあいだ、独自の候補を擁立していない。党内では、抜きん出た議員数を誇っているが、つねに歴代の政権の裏方に徹してきた。派内には、そんな総裁派閥になり得ぬ不満が鬱積していた。

田中は、性格的に竹下と合わなかったことは事実だ。が、だからといって寄せつけなかったわけではない、と羽田は思っている。

羽田が、田中派の事務所で打ちあわせをしていたとき、田中がひょっこり顔を見せた。

「おい、おまえ、これからふぐでも食べに行こうや。だれか、まだいるのか」

「竹下さんが、いますよ」

「おお、じゃ、竹下を誘っていこうや」

三人は、赤坂の料亭「川崎」で食事をした。

田中が、竹下を心底嫌っているなら、一緒に食事をしようなどとは言わないのではないか、と羽田は思う。

田中の腹心であった小沢辰男によると、田中は竹下のことを、「竹下は、役人の言うことを一二〇パーセント聞くからだめだ」と言っていたという。だが、羽田は、そうは思わない。

竹下の仕事は、国会対策などの根回しが主であった。目的がまちがっていなければ、みんなをまとめるために人の話をよく聞くのは当然のことだ。それが、田中の眼には、役人の言いなりになっているように映ったのかもしれない。言いなりというより、むしろ、知恵を与えていた面がある。

竹下、金丸と十二人の反逆者たち

「クレール・ド・赤坂」の席で、竹下を中心とする勉強会をつくることを確認しあった。

勉強会のメンバーの人選は、金丸が中心となり、竹下、小渕恵三、梶山静六とでおこなうことになった。あくまで、田中角栄に洩(も)れないよう極秘裡におこなわれた。

金丸は、ロッキード事件直後に竹下を担ごうとして田中派の若手を東京ヒルトンホテルに集めた。が、裏切り者の通報で田中に知れ、失敗していた。このときの教訓を活かし、今回は、慎重すぎるほど慎重になっていた。

竹下と早稲田大学「雄弁会」の先輩後輩の仲である渡部恒三は、日頃から竹下政権が実現したあかつきには、官房長官をつとめたいと口にしている。が、田中派の二代目の事務局長であった。田中にも近い。万が一のことを考え、この段階では、ひとまずメンバーからはずした。

中西啓介(なかにしけいすけ)も、あえてはずした。中西は、「金丸さんのような政治家になりたい」と口にし、金丸の子分を標榜(ひょうぼう)している。が、中西は、田中の金庫番であり、月刊誌「文藝春秋」の田中金脈追及のとき「淋しき越山会の女王」としてクローズアップされた田中事務所の女性秘書佐藤昭子(さとうあきこ)の麻雀仲間の一人だ。

〈中西の口から佐藤のママに洩れ、それがオヤジに伝わってはまずい〉

六日後の十二月二十五日夜、今度は築地の料亭「桂(かつら)」で、二度目の会合が開かれることになった。

会合の場所も、慎重に選ばれた。なにしろ、田中は地獄耳である。都内の料亭で開かれた会合の情報は、ほとんどつかんでいた。が、「桂」は〝金丸御用達（ごようたし）〟とまでいわれる料亭である。会合が開かれたという情報が、外部に洩れるおそれはなかった。

この日は、午後三時すぎから、この冬初めての雪がちらついていた。

会合の根回し役である梶山静六は、「桂」に向かう車の中で、あらためて気を引き締めていた。

この一週間前、梶山は、衆議院本会議場で、金丸幹事長側近の浜田幸一（はまだこういち）副幹事長にささやかれた。

「おまえら、本気でやるなら、血判をとるくらいでないとだめだぞ」

浜田は、日頃の金丸の言動から、近く竹下擁立の動きがあることを察していたのである。

梶山は、浜田の言葉を思い出した。

〈ここまでくると、もう引き返せない〉

梶山は、昭和五十一年十二月のいわゆる「ロッキード選挙」では落選したものの、五十四年十月の第三十五回総選挙で雪辱（せつじょく）を果たした。その後、着々と力をつけ、このころは商工族の首領（ドン）といわれるまでにのしあがっていた。五十九年七月に結成された梶山の勉強会「ときわ会」のメンバーを見ても、石川島播磨重工業社長稲葉興作（いなばこうさく）、伊藤忠商事社長米倉功（よねくらいさお）、出光興産社長出光昭介（いでみつしょうすけ）など錚々（そうそう）たるメンバーがそろっている。

夜になると、橋本龍太郎も、雪のちらつくなかを約束の場所である「桂」に車で向かった。

橋本への連絡は、梶山から電話で入った。橋本は、電話を受けたとき、一瞬のためらいもなく「ホイッ」という気持ちで承知していた。

橋本は、竹下を担ぐことについては、自然に受け入れられた。橋本は、持論として、

「占領時代の政治家で、総理大臣は、中曾根総理で終わりにしたい。占領世代が健康なうちに保守合同世代にバトンタッチしていただきたい。そして占領世代が、保守合同世代を後ろから支えていってもらいたい」

という意見を持っていた。

橋本は、ほうぼうでこの持論を展開し、田中角栄にも、この持論を以前から言っていた。

が、田中は受けつけなかった。

「そんなのは、まだ早いッ！」

その田中に橋本は、食い下がった。

「早いったって、オヤジさん、腰が曲がっちゃいますよ」

橋本は、竹下とのつながりが深かった。

橋本は初当選したとき、同期生の小渕恵三とともに佐藤栄作のもとにあいさつに出向いた。

佐藤は、橋本らに竹下を紹介した。

梶山静六

「竹下君ときみたちは、年代が近い。いろんなことで相談に乗ってもらいなさい」

それ以来、橋本らは、兄貴分である竹下と行動を共にしてきた。離れたことがなかった。そのような関係ゆえ、橋本は、竹下の時代をつくりたかった。そのことを公言し、隠してもいなかった。

仮に田中が竹下を後継者に指名してくれれば、橋本にとって、これほどよろこばしいことはない。が、竹下ではおさまらない人たちも出

てくるだろう。

その逆に、田中が竹下以外の人物を指名した場合、橋本らの対応はどのようなものになったか。橋本は、指名した人によると思っている。

竹下よりも年齢が上で、この人ならと実力を認めていた先輩もいる。

あるいは、国会議員としては橋本の後輩になるが、たとえば鳩山威一郎。鳩山は、参議院議員である。それゆえ、そのチャンスはない、とみんなはなから決めこんでいたのではないか。が、鳩山は、それなりの人物であった。器も大きい、と橋本は評価していた。

ただしその場合、橋本は、鳩山に「竹下さんを、どれだけ大事にしてくれますか」と確認したであろう。鳩山が、「次は、竹下さんだ」とはっきりと口にし、みんなが納得すれば、鳩山を支え、あえて竹下を担ぐ会をつくろうとはしなかったのではないか。

竹下に対する国外の首脳の評価は、高かった。もっとも評価していたのは、フランスのベレゴボワ首相であり、アメリカのベーカー国務長官であった。

竹下は、この翌年の昭和六十（一九八五）年九月、蔵相として先進五ヵ国蔵相会議（Ｇ５）に出席する。彼らと協議し、過度のドル高を是正するため協調介入に乗り出す旨の声明、いわゆる「プラザ合意」をまとめる。

ところが、マスコミは、日頃から竹下のことを「国内派」「内政派」と報じていた。が、橋本は、それはちがうのではないかと疑問に思っていた。

日本のマスコミは、自分たちが実感しないことは評価しない。それゆえ、たとえばペーパーを読むことなく、眼の前で哲学的な話をする中曾根首相への評価は高くなる。

橋本は、平成十二（二〇〇〇）年六月に竹下が死去したとき、こうコメントする。

「竹下先生の功績は、世間的には『ふるさと創生』だが、歴史に残るのは、消費税導入と、プラザ合意だ」

田中は、竹下を評価する一方で、どこかに「あいつも、おれとおなじ雑草のなかから這いあがってきた」という同質の部分を感じていた。そのしたたかさのようなものに反発があったのではないか、と橋本は思っている。

羽田も、「桂」に車で向かっていた。

羽田は、後部座席で腕を組み、思いつめた表情になっていた。

〈竹下さんを担ぐのも、オヤジのためなんだ〉

昭和五十八年十月の田中の一審判決がおりる前から、田中直接では指揮ができなくなっていた。しかしいま、田中派は非常に膨張している。百二十人にもなっている。そして、いまは、人の駕籠を担いでいる。いつまでもいまのままだと、それこそだんだんジリ貧になっていく。田中もいまのままでやっていくと、結局野垂れ死にしてしまう。英雄というものの末路は、つねに惨めなものだ。

その意味で田中角栄という英雄も、いずれは、去っていく。その去っていく道を堂々と去っていけるようなかたちできちんとつける必要がある。

裁判の結果がどう出るかわからないわけだから、そのときにみんなの心の動揺がないためにも、二階堂進を中心として田中派「木曜クラブ」も、一つの核というものをつくらねばならない。

二階堂は、一つのシンボルとする。二階堂は、もう年齢が七十を超えている。いまから新しいことをどうこうするという立場ではない。しかし、純粋な薩摩っぽの二階堂のように田中への直情的な忠誠心を持っている人を中心にして、わがグループに活を入れるといい。

幹事のなかの代表責任者を竹下にする。そういう布陣にして、活力のある木曜クラブにしていかなければならない。さもないと、数が多いだけに政治そのものを停滞させてしまう。

　オヤジには、徹底して裁判に専念していただきたい……。


　その夜「桂」へ向かった中村喜四郎には、その日の朝、金丸から直接電話が入った。

「おまえ、今日、体を空けとけよ。時間と場所は、追って連絡する」

　中村は、そのとき、伝令の役も言いつけられた。中村から今日の秘密の会合のメンバーに、時間と場所を連絡することになった。中村は、五十五年の第三十六回総選挙後に金丸から言われた「いよいよとなったら、おまえついてくるか」という言葉を思いおこし、すぐに察した。

〈これは、クーデターだな。未遂に終わったときは、心中覚悟でかからねばならん〉

　中村は、「桂」に着き、座敷にそろったメンバーの顔ぶれを見て、唸った。

〈あのとき、決起するとしたらこのメンバーだな、と想像したメンバーとぴたり一致しているではないか〉

　竹下、金丸のほか、衆議院からは、小渕恵三、橋本龍太郎、小沢一郎、羽田孜、梶山静六、田原隆、中島衛、保利耕輔、額賀福志郎、参議院議員から遠藤要、井上孝が出席していた。計十四人の中核隊であった。

　金丸に何か暗示的なことを言われたら、すぐ先を読もうとつとめてきた金丸直系を任じる中村の読みは、当たっていた。中村は、金丸の薫陶を受け、自分の読みが鋭くなっていることをよろこんだ。

　同時に、集まった顔ぶれを見まわし、安心した。

〈この顔ぶれなら、絶対結束は固い。途中で脱落する者はいない。さすがに、金丸先生らしい人選だ〉

前日内示された六十年度予算大蔵原案に対する復活折衝（せっしょう）の合間を縫って出席した竹下に、司会役の梶山が、あいさつをうながした。

竹下は、どんなときでも内心をのぞかせない顔をひときわ厳しくさせて言った。

「竹下登のすべてを燃焼し尽くして、六十五歳までにすべてを終え、政界を引退する覚悟です。この身を、みなさんにおあずけしたい」

短いながら、竹下の政権獲得への決意表明であった。

つづいて、金丸も強調した。

「いよいよ、世代交代のときが近づいてきている。われわれは、十年間、駕籠を担いだり、草鞋（わらじ）をつくったりしてやってきた。それは、田中のオヤジを守ることであり、こういう状況下で投げ出すことはできない、ということでやってきた。

しかし、いつまでもエンドレスでつづくものではない。やはり、われわれは、政策集団として決断して、領袖を立てて、その強力なリーダーシップのもとにやっていかなくてはいけない。その意味では、時機は刻々と迫っている」

金丸は、十三人を見まわして力強く言った。

「おのおの、肚を決めてついてこい」

その演説は、出席メンバーに感動を与えた。

中村は、あらためて決意した。

〈よしッ〉

額賀福志郎は、一回生ながら政治の流れを変える重大な局面の一員に加えられたことに緊張していた。

額賀は、一週間前、竹下から院内の廊下で立ち話風に言われた。

「今月の二十五日の夜の六時、築地の『桂』で飯を食うから来いよ」

どのようなメンバーが集まり、どのような話し合いがおこなわれるかについて、まったく知らされていなかった。

〈大蔵大臣の竹下さんが、わたしの選挙区に何千万かサービスのため、予算でもつけてくれるのかな〉

という程度の気持ちでこの夜もやってきた。ところが、思わぬ話に、興奮を抑えがたかった。

〈いよいよきたか〉

と思った。

〈竹下さんを守り立てていくことが、最終的には、田中先生を活かしていく道に通じる〉

「賽は投げられた。このまま突っ走るしかない」

それから酒宴に入ったが、だれからともなく、

「目白のオヤジに知られないよう、あくまで極秘のうちに準備を進めよう」

という意見が出た。全員の顔が、険しいものになった。

もしこの計画が発覚すると、田中角栄にただちに行動を起こされ、集まった全員は、孤立させられてしまう。田中角栄のそういうときの詰めの厳しさには、定評がある。田中の性格からして、反逆者は、絶対に許さない。おなじ選挙区に対立候補を立て、かならず潰してしまう。

中村喜四郎は、しかし、金丸のように肚をくくっていた。

〈オヤジにバレたらバレたで、そのときは、オヤジの胸ぐらをとってでも、勝負に出るしかない〉

橋本が、発言した。

「竹下さんには、やはり田中さんに了解を取っていただきたい」

そのことについて、さまざまな意見が出された。

やがて、結論が出た。

「オヤジには、とにかく了解は取りつける。ただし、その前に既成事実をつくり、オヤジがいやと言えない状況をつくっておいて、それから了解を取りつけよう」

中村は、かつて田中の秘書をしていただけに、田中の性格を知り抜いていた。

〈オヤジは、かならず怒る。しかし、オヤジは、怒るには怒っても、非常に現実的な人物だから、攻めるだけ攻め、時の流れからして押し止めるのが不利と見れば、すぐに引く〉

中村は、自信を抱いていた。

〈たとえ、オヤジから切り崩しにかかられても、少数精鋭一騎当千の強者（つわもの）が集まったんだ。暴れてみせるぞ〉

橋本は、いま一点要求した。

「木曜クラブのほかに、会員を求めないでください」

橋本の頭には、その二ヵ月前の、他派と組んでの「二階堂擁立構想」があった。

金丸は、うなずいた。

「わかっている」

それから、話はより具体的になっていった。

「橋本龍太郎を、幹事長格にしよう」

「衆議院は、梶山静六が、参議院は、遠藤要が連絡係になって、準備を進めることにしよう」

「年明けに、メンバーを増やし、一月二十三日に、拡大世話人会を開こう」

「そのあと、派内の全員に会の趣旨を話し、勉強会を開こう」

竹下が言った。

「では、その拡大世話人会のあとに、わたしがオヤジに報告し、了承を取りつける」

小沢一郎が、しめくくりに、全員に釘を刺した。

「次回メンバーは、わたしと梶山さんに任せて、みなさんは、口外無用に願いたい。いずれ派内の全員に声をかけるが、いまは中心となるメンバーだけにしたい。政治家だから、みんな一人ひとり考えがちがう。ここにいる人が、別々に声をかければ、伝え方の差で、話が表に出るおそれがある。メンバーの選定は、わたしと梶山さんに一任してもらいたい」

みな、一様にうなずいた。

小沢は覚悟した。

〈賽は、投げられた。もはや、このまま突っ走るしかない〉

小沢は、思っていた。

田中角栄は、無罪を勝ち取り、潔白な身になりたいと執念を燃やしている。そのうえで、心のなかではもう一度総理大臣になりたいと考えているのかもしれない。いずれにしても、影響力を失うことを恐れている。

だからこそ、自派から後継者を出すことを許さなかった。ロッキード事件を抱えていながら、後継者をつくれば影響力がなくなってしまう。無罪を勝ち取るまでは、後継者を出すつもりはなかった。

小沢は、その気持ちも理解できた。が、せめて「これが将来の後継者だ」と内定だけは出してほしかった。派閥は、総理大臣を出すために存在している。将来の展望がまったくなければ、派閥はもたない。

それに、田中はロッキード事件以降、派閥の膨張政策をとった。選挙で新人議員を増やすのならまだしも、他派や無派閥からいわゆる外様議員をどんどん入会させた。そのうえ、彼らを要職に就けた。田中直系の若手議員にしてみれば、おもしろくはない。

そんな小沢らの切実な思いが、竹下を担ぐ会の結成となる。

田中は、竹下を評価していなかった、と小沢は思う。

ただし、小沢らも、竹下の能力を特別に評価しているわけではなかった。が、派内には竹下以外に適任者はいなかった。調整型の政治で通用しているこの時代、竹下の調整能力は、抜群であった。調整能力は、イコール忍耐力である。竹下の忍耐力は、人並みはずれていた。その意味では、適任であった。

気配や眼に見えない配慮だけで、これだけ長いあいだ権力の座にいる人はめずらしい。それに、あれだけ忍耐強い人は、あまりいないのではないか。少なくとも、小沢には真似ができない。言葉は悪いが、自分の思想・哲学がないからだれとでも合わせることができるのだろう。が、それも忍耐がなければつづかないと思う。

小沢は、田中と本気で喧嘩をする気持ちはなかった。弓を引く気もない。田中と竹下をくらべれば、はるかに田中のほうがいい。ただし、田中が後継者の内定を出さなかったので実力行使に出よう、と行動を起こしたのであった。

この夜集まったメンバーは、次の会合まで、あくまで秘密で通した。

梶山静六は、九段の議員宿舎に帰っても、妻にさえこの夜の会合について話さなかった。妻は、どことなく落ちつかない夫の背に不審を抱き、訊いた。

「あなた、最近、どうかしているのではないですか」

梶山は、それでも、妻に隠し通した。

「いや、べつに……おまえが心配するようなことが起こっているわけじゃないから、心配しなくていい」

梶山は、次の会合までのおたがいの連絡も、けっして秘書を通しては伝えなかった。すべて本人同士で話をした。梶山にとっても、これまでの議員生活において秘書まではずして連絡をとりあったのは、初めてのことである。梶山は、打ちあわせに集まるときの運転手にまで、けっして口外しないようにと箝口令(かんこうれい)を布(し)くほどの徹底ぶりであった。

が、羽田は、梶山とは違っていた。同志と任じている妻の綏子(やすこ)には打ち明けていた。

「今度、派内に竹下さんを中心とした勉強会をつくるんだ」

「あら、そうなの。でも、田中先生は認められるのかしら」

「おれたちは、オヤジのために勉強会をつくるんだよ。このままでは、オヤジの力がどんどん弱まり、派もおかしくなってしまう。そうならないためにも、ある程度、力のある人が前に出て、オヤジはその後ろで糸を引っぱってくれるようにするんだ。言葉は悪いが田中院政だね」

綏子は、夫がなぜ、勉強会を発足させようとしているのか納得できた。

〈この人は、田中先生が好きで好きでたまらないんだわ。だからこそ、田中先生のために勉強会をつくろうとしているのね〉

中村喜四郎の政治生活にとっても、次の会合までのあいだに、「オヤジに、バレはしまいか」と思う緊迫した気持ちでいちばん興奮したときであった。

中村は、その間、このときのメンバーとは、公(おおやけ)の席で顔を合わせても、つとめて口をきかないようにした。

金丸信は、計算していた。

〈勉強会が最低六十人に増え、「安竹連合軍」と、竹下〝早稲田〟内閣実現を願う河本派の海部（俊樹）のグループを糾合すれば、百五十人近い勢力にふくれあがる〉

「安竹」とは安倍晋太郎と竹下のことである。金丸と安倍と竹下は、昭和三十三（一九五八）年五月の第二十八回総選挙で初当選した同期組であった。金丸と安倍は、佐藤内閣の苦しい時期、保利茂幹事長のもとでともに副幹事長をつとめた。これに国対副委員長であった竹下を加え、三人は、「保利学校」の生徒であると自任していた。

安倍は、つねづね竹下に言っていた。

「竹ちゃん、先にやれよ。おれは、当選回数が一つ少ないから、竹ちゃんのあとでいい」

竹下は当選十回、安倍は一回落選したため、九回である。

金丸は、第二次中曾根内閣の幹事長に就任したとき、八人の副幹事長のうちにあえて海部俊樹、小渕恵三、森喜朗の早稲田大学「雄弁会」ＯＢトリオを入れた。竹下は、雄弁会の名誉会員である。早稲田雄弁会の結束は固い。「早稲田出身の総理大臣を」という悲願に燃えている。

「海部は、竹下内閣実現のあかつきには河本派を飛び出し、竹下の元に馳せ参じるのでは……」

とさえいわれている。金丸は、竹下内閣実現に向け、竹下直系の小渕ラインを中心とし、その両翼を海部と福田派の森で固めていた。

次の問題は、中曾根首相であった。金丸は、中曾根の肚を読んでいる。

〈もし、総選挙をやって自民党が大勝したとしても、中曾根は、その戦果をもって総裁三選をめざすという馬鹿な真似はすまい。党則で、総裁は二期しかやれないことになっている。たとえ強引に三選をとげたとしても、そのことでのちのち自分に不利な状況ができてくるのは、眼に見えている。野垂れ死にするばかりだ。

それよりも、選挙で大勝し、自民党総裁として大きな功績をつくり、退陣後の発言権を獲得して辞めていきたいはずだ。そのためには、ニューリーダーを利用し、今後の自分の存在基盤をつくろうと考えている。昔の「吉田学校」みたいに、「中曾根学校」をつくるのが夢のはずだ。そのためには……〉

竹下に禅譲という案を呑む可能性は、十分にある。

金丸は、中曾根の「風見鶏的政界遊泳術」が、大嫌いであった。が、いまは、竹下のために中曾根と組む以外ない。

竹下派旗揚げの準備会がおこなわれた二日後の十二月二十七日夜、金丸は、中曾根と赤坂の料亭「茄子」で、極秘に会った。

金丸は、この席で、中曾根に竹下のことを頼んだ。

創政会旗揚げの密議

年の明けた昭和六十年一月一日、恒例の文京区目白台の田中邸での年始パーティーが開かれた。

中村喜四郎は、恒例としている地元選挙区での年始まわりのため、出席しなかった。が、気が気ではなかった。

〈パーティーの席で、他のメンバーの行動から、勘のいいオヤジに例のことが悟られはしまいか……〉

田中邸での年始パーティーには、五百五十人もの年始客が詰めかけた。年始客の数は、つねに前年より多く、増えることはあっても減ることはない。例によって、ウイスキーのオールドパーの水割りグラスを片手に、顔を赤黒くさせた田中は、年始客からあいさつをせがまれた。

田中は、仕方なくマイクをとると、

「沈黙は金だ。謹賀新年、正月元旦とだけ言っておこう」

と、めずらしく、短い年頭所感を述べた。

田中は、かわりに、そばにいた竹下にマイクを渡した。

「かわりにやれ」

竹下は、マイクを受け取った。あくまで、顔に笑みをたたえながら、とんでもないふてぶてしいことを言い放った。

「先ほど宮中参賀に行きまして、安倍外務大臣と並んでいたら、山口(やまぐち)(敏夫(としお))労働大臣から『次狙う大臣(おとど)二人のそろい踏み』と言われましたので、『言ったとたんに、あとまわし』と返しておきました」

年始客が、どっとわいた。竹下の言った意味が、みんなにわかっての笑いであった。竹下が、次期政権を狙うと発言しようものなら、すぐにでも田中に潰され、あとまわしにされる、という皮肉である。

が、竹下派旗揚げ準備会に参加した橋本ら以外の者に、その言葉のもう一つ奥に隠された恐ろしい意味は読みとれなかった。

「オヤジ、言葉に出すとオヤジに潰されるので、しばらくは黙(だま)って動いているんですよ」

と冗談めかして、そっと田中の喉元に匕首(あいくち)を突きつけたのである。

竹下派旗揚げのための拡大世話人会の開かれる一月二十三日の夕方六時から、赤坂のホテルニューオータニ「芙蓉(ふよう)の間」で、次の衆議院選に田中派から広島二区を地盤に打って出ようとする建設省ＯＢの「粟(あわ)屋(や)敏信(としのぶ)を励ます会」があった。この会には、田中派の議員二十人が出席していた。

いつもは、田中角栄がいちばん先に演説するが、この日は、田中が遅れてきたため、金丸が先に演説をした。そのあと、遅れて田中がやってきた。

金丸は、この日、田中と顔を合わせたくはなかった。二十五日の通常国会再開を前に、福永健司衆議院議長は、二十二日、健康状態がすぐれないことを理由に、辞意を伝えた。田中は、その後任者に、原健三郎を推していた。しかし、金丸らは、元文部大臣の坂田道太に決定していた。田中に何か言われるのは眼に見えていた。

それに、この夜の秘密の会合を前に田中と顔を合わせるのは、やはり後ろめたさがあった。

田中は、パーティー会場で、金丸と顔を合わせると、金丸に握手を求めてきた。

金丸も、思わず手を出し、手を握った。と、田中は予想とちがうことを言ったのである。

「あれでいい。おさまりのいい人事だ」

まったくわだかまりはなかった。

金丸は、あらためて田中の心の大きさと、田中の手の温もりを感じた。

〈オヤジ……〉

金丸は、複雑な思いになった。

田中は、勢いよくマイクの前に立つと、あいさつをはじめた。金丸は、いつもは、田中の演説は、かならず最後まで聞く。しかし、この日だけはそうはいかなかった。金丸は、田中の演説がつづいていたが、腕時計に眼を走らせると、まわりの者に「別の会合があるから」と言って、会場を抜け出た。すでに、賽は投げられたのだ。

金丸は、幹事長用の黒塗りのクラウンに乗り、七時すぎに「桂」に入った。このとき、すでに竹下をのぞく他の秘密のメンバーは集まっていた。

部屋の正面に竹下の座が空いていた。竹下の席に向かって右に金丸は座った。その隣に、橋本龍太郎、竹下の左には亀岡高夫、その隣に小渕恵三。この正面の五人を中心にコの字形に席についていた。

出席者は、十二月二十五日のメンバーに加え、衆議院から亀岡高夫、山村新治郎、野中広務、榎本和平、塩島大、参議院からは梶木又三、中村太郎、井上吉夫、岡野裕、志村哲良、松岡満壽男の衆議院十七人、参議院八人の計二十五人だった。このほかに参議院議員四人が出席者リストにあがっていたが、二人は当日欠席、残る二人は、この日海外に出ていたため呼びかけを中止していた。

竹下も、すぐにやってきた。

料理や酒の支度をしていた仲居も人払いされた。梶山の司会で、いよいよ運命の会がはじまった。

金丸が、まず立ちあがった。

「派閥というものは天下を取るためにある。しかるにだ、木曜クラブは、この十年間天下を取ったことがあるか。ないじゃないか。では、人材はいないかというと、そうじゃない。二階堂だって、江﨑だって、みんな総理を狙える。この金丸信だって、みんなの協力をもらえれば、やれないことはない。

竹下君は、世間からはニューリーダーといわれているが、何があるのか。親戚のわたしとだって、将来のことを話し合ったことはない。今日は、竹下君を総理総裁にしようという信頼の置ける同志に集まってもらったので、血盟の契りをしたい。まず、竹下君の話を聞いてやってください」

竹下の長女の一子が、金丸の長男の康信に嫁いでおり、二人は親戚でもある。なお、小沢一郎と結婚した和子の妹の雅子は、竹下の実弟の亘に嫁いでいる。金丸、竹下だけでなく、小沢も縁戚関係にある。

竹下が、立ちあがった。顔面が紅潮している。

「わたしは、二十数年間、国会生活をやってきました。この間、いつも陽のあたる道を歩かせていただきました。これもひとえにみなさんのご支援のおかげであると、心から感謝いたします。わたしはいま、竹下登のすべてを燃焼し尽くし、一身を国家のために捧げる覚悟をして、ここにまいりました」

田中から、雑巾がけを命じられ、耐えに耐えてきた竹下の、決意表明であった。

大きな拍手が、座敷いっぱいにわいた。

やがて、酒宴に入った。集まったメンバーのなかから、声があがった。

「血判状をとりましょう」

梶山から、提案が出た。

「勉強会の名称をつけたい」

梶木又三が、それに答えて発言した。

「竹下先生は創政という雑誌をすでに出しているし、『創政会』でいいではないか」

名称は、「創政会」と決定した。設立総会の日取りも、二月七日と決められた。

金丸が、しめくくりの言葉を飾った。

「竹下君は、神輿に乗った。神輿を担いだ者の拠りどころだ」

また、金丸はそこで、全員を見まわして言った。

「竹下は、自分でオヤジのところへ行って、オヤジの了解を取りつけなけりゃならん。しかし、オヤジがどうしても認めんと言うんなら、相当な覚悟が必要だぞ」

金丸の一言に、全員肚をくくった。


翌一月二十四日、午後六時から、千代田区紀尾井町のホテルニューオータニで、田中派木曜クラブの新年会を兼ねた総会パーティーが開かれた。

田中は、マイクの前に立ち、声を強めた。

「二階堂君とは、一心同体だ」

田中なりに、前年の「二階堂擁立構想」を潰したあとのわだかまりを気にしていた。同時に、その言葉には、竹下への牽制（けんせい）もこめられていた。田中は、胸をそらせるようにして声を張りあげた。

「田中派は、なんだかんだと言われても、総裁候補、議長候補、党三役候補と、すべてそろっている。それは、これまでの実績だ」

司会の羽田が、田中をせかした。

「では、ここで、ひとつ『湯島の白梅』を」

田中は、千曲もある持ち歌のうち、「湯島の白梅」を機嫌よく歌った。

歌い終わると、竹下にマイクを渡した。

「おい、竹下君、きみもやれ」

竹下は、とっさにズンドコ節の替え歌「十年たったら竹下さん」を歌うことにした。竹下は、佐藤政権時代、宴席で酒が入ってくると、まず自分が立ちあがり、上半身裸になって、踊りながらズンドコ節を歌った。しかし、この数年間、田中角栄を刺激することを恐れ、公（おおやけ）の席で歌うことはひかえていた。

が、いま、とっさにその歌を歌おう、と思ったことに、竹下は自分でも驚いていた。自分で、自分の自信に驚いたのである。正月の田中邸のパーティーのときとちがい、昨日の創政会の拡大世話人会の反応でより自信を深めていた。

竹下は、その自信の表れから、創政会のひそかな旗揚げを勘のいいオヤジに悟られては、と、あえて、

「これは、十年前の歌です」と前置きした。

場内に、笑いの渦（うず）が巻きおこった。

竹下は、つとめて冗談めかして歌った。

〽佐藤政権　安定成長
あとにつづくは　田中か福田
その他人材　数々あれど
十年たったら竹下さん
トコズンドコ　ズンドコ……

もちろん、竹下は「あとにつづくは自分」との自信に満ちて歌っていた。

創政会の拡大世話人会に参加していたメンバーの何人かは、竹下の歌を聞きながら、ヒヤヒヤしていた。

「自分に楯突く者はいないという慢心なのか」

この間にも、梶山、小沢、橋本、小渕らはたがいに連絡をとりあい、これは、と眼をつけた田中派の議員を、次々に創政会のメンバーに勧誘していった。

その条件は、おたがいに決めていた。

「いいな、当選回数は、竹下さんや金丸さんの十回より下、年齢も、それより下の者に限ろう」

梶山らが条件に合う者に声をかけたあと、小渕、中村喜四郎、中島衛、額賀福志郎らが、手分けして署名集めに歩いた。

村岡兼造（むらおかかねぞう）は、一期先輩で仲のよい梶山静六、小沢一郎らに誘われた。

「今度、竹下さんを中心にした勉強会を結成する。一緒にやろうや」

村岡は、ためらうことなく答えた。

「わかりました」

村岡は、田中派の後継者候補のなかでは竹下にもっとも好意を抱いていた。竹下とは、ざっくばらんに話ができ、相談にも気軽に乗ってくれる。なによりも、面倒見がいい。親しみがわくのである。

髙鳥修（たかとりおさむ）は、梶山に、声をひそめるようにして打ち明けられた。

「これは、だれにも話してもらっては困ることなんだが、じつは、竹下擁立のための同志の集まりをつくるという話があるんだ。あんたも誘いたいところだが、あんたは、オヤジさんの足元にいる。最初から、仲間に入れることはできない。しばらくは、そっちに残っていてくれ」

髙鳥は、田中とおなじ新潟県出身で、いわば小沢辰男らとともに新潟グループの一員である。普通なら細心の注意を払い、髙鳥にも秘密にしておくところだ。が、あえて打ち明けたのには、それだけの理由があった。

髙鳥は、新潟県議時代の昭和三十四年にソ連を視察した。そのとき、一緒に行動したのが、茨城県議の梶山であった。この視察で顔見知りとなった二人は、以後、親交を深めた。昭和四十四年十二月の総選挙では、ともに初当選。佐藤派でおなじ釜の飯を食い、田中総裁実現に向けても一緒に汗を流した。

梶山が、髙鳥に竹下勉強会の構想を打ち明けたのも、「親友の髙鳥には、伝えておきたい」という友情と、「髙鳥の口から、絶対に洩れるわけがない」という深い信頼を寄せていたからである。また、髙鳥は、田中直系だが、竹下寄りでもあった。

田中派内には、竹下を後継者にするべきだという声が大勢であった。

しかし、田中は、山下元利（やましたがんり）にひどく眼をかけていた。山下は、東大卒業後、大蔵省に入った。田中は、「学費さえあれば、おれも東大に入れた」と自負する反面で、学歴コンプレックスもあった。東大出身の大蔵官僚というだけで高く評価していた。おまけに、山下は苦労人である。

ただし、髙鳥の眼には、田中は竹下を牽制する意味で山下をかわいがっているように映った。山下のことを総理の器と認めているかといえば、かならずしもそうではないように思えてならなかった。

田中は、二階堂進も引き立てていた。ただし、田中は二階堂を自分の後継者とは考えていない、と髙鳥は思っていた。二階堂は、自分の家老として本当に一生懸命つとめてくれている。が、内閣総理大臣としては力量不足だと見ていたのではないか。仮に田中が二階堂を認めていたとすれば、野党をも巻きこんで画策された昭和五十九年秋の二階堂擁立構想で、二階堂を支持したのではないか。が、田中は鎮圧する側にまわった。

それに、本気で二階堂を総理にしようと考えているのなら、野党の力を借りるまでもない。中曾根首相に、「きみ、辞めたまえ。おれは、二階堂を担ぐ」と言えばいい。田中派の後押しで総理になった中曾根は、「そうですか」と言わざるをえない。

田中は、後藤田正晴も重用した。四回生でありながら、四度も入閣させた。が、後継者というわけではなく、警察庁長官というキャリアを背景にした抜群の情報収集力を買っていた。

また、髙鳥の見たところ、後藤田は、役人をいじめるのが上手であった。たとえば、省庁の人事も、後藤田が報告を受ける前に新聞などに書かれると、ヘソを曲げてしまう。人事案が上がってきても、「これは、閣議了解事項だ」と言ってそっぽを向いてしまう。そのような役人特有の意地悪が上手であった。それゆえ、後藤田は役所に睨みがきく、という評価をされたのではないか、と髙鳥は思う。

派内には、当選回数の少ない後藤田が何度も閣僚入りすることに、不満の声も少なくなかった。が、だからといって、田中派の屋台骨が崩れるということはなかった。

田中は、竹下を後継者の一人として認めていた、と髙鳥は思う。そうでなければ、田中内閣の官房長官を竹下にやらせるわけがない。

保岡興治（やすおかおきはる）は、小沢一郎からひそかに打ち明けられた。

「近く、竹下さんを中心とする勉強会を旗揚げする。あなたも参加してくれ」

保岡は、田中派内では小沢ともっとも仲がよかった。おたがいに、論理的で戦略的なものの考え方をするので波長が合った。外国に行ったり、ゴルフをしたりと、いつも一緒に行動していた。

しかし、保岡はその誘いを断った。

「わたしは、田中弁護団の一人だ。裁判の決着がつくまで、田中先生のもとを離れるわけにはいかない。それに、郷里鹿児島の大先輩である二階堂先生を、置いていくわけにはいかない。先は、まだ長い。いつか、また一緒にやれる日がくる。悪いけど、先に行ってくれないか」

保岡は、仮に田中の裁判がなかったら、あるいは二階堂とのしがらみがなかったら、小沢と行動を共にしたであろう。が、その二つともからんでいる。二人に対する義理を果たしたあとで、将来のことを考えればいいという気持ちであった。

小沢は、納得してくれた。

「わかった。あなたの気持ちを理解する」

なお、保岡は、自分を信頼し、早い段階で誘ってくれた小沢との友情を大事にし、創政会の旗揚げについては、いっさいだれにも洩らさなかった。

田中派一回生であった二階俊博（にかいとしひろ）も、小沢一郎に呼ばれた。その席で、打ち明けられた。

「じつは、先日、竹下さんを中心とする勉強会旗揚げの準備会がおこなわれた。メンバーを人選したため、きみを誘わなかったが、旗揚げに参加してくれないか」

二階は、田中派の外様議員である江﨑真澄の系列と見られていた。江﨑は田中派の会長代理として田中の名代（みょうだい）的存在である。派内に勉強会結成の動きがあることを知られたらまずい。それゆえ、二階には声がかからなかったのである。

二階は答えた。

「竹下先生を中心とした勉強会ができることは、大変結構なことだと思います。しかし、田中先生の祝福を受けて出発すべきではないでしょうか。それができなければ、結成式は延ばすべきです」

小沢は眉をひそめた。

「なかなか、そうもいかないんだ……。一週間後に、また会おう」

一週間後、二階はふたたび小沢のもとを訪れた。

小沢は訊いてきた。

「どうだ、一緒にやってくれるか」

しかし、二階は、いくら小沢からの誘いとはいえ、なかなか踏ん切りがつかなかった。

「よく考えたのですが、やはり、このあいだの考えと変わりはありません。田中先生の祝福を受けて、出発すべきです」

佐藤信二（さとうしんじ）も、ある人物から呼びかけられた。

「今度、竹下さんを中心とする勉強会を旗揚げするので、出席してくれ」

政治評論家の飯島清（いいじまきよし）が、佐藤に言っていた。

「田中さんが、復権するためにもっとも警戒したのは年齢だ。だから、自分よりも若い者を優遇しなかった。その逆に、自分よりも年上で、寝首を掻（か）くこともない二階堂さんや後藤田さんなどを優遇した」

田中が竹下を後継者として認めなかったのは、竹下のことを人間的に好きではなかったからだといわれる。

が、佐藤は、一概にそうは言えないと思っている。たとえば企業でも、年をとった創業社長は人事がうまい。役員を、どんどんと変えている。後継者をつくらない。一人でポストも資金もすべて押さえる。そうすれば、社員はみな社長に忠誠を誓う。いつまでも、社長として君臨できる。田中も、復権をめざして、そのような手法をとったのではないか、と佐藤は思っている。

田中は、利権や情報を自分に一本化させようと考え、幹部が個人事務所を持つことを許さなかった。いわば、関連会社をつくらせなかったのである。唯一、個人事務所を持つことを許されたのは、腹心の山下元利だけであった。

佐藤は、父親の佐藤栄作元首相の腹心であった竹下の紹介で田中派入りしたわけではない。みずから田中派の一員となった。それゆえ、田中を裏切るようなことはできない。

佐藤は訊いた。

「角さんは、許可しているのか」

「許可は、もらっていない」

「それでは、行かない」

その議員は、声をひそめた。

「わかった。すまんが、絶対に、だれにも言わんでくれ」

しかし、派内にそのような動きがあることをまったく報告しないわけにもいかない。佐藤は、それとなく田中にほのめかした。

「どうも、派内に勉強会をつくろうという動きがあるようですが、派閥が大きいと、いろいろな問題を抱えてくるんですかね」

田中は、自信たっぷりに断言した。

「そんな動きは、ない」

田中は、竹下勉強会旗揚げの動きを察知していなかった。まったくノーケアだったのである。

佐藤はそれ以上のことは言わなかった。

佐藤は思った。

〈自分に楯突く者はいないという慢心なのか。それとも、情報不足なのか。田中さんはロッキード事件で無罪を勝ち取り、復権をめざしている。そのためにも、派閥の膨張策をとりつづけている。それに対して、だれ一人として、「オヤジ、それは無理だよ」と怖くて進言できないでいる。田中さんは、〝裸の王様〟になりつつあるのか〉

「今回の旗揚げで政治生命を抹殺されてもしようがない」

田中角栄の秘書であり金庫番の佐藤昭子は、一月二十六日、千代田区平河町二丁目にあるイトーピア平河町ビル二階の田中の個人事務所で一人の議員から電話を受けた。

「竹下さんが、勉強会をつくるっていう話です。ママ、ご存じですか」

「えッ！　どういうことなの」

佐藤は、思わず声をあげた。田中派の集まりである木曜クラブの会合のあとに、若い議員たちがひそかに集まっているという話は耳にしていた。が、まさか竹下を中心とした勉強会にまで発展しようとは、思いもよらなかった。

数日前に、橋本龍太郎が口にしていた言葉をあらためて思い出した。

「将来、ママを泣かせることになるかもしれない。でも、それはオヤジのためなんだよ」

佐藤は、聞き返した。

「なによ、それ……」

橋本は、眼を細めて笑ったきり、何も答えなかった。橋本は、このことを匂わせていたにちがいない。

電話してきた議員がささやくには、「創政会」と名付けられるその勉強会は、一両日中にも発足するということ。

「ぼくも入るように誘われましたが、断りました」

佐藤はその電話を切ると、すぐに目白台の田中邸に電話を入れた。田中に伝えた。

「竹下さんが、勉強会を開くってことですよ」

「なにッ、竹下が！」

政界のどんな情報でも集まってくるはずの地獄耳である田中にとっても、寝耳に水だった。それほど、昨年の暮れから極秘裡に進めてきた創政会旗揚げの動きは、外部に洩れていなかった。田中の懐刀であり、情報源でもある元警察庁長官の後藤田正晴すら知らなかったわけである。マスコミ担当秘書だった早坂茂三も、何も知らなかった。

佐藤は、先ほど電話をよこした議員から聞いたことを伝え、つけ加えた。

「竹下さんが、今日、明日中にも、あなたのところに説明に行くという話ですよ」

「しかし、おれは、明日は大阪じゃないか」

翌二十七日には、元防衛庁長官で、のち大阪府知事を三期十二年もつとめた左藤義詮の葬儀に列席するため、大阪に行く予定だった。

「その葬儀のときにでも、竹下さんは、あいさつしてくるかもしれませんよ」

「そうか」

田中も、ようやく落ち着いてきたのだろう。ぼそりと言った。

「これで、竹下の総理の目も、なくなったよ」

佐藤は、その後、早坂に念押しをした。

「明日、オヤジは大阪に行くけれども、竹下さんも行くでしょう。だから、電車のなか、飛行機のなか、竹下さんが寄ってくるかもしれないから、どういう態度に出るか、注意して見ていてね」


竹下は、一月二十七日、左藤義詮の葬儀で田中と一緒になった。が、田中は飛行機で帰り、竹下は新幹線で帰った。後始末があったため、竹下は遅れざるを得なかった。

竹下は、外部に自分たちの動きが洩れそうな心配が出てきたので、一月二十七日の夜遅く東京駅に着くと、まっすぐ目白台の田中邸に向かった。

竹下は、応接間で田中に会うと、伝えた。

「勉強会をつくりたいんですが」

田中は、ウイスキーのオールドパーの水割りを飲みながら、あくまで機嫌よく言った。

「そりゃあ、いいことじゃないか。大いにやれ。ただ、早稲田のOB会のように、自分につながりの濃い者ばかり集めるな。ウチの連中と選挙区が重なるのがいるから、田中派として組織的な応援ができなくなる。いろんな連中を入れて、幅広くやれよ」

「わかりました。いまのところ、八十人くらい集まるということなんですが」

竹下の眼には、田中の顔が一瞬曇ったように思われた。八十人といえば、田中をのぞく木曜クラブ百二十人の三分の二にもおよぶ。

田中は、声を高くして言った。

「勉強会としては、多すぎはしないか。勉強会なら、三、四十人が適当じゃないか。ただ、変に動くなよ。マスコミがよろこぶだけだ。泡を食うと、ひょっとしたらなれるかもしれんものもなれなくなるぞ」

「べつに、焦ったりはしていません」

「十年ぐらい、待てんのか」

「………」

「いまは、飛び出すんじゃないぞ。チャンスがまわってきたら、教えてやる。鈴木善幸や、中曾根を見ろ。自分の力で政権を取ったのではない。あきらめた頃にチャンスがまわってきたんだ。そこを、よく考えろ。慎重にやれよ」

「わかりました」

「きみが天下を取れば、県議出身では、太政官制度以来のことだ。まぁ、しっかり勉強することだ」

話が終わると、田中は、わざわざ玄関まで竹下を見送った。

竹下は、緊張のあまり、靴を右左履きまちがえそうになった。

竹下は、世田谷区代沢の自宅に引きあげると、田中の反応を知るため待機していた創政会グループの何人かに伝えた。

「オヤジは『十年間は、おれがやるから、そのあとでやればいい』という印象だ。今回の旗揚げで、政治生命が抹殺されたとしても、それはそれでしようがない」

もはや、竹下と田中のあいだには、食うか食われるかの闘いしか残っていなかった。

「きさまッ！　次の選挙で落としてやるッ！」

一月二十八日の毎日新聞の朝刊に、「竹下氏が政策集団を旗揚げ」というスクープ記事が載った。

一月二十七日夜、愛知和男（あいちかずお）は、田中角栄や内海英男（うつみひでお）ら五、六人の田中派議員と酒を飲んでいた。

宴席の途中、田中に何度も電話がかかってきた。田中は、そのたびに席を立った。

愛知は思った。

〈ずいぶんと慌（あわ）ただしいが、何かあったのかな〉

翌二十八日、毎日新聞のスクープ記事で創政会の結成があきらかになった。

愛知は、昨夜の田中の動きがようやく理解できた。

〈なるほど、こういうことだったのか。田中先生のもとに、この情報が飛びこんできていたんだな〉

愛知は、さらに思った。

〈それにしても、竹下さんたちは、ひそかにこんな動きをしていたなんて、ずいぶんけしからんことをやるもんだな〉

創政会のメンバーは、

「事が公となったからには、一刻も早く人数を増やすしかない」

と語りあい、メンバー集めに躍起（やっき）となった。

彼らの勧誘の切り札は、「オヤジも了解している」ということであった。その夜までに、申しこみ者は、七十人を突破した。

前年に竹下から新派閥の結成に誘われたことのある田村元は、毎日新聞の記事を眼にして苦笑した。

〈なんだ、竹下は、おれに相談もなく、ひそかに会をつくりはじめていたじゃないか〉

「田村は、のちに梶山から聞かされた。

「田村さんを誘うと、竹下さん中心の会でなく、竹下、田村の核ができることになるから、避けたんですよ」

梶山らは、竹下や金丸ら十回生より下、しかも年齢も下の者という条件のもとに、メンバーを集めていた。田村は、年齢はおなじだが、当選回数は竹下より一回多い。

竹下が田中に勉強会を開くと報告に行った翌々日の二十九日の午後から、田中の風向きが変わった。田中派会長代理の江﨑真澄が田中事務所を訪ね、田中を焚きつけた。

「竹下の動きは、クーデターです。派中派をつくるものです！」

田中は、冷静さを失った。

田村元が、ただちに田中に呼ばれた。そこには江﨑、二階堂、小沢辰男らがいた。

田中は、烈火のごとく怒った。

「竹下め、許さんぞ！」

江﨑、小沢辰男ら創政会のメンバーの条件外の者らは、凄まじい反発を示した。

小沢辰男は、ただちに金丸に会い、文句をつけた。

「これは、派中派なのか」

金丸は答えた。

「あくまで派内の政策勉強会だ」

「それなら、とりあえず三十人程度の勉強会にしてくれや。竹下の将来を考えれば、角さんを刺激しないほうがいい。みんながまとまらないと、天下は取れんぞ」

田中の耳に、その後も、さまざまな情報が入ってきた。それまでの創政会側がとってきた極秘行動が、白日のもとに晒されてしまった。全貌が見えてきた。

金丸が、創政会旗揚げの黒幕であることもわかった。

田中は怒り狂った。

「金丸は、『昭和信玄』とかなんとか言っているくせに、人の寝首を掻くような真似をしやがって。武田信玄なら、もっと堂々とやるぞ」

そのうえ、梶山静六、小沢一郎、羽田孜ら、田中が幹事長時代の昭和四十四年に初当選し、手塩にかけて育てた連中が、創政会の中核メンバーであることもわかった。田中は、飼い犬に手を噛まれたような気持ちであった。

田中は、とくに竹下が許せなかった。

「おれは、佐藤が派閥をやめると言ったからこそ、田中派をつくったんだぞ。あいつは、おれが派閥をやめないと言っているのに、それでもつくりおって……あいつは、だれのおかげでここまでなれたと思っているんだ。あいつを、かならず潰してやる！」

田中は、酒焼けした顔をさらに赤く染めて、竹下をののしった。

「おれが百億以上かけてこの田中派を手がけたのに、あいつは、たった一億八千万円でつくるのか！　やるならやってみろ！　これまで、県議出身で総理大臣になった者は、いないんだ！」

一億八千万円というのは、竹下が創政会のメンバー一人ひとりに、二百万円近くのカネを配った情報を耳にしていたために口にした表現である。

田中は、怒りに燃えていた。

〈おれの恐ろしさを、見せつけてやる。竹下のもとに馳せ参じた連中を、徹底的に切り崩してやる〉

渡部恒三は、イトーピア平河町ビルの田中事務所の奥にある田中の部屋に入った。

渡部は、田中に創政会の発会式に出席することを伝えた。

「わたしは、竹下さんとは早稲田の雄弁会時代からの古い付き合いです。もちろん、オヤジはいちばん大事ですが、オヤジのあとは竹下さんと思って、今日まで歩んできました。将来、竹下内閣をつくるために勉強会をつくるのは当然のことです。オヤジに対する裏切りでもなんでもありません。わたしのみならず、いま創政会をつくろうと努力してきた人たちも、みんなオヤジを尊敬しています。そして、オヤジの次は竹下さんだと思っています。ですから、わたしは創政会に参加します」

田中の表情は、みるみるうちに変わった。

渡部は、金丸の選別で、とりあえずは創政会のメンバーからはずされていたが、いまこそ自分の出番だと思っていた。

渡部は申し出た。

「ひとつ、オヤジと竹下さんを結びつける坂本龍馬（さかもとりょうま）の役を、わたしにやらせてください。直紀（なおき）君を、創政会に入れてください。そうすれば、オヤジの度量が……」

田中直紀は、田中の長女眞紀子（まきこ）の女婿（じょせい）で、自民党衆議院議員である。

「なにが坂本龍馬か！　竹下とは、もう話がすんでいる」

「それでは、竹下さんを、『跡目』と認めてくれるわけですね」

しかし、渡部の発言は、火に油をそそぐ結果になってしまった。

田中は、机を叩かんばかりの口調で言った。

「うるさいッ！　竹下の前に二階堂、そして後藤田がいる。これで、十年もつ」

田中は、顔を真っ赤にした。鉄筋コンクリートのイトーピア平河町ビルが動くのではないかと思われるほどの大声で怒鳴った。

「きさまッ！　この次の選挙では、落としてやるッ！　おまえの選挙区には、川島を立てるッ！　川島を立てたら、おまえなんか吹っ飛ぶぞッ！」

川島とは、警察官僚出身の川島広守のことである。会津生まれの川島は、警察庁警備局長、内閣調査室長、内閣官房副長官、日本鉄道建設公団総裁などを歴任した大物である。

田中は、興奮しながらつづけた。

「それだけじゃないッ！　福田組も、叩き潰してやる」

福田組とは、新潟県に本社を置く大手建設会社である。田中の有力な後援会の一つであった。が、渡部とはいっさい関係がない。痛くも痒くもなかった。関係があるのは、創政会の中核隊として動いた小沢一郎である。小沢の妻は、福田組の福田正社長の長女和子であった。田中は、渡部と小沢を混同してしまうほど興奮し、取り乱していたのである。

しかし、決意を固めていた渡部は、ひるまなかった。

「いくら、オヤジさんに叱られても、わたしは竹下内閣をつくることに、これからの政治生命を懸けます」

そう言葉を残し、部屋を出ようとした。

すると、田中は、独り言のようにつぶやいた。

「惜しいなぁ。このまま残っていれば、数年後は幹事長なんだよなぁ」

幹事長は、党内ナンバーツーのポストである。総理総裁になるための登竜門でもあった。

渡部は、つい足が止まった。

〈幹事長か……〉

しかし、ここで引くわけにはいかない。渡部は、田中に一礼し、部屋を出た。

じつは、渡部が、田中事務所に田中を訪ねたこのとき、箕輪登（みのわのぼる）や大村襄治（おおむらじょうじ）らが待合室でひかえていた。渡部とおなじように、創政会へ出席することの許しを田中から得ようとしたのである。

ところが、田中が激しく渡部を怒鳴りつける声を耳にし、怖（お）じ気（け）づいた。田中に会わずに、そそくさと帰ってしまった。

「田中か、竹下か」苦悩する派閥議員

昭和六十年一月、鳩山邦夫（はとやまくにお）文部政務次官のもとに中村喜四郎が顔を見せた。中村と鳩山は、かつて田中の秘書として働いた仲間であった。

中村は、切り出した。

「じつは、竹下—金丸ラインで、新しい勉強会を立ち上げることになった。きみも、メンバーに入ってほしい」

前年の暮れ、創政会を旗揚げするための会合がひそかに持たれたときは、鳩山には声がかからなかった。

「鳩山邦夫は、田中のオヤジを心から尊敬している。鳩山に話をすると目白に話が洩れるのではないか」

という意見が強かったからだという。

鳩山は、即答した。

「竹下勉強会に、入ります」

鳩山は、田中を敬愛してやまなかった。

鳩山は、政治活動の節目、節目に田中に相談に行った。田中は、鳩山が何か迷っているときには、勇気を倍増、いや三倍にしてくれるような独特のエネルギーを注入してくれた。田中に会うと、ひどく元気になる。道を示してもらうと自信がつく。

ただし、田中派は、田中が首相を退陣して以来、総理総裁を出していない。十年以上も、他派の神輿を担ぎつづけてきた。中堅・若手議員のあいだには、自派の候補を擁立したいという気持ちが強かった。鳩山も、田中派から後継者が出ることが田中に対する恩返しだろうと考えたのである。

それに、鳩山は、竹下の後見人である金丸信が大好きであった。金丸も、田中と同様に情の政治家であった。金丸と行動を共にしたいという気持ちも強かった。

創政会の発足が表面化したとき、林義郎(はやしよしろう)は思った。

〈竹下さんは、「このままずるずるいったら、派内がまとまらない。みんなのためにもならないから、田中派を出て創政会をつくるよりしようがない」と判断したのであろう〉

田中は、〝闇将軍〟〝キングメーカー〟として永田町に君臨しつづけた。独自の総裁候補を立てず、大平、鈴木、中曾根とつづく政権に多大な影響力を与えた。

田中は、五十六歳という若さで退陣した。ロッキード事件の汚名をそそぎ、いずれ、もう一度総理になろうと考えていたのではないかと、林は思う。

そのため、竹下を後継者に据えなかったのだろう。田中派は、田中のためだけに存在しているわけではない。所属議員みんなのために存在している。それは、田中自身もわかっている。田中は、竹下の能力を買っていたと林は思う。が、いずれ継がせようと考えたとしても、みずから譲ろうとはしなかった。

林は、田中邸に遊びに行ったときのことをあざやかに思い出した。林が邸内に入ると、ほどなくして、竹下も姿を見せた。竹下は、勉強会を結成したい、と田中に伝えた。

会談後、林は竹下に訊いた。

「どうでしたか」

竹下は、力なく答えた。

「あんまりな、話は進まなかったよ……」

田中は、勉強会を認めてくれなかったのである。

「そうですか。どうしたら、いいんですかねぇ。ぼくらも、困りますよ」

「まぁ、考えてみるよ」

林は、創政会の中核メンバーから参加してほしい、と声をかけられた。しかし、林は断った。

「ぼくは、立場をはっきりさせたくない」

林は、竹下にも伝えた。

「わたしは、田中さんに忠誠を誓い、田中派に入りました。ですから、田中さんの了解を得ていない勉強会に参加するわけにはいきません。田中さんには、これまでの義理があるので、二階堂さんのところでやります」

「それは、よくわかるよ」

「しかし、竹下さん、ぼくは、あなたを裏切るつもりはまったくありませんよ」

林は、正直なところ、田中が後継者として指名するなら、竹下でも、二階堂でも、どちらを担いでもよかった。どちらかといえば、地元山口県の隣県である島根県出身の竹下のほうが親しい。が、自分なりの筋を通して創政会参加は見送った。

林は、竹下の後見人である金丸信にも言っていた。

「田中さんと話をつけてもらえば、わたしは、どっちだっていいですよ」

保利耕輔は、金丸との関係もあり、創政会オリジナルメンバーの一人となった。創政会のオリジナルメンバーの一人として選ばれたことは、大変な重みがあると感じていた。

保利は、創政会に加わった羽田孜に親しくしてもらった。羽田も、保利も、農政を中心に活動する、いわゆる農水族議員である。朝から晩まで行動を共にし、おなじ釜の飯を食った。さらに二人とも私学出身で、なおかつサラリーマンを経験している。羽田も、保利と一緒で政治家になるつもりはなかったという。境遇が似ていることも、二人のあいだをより親密にさせていた。

ちなみに、保利の父親茂が吉田茂内閣で農林大臣に就任したとき、政務次官としてコンビを組んだのは、羽田の父親武嗣郎であった。

このとき三回生の保利には、兄貴分である羽田らについていく、という気分であった。

〈派閥というのは、こうやって生まれ変わるんだな。これが、歴史の流れだ〉

二月七日、創政会の発会式がおこなわれることになった。愛知和男は、創政会の中核メンバーからずいぶん誘われた。

「ぜひ、出席してほしい」

しかし、愛知はきっぱりと断った。

「田中先生の認めていない勉強会には、出席できません」

愛知は思った。

〈田中先生は、なんとかロッキード事件の罪を晴らし、もう一度総理になろうとしている。だが、それには時間がかかりすぎる。天下を取ろうとしている竹下さんにすれば、非常に困る。それで、こういう行動を起こさざるを得なかったのだろう。それは、それとして理解できる。しかし、わたしは参加するわけにはいかない〉

愛知は、仮にロッキード事件が起こらなかったら、田中は後継者に派閥を譲ったのではないかと思う。〈総理の任務を果たせば、後進に道を譲るのは当然だ。ただし、田中さんは強烈な個性の持ち主だ。形のうえでは後継者を据えても、田中院政になっただろう。それに、田中さんが竹下さんを指名したかどうかはわからない。田中さんは、山下元利さんをひどくかわいがっている。竹下さんと山下さんを競わせ、その上にどっかりと座るという立場をとっている。

田中さんは、竹下さんと合わないと思う。タイプはまったくちがっても、田中さんと大平さん、田中さんとおれの義父愛知揆一のように、うまくいくケースもある。が、竹下さんは、典型的な調整型だ。ビジョンのようなものはない。が、田中さんにはしっかりしたビジョンがあった。田中さんにすれば、ビジョンを持たない者はリーダーではないという気持ちもあるのだろう〉

このときは創政会には加わらなかった髙鳥修は、田中の竹下グループへの怒りを聞き、思った。〈オヤジさんは、金脈問題で傷つき、不完全燃焼のまま総理を退陣した。さらに、ロッキード事件で汚名を着せられた。オヤジさんには、このまま死ねるか、という強い気持ちがある。口にこそ出さないが、なんとしても無罪を勝ち取り、もう一回大手を振って官邸に復帰しようと考えているのではないか。そうでなければ、数は力だ、といってむやみに派閥を拡張する必要もない。裁判対策というよりも、政権に復帰するための下準備ではないか。創政会の結成に激怒しているのも、「おれの気も知らないで……」という悔しさがあるからだろう。しかし、オヤジが無罪を勝ち取る可能性はあっても、総理に復帰するのは不可

能に近いのではあるまいか〉

総理復帰をめざす自分の懐に、竹下を担ぐグループができるのは、まさに獅子身中の虫という意識であったのだろう。

角栄、死に物狂いの切り崩し工作

金丸は、田中角栄が怒り狂っていることを聞くと、田中の怒りを抑えるため、田中と「刎頸の友」といわれている小佐野賢治の会社、国際興業へ行った。

金丸は、小佐野に頼んだ。

「裏から、オヤジによろしく言っておいてもらえませんか」

金丸は、さらに一月二十九日の夕方、田中事務所に足を運んだ。表面上は、創政会発足の説明をするため田中を訪ねたということになっている。しかし、金丸は、じつは、田中の秘書の佐藤昭子に会いに行ったのであった。

事務所に行くと、田中はいなかった。

佐藤が、金丸に言った。

「創政会のことを、もっと早く言ってくれればよかったのに」

金丸は答えた。

「目白が、あんまり木の高いところに止まっているから、竹下も言いそびれたんでしょう」

金丸一流のおとぼけジョークだが、佐藤ママから田中に伝えてもらいたい、という目的で金丸は事務所を訪ねたのであった。

竹下は、彼女とは率直に話せる仲ではない。が、金丸は、彼女とも肝胆相照らす仲である。金丸のざっくばらんなところが、彼女に気に入られている。

金丸は、佐藤の心を読んでいた。

〈二階堂の目が、これからどうなっていくかわからないが、彼女は、二階堂にカネを渡したくない。二階堂という男は、結局、オヤジの番頭にしかすぎない、と思っているはずだ。それが、よりによって総裁を狙うなんて、おこがましい……という気持ちがあるはずだ〉

金丸は、さらに、佐藤の心理を読んでいた。

〈竹下の後見人であるおれが、田中派の分裂を防ぎ、丸ごと竹下につけることができるなら当然、佐藤ママだって、苦労を惜しまないはずだ〉

金丸は、用意周到に、佐藤を通じても、田中の懐柔にかかったわけである。

田中角栄の創政会の切り崩し工作は凄まじかった。田中は創政会の参加予定者を目白台の私邸に呼び、参加をとりやめるよう圧力をかけている。

「軽挙妄動をするんじゃないぞ。よーく、物事の本質を見ろよ」

それも外様グループには、「おれの直系だ」とアメを与えた。若手や中堅議員には、「下手な動きをすると、次は落選だぞ」と恫喝した。

さらに、議員だけでなく、創政会に走ろうとする議員の後援会長や、支援している県会議員ら地元の選挙区に対し、田中みずからが直々に電話をし、脅しをかけた。

政治家にとって、選挙区を揺さぶられることは、いちばんつらい。田中直々の電話に、選挙区の者たちはあわてた。議員に、

「思いきった行動は、とらないでください」

と必死の食い止めに出た。

木曜クラブ会長の二階堂進、事務総長の小沢辰男らも、各議員の説得に躍起となった。秘書の早坂茂三も、創政会参加を表明した議員の個別の切り崩しをはかった。

二階堂と田中は、昭和五十九年秋の「二階堂擁立構想」以来、微妙な関係になっていたが、創政会結成は、そんなことにこだわっておれないほどの衝撃波だった。田中は、二階堂にも指示を出していた。

「二月七日の発会式への参加を極力、抑えこんでほしい」

一月三十一日の時点で、創政会への入会申しこみは、田中派百二十人中、八十四人にも達していた。もし、その人数がそっくりそのまま七日に予定されている創政会の旗揚げ総会に出席すれば、田中派の事実上の代替わりとなる印象を天下に与える。

さらに、一月三十一日、「安竹連合」を組むといわれている安倍晋太郎が、記者団の質問に答え、

「竹下君への友情を、無にするわけにはいかない」

と、竹下への連帯を公にした。

田中角栄とその周辺は、切り崩しにいっそう躍起となった。

田中は、いちおうの切り崩しが終わった二月一日の夜、中曾根首相に余裕たっぷりに報告した。

「竹下についていくのを、五十人以下に切り崩した。最後には、三十人以下に抑えこめる」

創政会旗揚げ総会の開かれる二月七日ぎりぎりまで、田中の切り崩しはつづいた。

奥田敬和（おくだけいわ）は、その田中の、いわば〝刺客（しかく）〟として、創政会の切り崩しにかかった。

奥田は、一月二十八日、毎日新聞朝刊のスクープ記事によって、創政会結成が周到かつ綿密な計画によって、極秘裡におこなわれたことを知ると、感情を逆撫（さかな）でされたような気持ちになった。田中派は、竹下がやがて一本化していかなければならない、と奥田自身ずっと考えていたからである。

奥田は、なんとか竹下一本化で田中派がまとまることを念願していた。その矢先に、このようなことをやられたのでは、たまらなかった。あくまでも、オーナーの田中を立て、会長である二階堂を立てて、そのなかで田中派百二十人すべてが竹下でまとまることがいちばんである。

ところが、創政会結成にいたるまでの経過が、しだいに白日のもとにあきらかにされてくるにおよんで、思わざるを得なかった。

〈これは、派中派じゃないか！〉

まるで、明治維新前夜に志士たちが凝らすような密議の連続、考え抜かれた人選、おまけにカネまで配られたという。これは、派中派以外の何物でもない。

田中派は一枚岩の団結を誇り、この十年総裁候補を立てないにもかかわらず、それに必死に耐えてきたのではないか。木曜クラブの自分たちが、ようやく当選六回を数え、中堅議員として力を発揮できるようになってきた。これからは、自分の力を田中政権を実現させたとき以上に発揮して、竹下を田中派の総裁候補として認知させるべく動けると考えていた矢先であった。

奥田は、田中の〝鉄砲玉〟の役割を一貫して果たしてきた。田中の意向を聞き、それを派内の幹部、中堅を問わず、伝えてきた。いやな役目が、多かった。中曾根政権をつくるときには、最後まで反対していた金丸信のもとへ行き、

「どうしても中曾根でだめなら、田中派の統制からはずれてやってもらわなければならなくなりますよ。それが、派の合意であり、オヤジの気持ちだ」

と匕首を突きつけた。

直情径行、猪突猛進と評されるが、裏表がなく、仕える人には心底から打ちこむ。みずからの信念をストレートにぶつける。そのような奥田は、田中にとって、まさに〝鉄砲玉〟の役目を背負わせるのにもってこいの人材だった。

このときは、金丸だけにでなく、田村元にもおなじことを言いに行った。

金丸は、翌日、甲府での第一声から中曾根支持にまわったものだ。

いってみれば、奥田は、鉄砲玉というより、田中の刺客という、あまりうれしくない役どころをやらされてきたのである。それができたのは、だれよりも田中を思っているのは自分だ、という気持ちがあったからである。

逆に、創政会に誘われなかったのは、奥田がそのように、あまりにも田中に近いからであった。奥田は、創政会の旗揚げの前日二月六日、メンバーの切り崩しに一役買った。奥田は、箕輪登に狙いを絞った。

箕輪は、創政会入りを決め、すでに署名をしていた。金丸には、物心両面で面倒をみてもらい、恩義があった。奥田は、箕輪が翌日の創政会旗揚げに出席すべく北海道から上京してきたところを、つかまえることにした。

奥田敬和は、箕輪をつかまえると言った。

「あなた、創政会入りを決断されたようだが、オヤジの気持ちは、まったくちがう。オヤジに、いっぺん会ってみたらどうですか」

奥田は、箕輪を、イトーピア平河町ビル二階の田中事務所に連れていった。

奥の田中の部屋に入ると、そこには田中角栄がいた。箕輪は、二百万円はするといわれる度の強い大きな鼈甲縁の眼鏡の奥の眼を光らせ、田中に言った。

「わたしも、オヤジさんのおかげで、いってみれば人前で踊れる芸者になりました。今度も、オヤジさんが三味線を弾いてくれれば、わたしは創政会に入っていこうと思っているんですが」

しかし、田中は、言下に言い放った。

「おまえさんは、もう閣僚もやったし、一人前の芸者だ。今度は、おれは三味線は弾かん。踊りたかったら、勝手に踊れ！」

「いや、やはりオヤジさんの三味線が入らないと、踊れません」

箕輪は、創政会入りを撤回した。田中と奥田が見ているその場で、金丸に電話を入れた。金丸とは、前夜電話で、再度創政会入りを確認しあったばかりである。

「幹事長、やはり幹事長といえども、オヤジさんにはかないません。力を過信しているんじゃないか、という指摘もあります。申し訳ありませんが、わたしは降ります」

電話の向こうの金丸は、怒りを抑えられなかった。

「よけいなお世話だ。勝手にしろ！」

受話器を、叩きつけた。

奥田の動きが成功し、箕輪は、創政会には、ついに参加しなかった。以後、金丸は、箕輪を絶縁した。

箕輪は、これと相前後して、同期で仲のよい世耕政隆（せこうまさたか）とも相談した。世耕は、このとき参議院議員に鞍替（くらが）えしていた。

箕輪は訊いた。

「おい、どうする」

「おれは、二君にまみえるのはいやだ」

「おれも、そうだ」

「二人で、オヤジを守っていこう」

創政会旗揚げの猛烈な切り崩しの先頭に立ったのが、江﨑真澄であった。

江﨑は、愛知県連の会長である。それだけに、このとき、愛知県を選挙区にしている参院議員の大木浩（おおきひろし）は、よけいに困った。

〈江﨑さんにしてみれば、自分より後輩の竹下さんが総裁候補に名乗りをあげること自体、不満なんだろう〉

竹下も、その事情は理解していた。大木に言った。

「あわてないでいいよ」

結局、大木は、創政会に参加を申しこんではいたが、設立総会には欠席した。

髙鳥修は、イトーピア平河町ビル二階の田中事務所に出向き、田中に申し入れた。

「わたしは、竹下勉強会の中心になっている連中とは、いつでも、どこでも話ができる仲です。どうしても、あの勉強会を潰すというつもりなら、わたしが行って話をつけてきますけど」

田中は、意外にもあっさりと答えた。

「うん、あれは、あれでいいんだよ」

髙鳥は、狐につままれた気分であった。

〈あんなに激しい切り崩し工作をしているというのに、「あれは、あれでいい」とは、どういうことだろう。竹下勉強会の中心になっているのは、みんなオヤジの子飼いだ。自分がその気になって号令をかければ、どこへ行くわけでもないという気持ちなのか〉

「食うか食われるか、みんな、命懸けなんだ」

二月六日夜、赤坂プリンスホテル旧館十二階の一室は、異様に緊張した雰囲気に包まれていた。衆議院予算委員会の審議を終えて夜の七時すぎにここに顔を出し、部屋の真ん中の椅子に陣取った竹下登は、めっきり白髪の多くなった童顔を引き締め、部屋のすみで電話をかけている小沢一郎の反応をうかがっていた。

翌七日は、竹下を総理大臣にするために結成された「創政会」が、事実上の旗揚げをおこなう日である。その創政会旗揚げのための極秘の前線基地であるこの部屋には、竹下、小沢のほかに、羽田孜、橋本龍太郎、梶山静六ら中核メンバーと、竹下の秘書グループ十人、さらに、竹下の後見人ともいうべき金丸信幹事長を合わせた三十人を超えるメンバーが集結していた。

一室にこれだけの人数がこもったのは、攻めるためだけでなく、田中側の切り崩しをおたがいに防ぎあう意味もあった。

先ほどから電話をかけていた小沢一郎が、苦々しそうに電話を切った。野太い声で、竹下に報告した。

「どうやら、オヤジの切り崩しにあい、明日に合わせて地方に用事をつくり、東京から逃げたようです」

腕を組んで座っている竹下のやはり白いものの交じっている眉が、ぴくりと動いた。

〈オヤジの側も、死に物狂いで切り崩しにかかっているな〉

明日の発会式に、いったい何人が参加するか——竹下らは、創政会旗揚げの土壇場（どたんば）で、当初入会届を出していたメンバー八十四人に、必死の思いで最後の確認の電話をかけつづけていた。

羽田孜も、苦々しい顔で竹下に報告した。

「箕輪さんには、明日の会合には、顔だけでいいから出してほしいと何度も頼んだんですが、オヤジに遠慮して、やはり断ってきました」

橋本龍太郎からも、悪い報告が入ってきた。

「綿貫民輔（わたぬきたみすけ）さんも、出席をやめるそうです」

集まった議員の一人が、竹下のそばに来てささやいた。

「原田憲さんが、関西財界の大物芦原義重（あしはらよししげ）関西電力名誉会長から、わざわざ電話で出席見合わせを要請された、と返上を申し入れてきたそうです」

原田元運輸相は、田中派の長老として創政会の顧問に内定していた人物である。

金丸は、張った小鼻から、フゥーと息を吐いた。腕組みをし、さすがに渋い表情になった。

一方の竹下は、さきほどから、つまらない冗談を言っては、みんなを笑わせようとしていた。竹下は冗談を言うばかりで、何もしようとはしなかった。竹下も、本心は深刻なはずであるが、こういう張り詰めた空気が、昔から苦手であった。そこで、つい冗談を言ってしまうのである。

小沢一郎も、そんな竹下の性格を知り尽くしているが、事が深刻なだけにしだいにイラついてきた。

〈竹下さんも、自分から電話をかけるなり、人を呼びこむなりの行動をしたらどうだ。こっちは、田中角栄という、とてつもなく強大な相手と闘おうとしている。食うか食われるか、みんな、命懸けなんだ〉

参議院議員に電話をかけまくっていた小渕恵三が、悲痛な顔で竹下に言った。

「参院からは、五人しか見込めません」

参議院議員のうち、地方区議員に対しては、県連を通じて圧力がかけられた。参院選は、来年だ。

「明日参加したら、公認できない」

と脅しがかけられたのだ。

有力後援者を通じての説得もおこなわれた。

小渕の報告に、竹下と並んで座っていた金丸の顔が、曇った。

参議院の梶木又三と遠藤要の二人が、竹下、金丸の二人ににじり寄るようにして言った。

「参加予定者から、つぎつぎに、『申し訳ないが、出られない』と電話が入っている。やはり、オヤジと対決したかたちは、うまくない。明日の発会式は、延ばしたほうが得策だ。参院側の人数は、あまりに少ないし、竹下さんにも、申し訳ない」

この延期論に対し、衆議院側の梶山静六が、猛然と反論した。

「延期は、絶対にだめだ。そんなことをしたら、オヤジに潰されてしまう。明日は、なんとしてもスタートさせて、こちらの力量を示す必要があるんだ」

羽田は、金丸の様子をチラリと見た。金丸は、腕を組みながらじっと考えこんでいた。

じつは、金丸のもとに穏健派の渡部恒三から、和解工作が持ちこまれていた。いずれ、田中は勉強会を許す。そのかわり明日の総会は延期してくれ、というものであった。

二、三分経ったであろうか。

金丸は、おもむろに秘書の生原正久（はいばらまさひさ）に命じた。

「おい、早坂に電話を入れろ」

早坂茂三は、田中の秘書である。切り崩し工作の先頭に立ち、赤坂の料亭「川崎」から、各議員にブラフ（脅し）をかけつづけていた。早坂は、一秘書ではあるが、田中の威光もあり、陣笠（じんがさ）議員より、よほど力があった。

議員の一人が、金丸に訊いた。

「いったい、どうされるのですか」

金丸は答えた。

「発会を遅らせれば、オヤジも考えないではないと言ってる。これから、オヤジと会って話をしてくる」

金丸は、つねづね「政治とは妥協である」と公言してきた。それは、野党との交渉、いわゆる国対政治で培ってきた知恵の一つでもあった。

が、今回の事態は、簡単に妥協できるほど生易しいものではなかった。むろん、金丸も、田中の恐ろしさを十分に理解している。仮にここで妥協をはかれば、おそらく田中は、首謀者である金丸と竹下を潰しにかかるであろう。それを防ぐためには、なんとしてでも創政会の設立を遅らせてはいけない。それなのに金丸は、この期におよんで田中と会談を持つというのである。

金丸は、田中に心底惚れこんでいた。ために、どうしても非情になりきれなかった。なんとか、妥協の糸口を見つけようと模索していたのである。金丸のじつに優しい一面でもあった。

だが、小沢一郎は、猛烈に反発した。

「出入りの前夜に、小さいほうが大きいほうを訪ねるのは、全面降伏と一緒ですよ。いまさらオヤジに会うなんて、冗談じゃない。もし行くのなら棺桶を担いで、喧嘩状を持って行ってください。それ以外なら、絶対にだめです」

金丸は、小沢に眼をやった。

「まぁ、一郎、そう言うな」

と、その瞬間、大きな声が部屋中にとどろいた。

「金丸さん！　それは、だめです。いま妥協されたら、こっちはガタガタになってしまう。オヤジとの話し合いは、創政会が発会するまで、待ってください！」

金丸は、その声の主を凝視した。だれあろう、派内一温厚な人物といわれる羽田ではないか。金丸は、かつて番記者から「将来の宰相候補は」と聞かれたとき、こう答えた。

「平時の羽田孜、乱世の小沢一郎、大乱世の梶山静六」

が、羽田の形相は、修羅のそれであった。

「われわれのこのエネルギーを、後日もう一度起こそうとしても、なかなかできるものではないんです。わたしだって、オヤジに対して、何の恨みもない。それどころか、尊敬しています。ただ、オヤジの側にいる人たちがきちんとしたことを伝えないから、こういう事態が起こってしまった。いまさら話し合いにのぞむなんて、わたしは、絶対に反対です！」

鳩山邦夫が、それにつづいた。

「わたしの意見も、羽田さんの言ったとおりです。わたしも、反対です」

金丸は、彼らの気迫に押された。田中との話し合いを思いとどまった。

竹下は、いっそう険しい表情になっていた。

〈今回の旗揚げに失敗すれば、おれの政治生命も終わりだ。もう、引き返せない〉

竹下は、午前零時すぎ、闇にまぎれるようにして赤坂プリンスホテル旧館から出、自家用の黒のトヨタ・センチュリーに乗った。

羽田孜

夜が明け、創政会発足のこの日の朝を迎えると、当然記者が押しかけてくる。記者たちが世田谷区代沢の自宅の玄関のチャイムを押すときには、何事もなかったように玄関に出ていかねばならない。

創政会に加わる議員たちも家に帰したが、秘書グループだけは、なお、〝前線基地〟に残し、電話をかけつづけるように命じていた。

井上孝は、このとき当選して四年目の参議院議員一回生である。それなのに、前年十二月二十五日の料亭「桂」での会に加えてもらっていた。それほど竹下、金丸の信頼が厚かったのである。

井上は、田中から直接怒鳴られることはなかった。が、田中の秘書の早坂茂三に、電話で詰問された。

「あなたは、田中さんにあれだけ世話になっておきながら、恩を忘れて歯向かうのかッ」

井上は、田中に歯向かうつもりはまったくなかった。ただ竹下についていこうという気持ちだけであった。

〈田中さんには、ロッキード事件で無罪を勝ち取って、もう一回総理になろうという思いがあるのかもしれない。それなら、そのような理屈を言えばいいのに、何も言わない。このまま他派の神輿を担ぎつづければ、竹下さんの総理総裁の目はなくなってしまう〉

竹下の後見人の金丸は、竹下総理実現に向けて情熱を燃やしていた。私心は、まったくなかった。

井上は、金丸を、保守合同の立て役者で、鳩山一郎を総理にすることに命を懸けた三木武吉と重ねあわせていた。

〈金丸さんは、年下の竹下さんを立て、自分は一歩後ろに下がっている。なかなかこういう人はいないな〉

この日、夜明け近くまで、「料亭川崎での切り崩し工作」対「赤坂プリンスホテルでの多数派工作」の攻防戦がつづけられた。

旗揚げ出席者は四十人に半減

運命の日——昭和六十年二月七日の朝を迎えた。

小沢一郎は、ここ数日間、ろくに睡眠をとっていなかった。が、それは単に睡眠時間の少なさが影響しているわけではない。床についても、なかなか寝つけないのである。

この日、文京区湯島の自宅で眼を覚ました小沢は、自分の体がいつになく火照っているのを感じていた。あきらかに、興奮していた。薄暗い寝室の窓のカーテンを開ける。空は、どんよりと曇っていた。

〈はたして、何人、集まるだろうか。四十人集まればいいほうだろう〉

小沢は、はやる気持ちを抑えながら自宅を出た。

車を、千代田区平河町にある砂防会館別館三階の田中派事務所に向かって走らせた。

午前八時すぎ、ついに創政会の設立総会が開かれた。総会の場所をあえて、田中派事務所に設定したのにはわけがあった。田中の側近である〝本家〟の小沢辰男から「発会式の場所はあくまでも田中派事務所で」という提案に妥協したためである。小沢辰男とは名字がおなじため、小沢一郎は分家、小沢辰男は本家といわれていた。

会に出席した竹下の眼は、血走っていた。昨夜、自宅にもどっても一睡もしていなかった。赤坂プリンスホテルの創政会前線基地と連絡をとりあい、最終的に何人が初会合に参加するか、躍起になって確認をとりつづけた。

竹下は、集まったメンバーに眼を走らせ、入会届けのあった八十四人中、四十人しか出席していないことを確認した。正確には、衆議院議員二十九人、参議院議員十一人である。総裁選立候補に必要な推薦五十人に、十人も足りない。

竹下は、苦々しく思っていた。

〈オヤジの切り崩しに、思った以上にやられたな〉

田中角栄の恐ろしさを、まざまざと見せつけられていた。

竹下は、創政会会長として、集まったメンバーにあいさつした。

「この日を深く心に刻みつけて、さわやかな勉強会として進んでいきたい。政治生命とかではなく、これからの命を、燃焼していかねばならない」

会合が終わっての記者会見で、竹下は、創政会を背景に、ポスト中曾根へ始動する決意を表明した。

「みなさんの自主的判断での参加に感謝する。会合を通じて政策を身につけたい。客観的にニューリーダーといわれているわけだが、もう六十歳を超えている」

大正十三（一九二四）年生まれの竹下は、このとき六十一歳になろうとしていた。

竹下は、記者会見を終えてひと呼吸すると、あらためて闘志を奮いたたせた。

〈オヤジたちは、これでおれの総裁候補の目がなくなったと思うだろうが、勝負はこれからだ〉

小沢一郎は、出席者が四十人にまで切り崩されたことに、田中の凄さをまざまざと見せつけられた思いだった。

〈こっちには、時の幹事長金丸信、大蔵大臣竹下登がいる。それでも、八十四人の署名のなか、集まったのは、わずか四十人。それだけオヤジの人気は高い。一声かければ、出席を見合わせる議員がこれだけいるんだものな。まぁ、ゴッドファーザーの意向に背くのだから仕方がない。考えてみれば、よく集まったほうなのかもしれない〉

が、小沢は、ほっとしたと同時に、虚しさも覚えていた。

当初から、小沢は、田中と闘うつもりは毛頭なかった。小沢らは、なにも田中に引退しろと迫ったわけではない。せめて、田中派の家督だけは決めてほしかっただけである。

もっとも小沢は、創政会の結成が明るみに出たとき、ある程度は、田中との闘いは予測していた。そのとき、小沢がいちばん恐れたのは、田中からの電話である。

田中から、「おまえは、何を考えているんだ。息子同然に育ててきたおれを裏切るのか。ちょっと来い！」と言われれば、あるいは田中邸を訪ね、妥協したかもしれなかった。

あるいは、田中が小沢らの気持ちを理解し、小沢ら生え抜きを呼んで、「おまえたちの気持ちはよくわかった。近いうちに後継者の内定を出すから」と言ってくれれば、創政会の旗揚げは踏みとどまった。仮に旗揚げしても、派内の一勉強会である。和解に時間はかかるかもしれないが、派閥そのものは割れなかった。

だが、田中は小沢のもとに、ついに一度も電話をかけてこなかった。

田中が、「あいつらが、おれに反乱するはずがない」という信念を持っていれば、直接、小沢のもとに電話を入れてきたはずである。小沢は、あらためて思った。

〈いまや、オヤジは、〝裸の王様〟になっている。死んだおれの親父もそうだったが、苦労人は、心から信頼する子分、あるいは後継者をつくらないばかりか、育てようともしない。なぜなら、他人を蹴飛ばしてでも頑張らなければ、貧乏の底から這いあがることができなかったからだ。まわりには、メッセンジャーボーイばかり置く。

ある意味で、それは権力者の常なのかもしれない。が、それでは、親身になって心配してくれる人を遠ざけてしまう。耳の痛い話をいっさい聞かず、いい情報だけを耳に入れていれば物事の本質もつかめなくなる。それで、よけいに裸になってしまった。オヤジは、ここにきて茶坊主の意見を重視した。結果的にみずからの判断を狂わせてしまったんだ〉

この夜、小沢は、親同然に自分を育ててくれた田中のことを思い、一晩泣き明かした。

羽田は、出席者が四十人であったことに、ひとまずほっとした。

〈おれたちのこの動きは、けっして反乱なんかじゃない。だれかを総裁候補に立てないと、それこそオヤジもみんなも野垂れ死にしてしまう。オヤジは、一時的に、「あの馬鹿ども」と言っても、おれたちを恨みはしないだろう。オヤジは、時の流れを正確につかんでいる人だ。きちんと説明すれば、かならず理解してもらえる〉

田中角栄は、当初の申しこみ者八十四人のうち、四十人しか結集しなかったと知り、田中派の中堅議員を前に、せせら笑った。

「おれは、百五十人抱えて、あと三回は選挙がやれる。竹下は、五十人で二回やるのがやっとさ」

つまり、竹下の旗揚げした創政会の力をもってしては、二回選挙をやればいい。創政会は、それで終わり、潰れる。線香花火のような命さ……と笑ったわけである。

が、金丸は創政会の旗揚げは成功だったと踏んでいた。

〈とにもかくにも、田んぼに稲を植えつけることができたんだ。「三歩前進、二歩後退」さ。結局は、一歩前進した。大成功さ〉

田中は、創政会の旗揚げにひどくカリカリしていた。

田村元は、田中事務所で、田中を諫(いさ)めた。

「あんたが、悪いんだよ。竹下や金丸に、やれ××大臣だ、やれ三役だ、とポストを与えすぎた。人心が、竹下―金丸ラインにつくのは当たり前なんだ」

田中は答えた。

「だってな、あれらが人事のときに、××ポストをくれ、と来るんだよ。だめだと言っても椅子に座りこむんでな、しようがなかったんだ」

田村は思った。

〈結局、角さんは、栄養のあるものをたっぷりと喰わせて、力をつけた飼い犬に、手を噛まれたということなのだろう〉

田中は、佐藤昭子にこぼした。

「竹下は、直紀にまで創政会に入ってくれと言ってきたんだよ。あいつらに、何ができるんだ」

田中直紀は、田中の女婿である。田中はつづけた。

「しかし、おれもおまえも、性懲りもなく、よく裏切られるよな」

田中にとってショックだったのは、参議院議員から十一人もが、創政会の発会式に参加していたことであった。参議院議員には、竹下の手がとうていおよばないと思っていたのだ。

ある代議士が、のちに佐藤昭子に言った。

「オヤジさんは、自信過剰だったのかもしれないね」

創政会旗揚げの直後、衆議院予算委員会の審議を終えた大蔵大臣の竹下に、安倍外務大臣が、一枚の色紙を贈った。

「実があるなら今月今宵　一夜明ければだれも来る」

幕末の尊攘倒幕派の志士高杉晋作が「奇兵隊」を挙兵したときにつくった都々逸である。

高杉は、安倍のふるさと長州藩の武士で、安倍晋太郎の晋の字は、高杉晋作からとっていた。高杉は、文久三年、長州藩が下関海峡通過の外国船を砲撃し、藩を挙げて対外戦の準備を開始すると、身分家格にこだわらない奇兵隊を組織した。奇兵隊は、維新でめざましい活躍をしたが、旗揚げのとき結集したのは、わずか五百人にすぎなかった。

竹下は、感激し、その後も、挫けそうになるとき、何度かその歌を口ずさみ、おのれを奮いたたせた。

渡部恒三は、創政会発足後も、目白台の田中邸にぶらりと一人で遊びに行った。競馬好きで、かつては馬主でもあった田中は、競馬新聞を手にラジオ中継をよく聞いていた。

渡部が顔を出すと、ひどくよろこんだ。サイドボードから大好きなオールドパーを取り出し、昼間から二人で水割りを飲んだ。

渡部は、酔いにまかせて言った。

「オヤジさんねぇ、橋本（龍太郎）さんや小渕（恵三）さんは八回生ですが、まだ大臣経験は一回ですよ。それなのに、四回生の後藤田（正晴）君は、四回だ。これじゃ、若い者が立ちあがるのは当然ですよ」

この当時、政務次官は二回生以上、大臣は五回生以上という不文律があった。が、後藤田は、自治大臣・国家公安委員長・北海道開発庁長官、官房長官、行政管理庁長官・総務庁長官と四度も閣僚を経験している。異例の大抜擢（ばってき）であった。

後藤田は、渡部よりも年上である。が、渡部は六回生だ。政治家生活は、渡部のほうが先輩である。渡部は、年上の人を、〝君づけ〟したことはない。が、この日は、あえて後藤田を〝君づけ〟した。

さきほどまで機嫌よくオールドパーを飲んでいた田中は、激昂（げっこう）した。

「黙れ！　おまえらと後藤田を、くらべられるかッ！」

まるで、後藤田と渡部らでは人間がちがうというような言い方である。渡部は、さすがに悔しさがこみあげてきた。

〈なにも、そんな言い方をしなくてもいいじゃないか〉

渡部は、後藤田正晴について思う。

〈田中さんは、後藤田さんにひどく眼をかけた。が、後藤田さんは田中さんの役には立たなかった〉

後藤田は、クリーンで清潔な政治家だといわれるが、渡部にはそうは思えない。後藤田がこれまでやってきたことと、言っていることは、まったくちがうのではないか。後藤田は、人に取り入るのがじつにうまい人間だった。田中だけではなく、のち竹下や中曾根など権力者に取り入った。その意味では、渡部には、天才的であると思われた。

田中は、なぜそれほどまでに後藤田を重用したのか。

あの時代、たとえば会社でも、警察庁出身や検察庁出身の人を迎えておけば、何か問題が起こったとき、安全弁になるという発想があった。ロッキード裁判を抱えていた田中にも、そういう気持ちがあったのかもしれない。

いま一つは、竹下に対する牽制の意味もあったのではないか。

田中は、ロッキード裁判で無罪を勝ち取ったあと、もう一度総理大臣になろうと思っていた。そのためには世代交代をするわけにはいかない。が、竹下には力がある。黙っていれば、自分のあとは竹下になる。その流れを壊すために、後藤田や山下元利を重用した。

県知事でも、会社の社長でも、まだ引退を表明していないのに、まわりから「次はこの人だ」といわれるのはあまりおもしろいことではない。若い知事のもとで働く評判のいい副知事、若い社長のもとで働く評判のいい副社長は、自分の立場を危うくする存在としてかならず切られる。

それは、権力構造のなかではやむを得ないことだ、と渡部は思う。

第三章　田中支配の終焉

「徹底的に金丸の息の根を止めてやる」

「創政会」を旗揚げした昭和六十（一九八五）年二月頃、金丸―竹下ラインは、国会対策で壁にぶつかっていた。大蔵大臣である竹下登に責任のある六十年度予算案審議と、予算関連法案をめぐっての国会運営に行き詰まっていた。

田中角栄は、野党、とくに公明党と社会党に手をまわし、金丸信を潰そうと謀っていた。金丸も野党とのパイプが太かったが、田中は、公明党では、竹入義勝委員長、矢野絢也書記長、社会党では、石橋政嗣委員長らトップと、より親しかった。

田中は、秘書の佐藤昭子に言った。

「彼らに手をまわし、徹底的に金丸の息の根を止めてやる」

二月二十一日夜、佐藤昭子は、公明党の矢野絢也書記長に電話を入れた。

「オヤジも、竹入さんも、矢野さんのことを心配しています。大事な詰めです。来月では遅いように思います。極秘で、二十八日にオヤジが会いたいと言っています」

矢野は確認した。

「包囲網はできましたか。方針は、変わってませんね」

「まったく変わっていません。潰しの包囲網は、男の人がやってます。他派閥のことまではわたしには正確につかめてません。ですが、この裏切りには、オヤジの肚は、一人になっても、死ぬまで闘うつもりです。たとえ死んでもそうでしょう。それしか道はありません。わたしにとっても。ですが、関係のないあなたたちにまで迷惑がかかってはという気持ちです」

「この怨み死んでも、ですか。ここまできましたから、二十八日結構です。お会いしましょう」

佐藤昭子は田中に命じられ、矢野書記長と田中との極秘会談を設定するよう詰めていた。田中は、竹下らに対抗するため、公明党と組んで二階堂進擁立を謀っていたのである。

羽田孜は、小沢一郎と梶山静六を誘った。

「おい、オヤジに会いに行こうや。このあいだまでは激しく闘ったけども、おれたちは基本的にオヤジが好きなんだから。創政会をつくったことを、オヤジに正面から報告に行こう」

怒鳴られるのが怖いのか、小沢も、梶山も躊躇した。

「会ってくれなかったら、どうする？」

羽田は、つとめて明るく言った。

「会ってくれなくたって、いいじゃないか。なんなら、おれたちの名刺を郵便受けの中に入れてくればいいよ」

梶山は、ふんぎりがついたのか、晴れやかな表情で答えた。

「そうだな。だめだったら、門前で『田中角栄先生、万歳！』とやってこよう」

羽田は、二月十九日早朝、小沢、梶山とともに文京区目白台の田中角栄邸を訪ねることにした。田中と直に対面するのは、創政会設立後初めてのことである。羽田は、いつになく胸の鼓動が高鳴るのを感じた。

〈早く、オヤジに会って、話がしたい〉

羽田を乗せた車は、いつものように田中邸の正門、内門をくぐり抜け、車寄せで止まった。車を降りると、正面にある応接間に入っていった。ほどなく、田中が姿を現した。

「おーっ、よく来た、よく来たな。ほんとにおまえら、よく来てくれた。おまえら、強引にやるもんだからな……」

創政会事務局長に就任していた梶山が、神妙な顔で言った。

「オヤジさん、首を洗ってまいりました」

田中は、梶山をからかった。

「なに、言ってる。おまえみたいな、短い首が洗えるか」

梶山は、体格がいい。首のまわりには、たっぷりと脂肪がついている。田中いわく、梶山の首はいったいどこなのかわからない、というのであった。これには、一同、はじけるように笑った。

小沢も、ぺこりと頭を下げた。

「オヤジさん、今度のことは、どうってことないですから。だれも、オヤジさんに逆らおうという気持ちで、やったことではないんです」

田中は、笑顔で答えた。

「一郎、わかってる、わかってるよ。いまは、なによりも田中派の結束が大事だ。竹下とも、このあいだ、それを話したばかりだ。ともかく、われわれは同心円で行こう。まぁ、おまえらも、ちょいちょい話しに来なければだめだぞ」

小沢は安堵(あんど)した。

〈オヤジも、ずいぶんと冷静になっている。大丈夫、オヤジは、おれたちの行動をきっと理解してくれる〉

羽田は、いかにも当然、といった口調で、口をはさんだ。

「なに、言ってるんですか。当たり前ですよ。これまでだって、何度も話しに来ようとしたんですよ。それなのに、『いや、おれが話してくるから』といろんな人が、いろんなことを言って、結局、話しに来させなかったんじゃないですか」

田中は、うんうんとうなずいた。

田中は言った。

「おまえらは、まだ若いのに、せっかちだぞ」

羽田は答えた。

「なに言ってるんです。わたしは、五十歳になりましたよ」

田中は、冗談めかして言った。

「おれの時代とおまえらの時代では、寿命がちがうんだよ」

梶山が言った。

「同心円ですね」

田中は、大きくうなずいた。

「そうだ、そうだ、同心円だ」

この日、羽田らは、とりとめのない話に終始した。じつに、和気藹々（あいあい）としたひとときであった。

帰り際、羽田は、最後に念を押した。

「オヤジさん、今度のパーティーの件、よろしくお願いします。かならず出席してくださいよ」

二月二十五日には、羽田の主催するパーティーが開かれる。羽田は、そのパーティー会場に、「創政会」グループ、「非創政会」グループを問わず、田中派の全議員が出席してくれることを望んでいた。おたがいが会話することで、いまだぎくしゃくとしている派内を少しでも修復したいと考えていた。そのためには、なんとしてでも田中に出席してもらいたかった。

田中は、笑顔で答えた。

「ちゃんと予定に入れてある。心配するなッ」

羽田は、その一言を聞き、胸をなでおろした。田中は三人を玄関まで見送ってくれた。

そのうえ、一人ひとりに握手を求めてきた。田中の握手の仕方は力強い。おたがいの手のひらを合わせるとき、バチンといった小気味よい音が聞こえるほどである。

が、羽田には、こころなしか、今日のそれは弱々しいように思えた。それでも、羽田は、元気そうな田中を見て、ひとまずは安心した。

小沢は、田中と握手しながら気がかりなことがあった。田中は、つとめて明るくふるまってくれたが、いつになく顔がむくんでいることであった。

小沢らと入れ違いに、田中の腹心の山下元利（やましたがんり）が執務室に入った。

田中は、山下に寂しそうにぽつりと洩（も）らした。

「竹下は、おれの子飼いを、みんな連れてってしまったよ」

田中は、つねづね公言してきた。

「羽田と小沢は、おれが育てる」

その二人が、創政会の結成に中心的存在として動いたことに、衝撃を隠しきれなかった。この日、田中は、それでもつとめて明るくふるまったのである。

その夜、千代田区富士見にある九段議員宿舎にもどった羽田は、さっそく妻の綏子（やすこ）に報告した。

「今日、オヤジに会ったんだ。おれたちの来訪を、本当によろこんでくれたよ」

「よかったわね」

「ああ、でも、なんて言うんだろう。オヤジは、やっぱり魅力的な人だよ。たしかに、いろんな面で問題はあるけど、野党の議員だって、口ではなんだかんだ言っても、本当はオヤジのことを認めているからな」

羽田は、自宅ではいっさいアルコールを口にしない。喉を潤（うるお）すのは、もっぱら日本茶やコーヒー、紅茶といったノン・アルコール類である。

羽田は、日本茶をグイと飲み干すと、さらに田中の話をつづけた。

「おれが、当選したての頃はさ、オヤジは飛ぶ鳥を落とす勢いの幹事長だったろう。そのオヤジについて、ある野党の幹部が、こんなことを言ってたな。『いやぁ、とんでもないヤツが出てきたなぁ。あんな人にひっかきまわされたら、うちの党なんか、みんななびいてしまう可能性があるよ』ってね」

「どういうこと？」

「オヤジが遊説するでしょう。赤い旗を持った人たちが、オヤジを罵倒（ばとう）するつもりで、演説会場の外で待ってるじゃない。それなのに、オヤジはその人たちにも『ヨッ、ヨッ』といった具合に、軽く右手を上げながら、堂々と歩いてくるんだって。彼らは、罵倒するつもりがぼーっとしたまま、しばらくオヤジを見つめるだけらしいよ。オヤジには、そういう、人を惹（ひ）きつける何かがあるんだよな」

豪快にふるまう田中の、繊細すぎる一面

二月二十五日早朝、創政会の副会長に就任した橋本龍太郎（はしもとりゅうたろう）も、目白台の田中邸をぶらりと訪ねた。応接室には、田中の腹心といわれる小沢辰男（おざわたつお）の姿があった。

田中は、ムキになることもなく、冷静な口調で言った。

「おまえら、勝手なことをしやがって」

橋本は、けろりとして言った。

「べつに、ぼくらは隠れてやっているわけじゃないですよ。ちゃんと、相談も持ちかけていたじゃないですか」

橋本は、創政会旗揚げの準備段階で竹下に釘を刺していた。

「オヤジのところに行って、ちゃんと断りを入れてくださいよ」

現に竹下は、一月二十七日夜、田中邸を訪ね、勉強会をつくることを報告していた。それゆえ、橋本には、コソコソと隠れて創政会を旗揚げしたという意識は、まったくなかったのである。

田中は、右手の人差し指を小沢辰男に向けながら言った。

「わかってる、わかってる。あいつが、悪いんだよ」

田中派の事務総長である小沢辰男の調整が不十分だったということだろうか。

田中は、そう言ったきり、橋本を叱責することはなかった。

橋本は思った。

〈田中さんにしてみれば、わたしや小渕さんは、自分の子飼いというよりも、佐藤（栄作元首相）さんの弟子という意識をお持ちなんだろう〉

田中をはじめ、田中側近の二階堂進や江﨑真澄らの創政会旗揚げの参加予定者に対する切り崩しは凄まじかった。が、橋本は、だれからも引き止められなかった。

これは、橋本の性格による。橋本は、田中と福田赳夫が激しく闘った「角福戦争」――ポスト佐藤を決める総裁選のとき、いわば親ともいうべき佐藤首相の「福田を担げ」という命令を聞かず、田中擁立で突っ走った。それゆえ、「橋本は一度決めたら梃子でも動かない」と思われていたのである。

橋本は、その後、田中としばらく談笑した。鼻っ柱の強い橋本は、いつものように遠慮することなく議論をふっかけた。田中も、ときにはムキになって応戦した。

しかし、橋本には、田中にいつものような迫力が感じられなかった。

〈疲れがたまっておられるようだな〉

帰り際、橋本は言った。

「また、来ます」

田中は答えた。

「おおッ」

これが、橋本が田中と交わしたこの世で最後の言葉となった。

参院田中派の山東昭子も、目白台の田中邸を訪れた。山東も創政会に参加していた。顔を合わせれば、当然のことながら、田中派分裂騒動についての話になった。

田中は、さすがに寂しさを隠せなかった。

「山東君、きみも行ってしまうのか」

山東には一度もなかったが、ほかの議員たちにあとで聞けば、創政会の旗揚げ前には、田中から、その議員の選挙区に対立候補を擁立するといったかなりの締めつけがあったという。つまり、田中は、それだけ山東を信頼していたのである。

田中にとって、山東が、金丸らとともに行動するのはまったく意外なことだったらしい。

山東は、正直に自分の心のうちを明かした。

「そうじゃないですよ。わたしは、田中角栄あっての竹下登だと思っています。オヤジさんのあとを継ぐのは竹下さんだと思っているから、行動を共にしただけです。田中角栄という人に惚れているんです。オヤジさんを捨てるとか、心変わりしたということでは、ありません」

山東には、田中を裏切る気持ちは一つもなかった。

しかし、残念ながら、本人がどんなに望んでも、一度逮捕された田中が総理大臣の座に就くことは考えられない。ならば、田中の血を受け継いだ人間があとを継ぐ。それが筋であり、その一番手が竹下だと信じていた。そのことに、矛盾（むじゅん）は感じなかった。

もちろん、田中という天才から見れば、どんな重鎮であろうと物足りなかったにちがいない。さらに、数十年、田中は、親として竹下を育てあげた。つい竹下を、いつまでも子供のように思ってしまい、竹下が成長しているのが見えなくなってしまっていたことも事実だろう。

山東は、たしかめる術（すべ）はなかったが、そのあたりについては、竹下が田中にうまく根回しをしているのだろうと思っていた。しかし、それはなされていなかった。気の弱い竹下は、田中とまともに話ができなかったのかもしれない。

それでも、田中もいずれ納得すると思っていた。

山東は、くり返して、田中に本意を伝えようとした。だが、田中は、山東に「きみも行ってしまうのか……」と、二度ならず三度もくり返した。

山東は、自分の意に反して、田中がそう思うことがむしろ悲しかった。

「行ってしまうというのではないんですよ」

田中には、山東の思いはついに消化できないようだった。

山東には、意外だった。コンピュータ付きブルドーザーと呼ばれたエネルギッシュな田中ならば、いまの苦境をかならず振り払ってしまうと信じていた。

そのとき初めて、豪快にふるまう田中の、繊細すぎる一面を見た気がした。

酒に溺れる日々

創政会発足以降、田中の酒量がしだいに増していった。髙鳥修は、創政会に対する苛立ちばかりではなく、ロッキード事件の裁判の進行状況も、多分に影響しているのではないか、と思った。

髙鳥は、田中が「日本国総理大臣が外国の企業からカネを受け取るなんてあり得ないことだ」と突っ張りつづけている以上、田中に何も言うことはできなかった。

これが、たとえば、「ロッキード社からのカネだとはまったく知らなかった。丸紅が、あのときは大変お世話になりました、ついては選挙でカネも必要でしょうから使ってくださいと言って持ってこられた。だから、(ロッキード社から航空機売り込みの)請託を受けたという気はまったくない。資金の提供を受けたと思い、しかも、ロッキード社とは無関係だと思って受けた」ということであれば、政治資金であるか否かの争いになることになったかもしれない。

あるいは、ベストだったのは、正々堂々と自民党の表門から「政治献金です」とカネが入ってくることだ。その当時、政治献金額の制限も何もなかった。表玄関から入ったカネを、経理局長の口座に入れておけばよかった。

田中が、参院選対策で、

「おい、アレ、持ってきたんだろう。それを、一つ出せ」

と指示し、党で配分していれば、田中が怪我をすることはなかった。表門から堂々と受け取り、それぞれの候補者が、「選挙の活動費として、公職選挙法上、党本部からもらいました」と届け出ができるようなカネであれば、田中も汚名を着せられずにすんだのではないか。表門から入ってきたカネなら、田中がだれにいくら渡すかを指示しても、それは田中の懐に入ったものではない。

創政会騒動の最中のある朝、髙鳥は、目白台の田中邸をぶらりと訪ねた。

田中に会ったが、顔が、妙にむくんでいた。

髙鳥は、さすがに心配になった。

〈大丈夫かな……〉

田中は、昼間から田中事務所で水割りをひっかけ、夕方は、料亭で会合をこなした。酒に潰れ、自宅で寝るが、夜中にふと眼が覚めて、また飲むという生活をつづけていた。これでは、血圧も、血糖値も上がるのは当然である。

二月二十五日夜、港区芝公園の東京プリンスホテル「鳳凰の間」に三千人を超える人を集め、「羽田孜君を励ます会」が華やかに開かれた。羽田は、創政会の中核メンバーであったが、会場には田中角栄、二階堂進も顔を出していた。創政会結成後、結成に反対の田中が同会のメンバーのパーティーに出るのは初めてのことである。

まず最初に、二階堂があいさつに立った。

「羽田氏は、田中先生を中心とした木曜クラブの中核として国政に重きをなしている一人です」

あくまで「田中派所属の羽田氏」であることを強調した。

田中は、ウイスキーの水割りを勢いよく飲みながら、寄ってくる議員たちと談笑していた。

田中は、昔から酒好きである。が、ロッキード裁判第一審判決直前の昭和五十八年十月三日、「一過性の高血圧」で自宅に救急車を呼ぶ騒ぎがあってから、主治医の忠告により、酒はひかえていた。

ところが、この昭和六十年二月七日に創政会が旗揚げして以来、ふたたび酒を浴びるように飲みはじめていた。一日にオールドパーを一本空けるまで飲んでいた。夕方あたりから夜の十時頃まで飲んで寝て、真夜中の二時か三時頃起き、また飲んで……のくり返しであった。

田中が田中事務所に顔を出したときも、田中の吐く酒臭い息が、佐藤昭子の鼻をついた。思わず、顔をしかめた。

酒びたりになっていた田中は、朝からオールドパーを飲み、酒焼けした顔で、千鳥足で事務所に現れる。

〈これは、危ない〉

佐藤は、田中の健康を心配していた。

田中は、長女の眞紀子（まきこ）から、酒をやめるように注意されても、まったく耳を貸さなかった。

「おれの体は、おれがいちばん知っている！」

田中は、眞紀子がかわいく、娘の言うことは絶対であったが、どんなに彼女から注意を受けようと酒だけはやめられなかった。飲まずにはいられなくなっていたのだ。

田中は、表面的には強気にふるまっていたが、精神的には、ひどく脆（もろ）い面を秘めていた。酒に頼らざるを得なかったのである。重なる心労に、この七、八年、肉体的にもボロボロになっていた。

田中は、酔っぱらっては、竹下と金丸をののしりつづけていた。

「竹ヤリで、トラ退治ができると思っているのか！」

「黒幕は、金丸だ。竹下なんか、まるで度胸（どきょう）がないが、金丸が裏で絵を描いている。梶山も、A級戦犯だ！」

夜は夜で、眠っていても悪夢にうなされる。そのため、この頃では、毛糸の手袋をはめて寝ていた。創政会のメンバーだけでなく、絶対に裏切らないと信じきっている幹部まで裏切る夢にうなされると、自分の手で顔や頭をかきむしり、顔中血だらけにしてしまう。怒りを発散することができないと、自家中毒を起こしてしまうタイプなのであった。それを防ぐための手袋であった。

田中は、このパーティーの日は朝から飲みつづけていた。酒焼けした顔をさらに真っ赤にし、噴き出る汗をしきりにハンカチでぬぐい、集まってくる者たちと話し合っていたが、眼はつい金丸幹事長のほうに走りがちであった。

ふだんのパーティーでは、田中角栄のまわりにひときわ大きな輪ができる。そこだけ大輪の花が咲いたように華やかである。

ところが、この夜は、金丸のまわりにも、田中のまわりと変わらぬくらい大きな輪ができていた。いや、田中の眼には、金丸のまわりにできた輪のほうが、自分のまわりにできた輪より大きいように思われた。田中にとって、許しがたいことであった。田中は、ウイスキーを呷り、思った。

〈金丸、おまえの思いどおりにさせてなるものか〉

竹下が創政会を発足させ、田中派の総裁候補として名乗りをあげたため、世代交代の歯車が確実にまわりはじめたではないか。おれは、ロッキード事件をめぐる裁判の渦中にある。他派から総理を出していさえすれば、おれは、キングメーカーとして、なお君臨できる。首相の中曽根康弘だって、毎晩おれに電話をして、指示を受けたり、報告したりしているのだ。だから、おれの派から総理総裁候補は出さずに他派から出し、おれは圧倒的な勢力を誇る田中派という軍団をバックに、キングメーカーとして君臨しつづける。そうして政治的権力を握りつづけ、裁判にも勝つ。

そう考えつづけていたのに、金丸が竹下をそそのかして創政会を旗揚げしたため、すべてが台無しになってしまったではないか。

田中は、あらためて金丸を睨みつけた。

〈金丸、笑っていられるのも、いまのうちだけだぞ。いまに息の根を止めてやる〉

一方、金丸は、糖尿病がこれ以上ひどく進むことを恐れ、この夜のパーティーでは酒はひかえていた。

この年の一月三十一日には、前幹事長の田中六助（たなかろくすけ）が糖尿病で死んでいた。

〈竹下をなんとしてでも首相に据（す）えるためにも、体力は維持しておかないと〉

やがて、田中があいさつに立った。金丸は、まわりの者との話をやめて、田中に眼を向けた。

田中は、例によって身ぶり手ぶりを交えた派手なゼスチャーで、延々とまくしたてた。金丸は、おやッと思った。

〈オヤジの顔が、えらくむくんでるな〉

田中は、四十分もしゃべりつづけた最後に、創政会中核のメンバーで、世代交代論の急先鋒である羽田に対し、死ぬまで交代する意志のないことを強調した。

「世代交代とか、田中角栄がどうのとかの声がないではない。しかし、召されるときは、いやおうなしに、神様が引っぱってゆくのだから、心配することはない」

会場には笑い声があがったが、金丸は、その言葉を、田中が自分の胸に突きつけてきた刃（やいば）と受け取った。

金丸は、小鼻をふくらました。

〈これで、第一幕は終わり。これから、第二幕がはじまるぞ……〉

金丸は、口癖のように言っている言葉を、あらためて心の中で自信たっぷりにつぶやいた。

〈なぁに、土の上で起きていることで、なんとかならねぇものはねぇよ〉

竹下憎しの「田村勉強会」を画策

翌二十六日午前、羽田は、イトーピア平河町ビルの田中事務所を訪ねた。パーティーに出席してくれたお礼を述べるためである。

田中は、芝公園の増上寺でおこなわれた藤山愛一郎元外相の葬儀から帰ったばかりであった。執務室の床に新聞紙を敷き、その上で、モーニングから背広に着替えるところであった。

羽田は、声をかけた。

「おお、羽田か。葬儀場がな、寒くて、寒くて、まいったよ」

羽田は、深々と頭を下げた。

「オヤジさん、昨日はありがとうございました」

田中は、ネクタイをしめる手を止め、羽田の手を握ってきた。

「おい、羽田、お母さんがよろこんでくれて、よかったな」

羽田は、母親のとしをパーティー会場に招いていたのであった。

「はい、おかげさまで、母も盛大なパーティーにさせてもらったと、感謝しております」

羽田は、田中の眼を何気なく見つめた。

〈あれッ〉

田中の眼は、いつもとちがった。かすかに潤んでいるではないか。羽田は、そのとき、なにか奇異な予感を覚えた。

その夜、赤坂の高級料亭「川崎」で、「さかえ会」が開かれた。

「さかえ会」というのは、田中角栄の「栄」をもじってつけた名称で、山下元利を中心とした田中派の閣僚経験者の集まりである。創政会問題が起きて以来ギクシャクしている派内の融和をはかるために、とくに開かれたものだった。渡部恒三をはじめ、創政会のメンバーも出席していた。羽田は、このときまだ閣僚ではなかったが、派閥の事務局長であったせいか、たまたま出席を許されていた。

田村元は、この夜の「さかえ会」の案内をもらったとき察した。

〈角さんは、竹下憎しで血迷ったな〉

じつはこの日は、竹下の六十一回目の誕生日であった。田村は、田中が田中派の閣僚経験者を竹下の誕生祝いのあいさつに行かせぬよう、わざわざこの日に設定したにちがいないと思ったのだ。田中がその抜群の記憶力をもって政治家や官僚はもちろん、彼らの家族の誕生日まで把握していることは、政界では有名であった。

田村は、所用があり、遅れて出席した。

「どうも、遅れてすみません」

田中の左隣には、二階堂進、向かいには、江﨑真澄が座り、右隣の席が空いていた。

田中が、手招きした。

「おっ、きみは、ここだ。きみの席は、つくってあるんだ」

田中は、上機嫌でオールドパーを飲みつづけた。

田村は、田中に注意した。

「あんまり飲みなさんな」

田中は、耳を貸そうとしない。

「なんだ、自分はガブガブ飲んでいるくせに」

田中は、お構いなしにグラスを重ねた。

「おい、唄を歌おうや」

田中は、まず自分で演歌を歌った。

次に、田村を指名した。

「ゲンさん、今度はきみだ」

田村は、巨体を揺すりながら、村田英雄の「夫婦春秋」を歌った。

宴会がつづくなか、田中が右ひじで田村をつついてきた。

「おい、ゲンさん、ちょっといいか」

左隣に座っている二階堂、向かいに座っている江崎にも、まわりに気づかれぬよう小声で合図を送った。

田中、二階堂、江崎、田村の四人は、ひそかに別室に入った。

田中は、かしこまった表情でいきなり切り出した。

「田村君、きみね、うちの派のなかで、田村勉強会を旗揚げしてくれんか」

田村は、びっくりした。

「えッ」

田中の顔をまじまじと見た。その表情は、真剣そのものだ。田村の呼び方も、それまでの「ゲンさん」ではなく、「田村君」になっている。

田中は、つづけた。

「二階堂君、江崎君、きみらは、田村君をしっかり支えてくれ。年寄り仕事をしてくれんか」

二階堂らは答えた。

「いいですよ」

田中は、大きくうなずいた。

田村は、田中の真意を察した。

〈竹下の動きを牽制するため、おれを対抗馬に立てる肚だな〉

竹下の対抗馬は、だれでもいいというわけではなかった。たとえば、腹心の二階堂には子分が少ない。

竹下の脅威（きょうい）にはならない。その点、田村は三十人ほどの田村グループを率いている。創政会に参加を申しこんだ議員のなかにも、田村グループがいる。田村が勉強会をつくれば、たとえ何人でも呼び戻しが可能だ。そこで、田中は、田村に白羽の矢を立てた。田村を派閥の後継者に据えようと考えているわけではない、と田村は思った。

田中は、口癖のように言っていた。

「無罪を勝ち取るまでは、死ぬに死ねん」

つまり、ロッキード事件で無罪を勝ち取るまでは、後継者にバトンを渡すつもりはないというのも同然だ。

田中は言った。

「田村君、とりあえず、軍資金として十億円をきみに渡すから」

「そんなに、要りますか」

「ある程度、人を集めてほしいんだよ。ただし、くどいようだが、あくまでも田中派のなかでだよ」

「わかりました」

その間、わずか十分。

四人は、何事もなかったかのように自分の席にもどった。

田村は、その席で勉強会結成の段取りについてただちに頭を巡らせた。

〈さてと、どのようにしていこうか……〉

一方、別の部屋で密議が凝（こ）らされたことなど知らない渡部恒三は、頃合いを見計らい、田中のもとに歩み寄った。

「オヤジ、杯を頂戴しにまいりました」

田中は、「おおッ」と言い、渡部の杯に酒をなみなみと注いでくれた。

田中は、上機嫌で酒を飲みつづけた。

田中は、酒がひどく強かった。あるとき、田中は、箕輪登（みのわのぼる）の地元札幌市で講演してくれた。講演を終えたあと、関係者十数人と宴席を持った。田中は、機嫌よく酒を飲みつづけた。

お開きになったあと、箕輪は田中に呼ばれた。

「おれの部屋に来い」

箕輪は、田中の宿泊先の部屋に入った。

田中は、秘書に命じた。

「おい、鞄を持ってこい」

田中は、鞄の中からウイスキーのオールドパーを取り出した。田中はつねにオールドパーを持ち歩いていた。

「飲もうじゃないか」

やがて、瓶が空になった。田中は、ニヤリとした。

「箕輪君、まだあるぞ」

田中は、鞄の中から二本目を取り出した。

ついに、二人で二本を空けてしまった。

箕輪は、さすがに酔っぱらった。が、田中は平然としていた。

箕輪は、驚いた。

〈角さんは、酒が強い。宴会でさんざん飲んだあと、さらにオールドパー一本を空けたというのになぁ〉

ところが、この夜の「さかえ会」での田中は、いつもの酒に強い田中ではなかった。この日は急に酔いがまわったらしく、ベロベロになった。

この会に出席していた箕輪は、心配になった。

〈こんなにへべれけに酔っている角さんを見るのは、初めてだ。大丈夫かな〉

田中は、いつもなら最後までみんなと付き合う。が、体調も悪いのか、めずらしく中座した。

「悪いけど、おれは、帰らせてもらうよ」

帰り際、田中はしんみりと言った。

「年内に、もしかしたら総選挙があるやもしれん。（田中派）事務局長の羽田も来ていることだし、近いうちに選挙対策について話し合いの場を持とう。オヤジは人の話を聞かない、と若い連中は言う。が、おれは、大学は出ていないけど、『賢者は聞き、愚者は語る』という言葉くらいはちゃんと知っているんだ。おれは、これからは賢者になる。おまえらは、『田中角栄は、自分のことだけをしゃべって、おれたちの意見を聞いてくれない』と文句を言っているらしいが、おれは、明日からは、おまえらの話を聞くだけだ。なんでも、言ってこいよ」

この発言を聞いた渡部は、うれしかった。

〈ようやく、オヤジもおれたちの話に耳を傾けるようになったのか〉

が、羽田は、素直にそうは思えなかった。

田中は、まったく逆のニュアンスで言ったのではないか、と思った出席者もいた。創政会への脅（おど）しをこめての発言ではなかったか。

〈これまで一人でしゃべりまくっていたおれがしゃべらなくなったら、どういうことになるか、おまえたち、わかっているだろう〉

おれが急にしゃべらなくなると、逆にみんな怖くなるはずだ。おれが何を考えているかわからなくなる。そうなると、みんなは、おれの肚を探りにおれのところにいままでどおり詣(もう)でるようになる。おれの威光が、また甦(よみがえ)る……。

この時期、田中角栄の自宅である目白台へも、イトーピア平河町ビルの田中事務所へも、田中詣でにくる議員がめっきり少なくなっていた。

ふだんは予算の時期になると、各省庁の官僚や大臣、政治家が目白台やイトーピアの田中事務所に、田中の意向をうけたまわりに日参する。ところが、予算編成の時期だというのに、そのようににぎわう風景があまり見られなくなった。

田中は、苛立っていた。中曾根首相も、昨年までは毎日、田中に電話をしていたのに、この頃は毎日というわけではなかった。田中自身、おのれの威光の落ちたことをいやというほど感じ、それをなんとか盛り返そうとしていた。そして、次なる闘いのために執念を燃やしていた。

箕輪は、田村元につつかれた。

「おい、箕輪、角さんを送っていけや。あんなにベロベロじゃ、危ないぞ」

「わかりました」

箕輪は、田中に声をかけた。

「わたしが、送っていきますよ。一緒に車に乗りましょう」

田中は、べらんめえ口調で言った。

「いらねぇよ。おまえは、もう少し飲んでいけ」

田中は、千鳥足で「川崎」をあとにした。

羽田は、「さかえ会」の会合の夜、布団にもぐっても、なんとなく寝つきが悪かった。田中邸でのことといい、「さかえ会」での発言といい、田中のことを思い出すたびに、なにかと妙に胸騒ぎを覚えた。

はたして、羽田の予感は的中することになる……。

「オヤジが倒れた」

二月二十七日の東京は、底冷えのする曇り空の天気であった。

この日の朝八時、藤井孝男は、田中派の同僚の竹山裕、松岡満寿男らとともに、目白台の田中邸を訪ねた。田中の女婿の田中直紀から、「オヤジが参議院の若手と話をしたいと言っているから来てくれないか」との誘いを受けたのである。

藤井も、創政会のメンバーの一人であった。

〈オヤジさんに怒られるかもしれないな〉

藤井は、怒られるのを覚悟で田中邸の門をくぐった。

が、田中は、創政会については一言もふれなかった。ウーロン茶を飲みながら、一時間以上にわたって、政治家たるものの生き方とは何かを丁寧に教えてくれた。

さらに、田中は参議院の重要性について持論を口にした。

「参議院というのは、よく衆議院と比較される。しかし、おれもそうだが、参議院を制さなければ総理総裁にはなれないんだ。そういう意味では、重要なんだ」

帰り際、玄関まで送ってくれた。

「まぁ、頑張れ」

口調は、ふだんどおりであった。が、顔はひどくむくんでいた。

〈昨夜（ゆうべ）の酒が残っているのかな〉

田中の秘書の佐藤昭子は、その日も、いつものようにイトーピア平河町ビルの田中事務所に出ていた。翌日の二十八日には、田中と公明党の矢野絢也書記長との会談が予定されている。

〈おかしいわ。オヤジから電話がないなんて〉

いつもなら、かならず正午までに田中は事務所にやってくる。もし来ないときでも、かならず電話は入る。

「おい、なんかあるかい。今日は、目白台のにいるから、何かあったら電話をくれよ」

その電話すらないのだ。

じつは、田中は、この日は体調が悪く、外出をひかえていた。二十四日に、寒さのなかで一ラウンド半のゴルフをしたことや、連日の深酒がたたっていた。それなのに、午後には新潟からの陳情客が来て、また酒を飲んだ。

疲れて、自邸の寝室で昼寝をした。

夕方の五時をまわった頃、田中は、気分が悪くなり、トイレに行こうと思い、立ちあがろうとした。ところが、右手足に力が入らずよろめいて立ちあがれない。

「おーい」

四十三年近く連れそってきた妻のはなを、呼んだ。

あわてて駆けつけたはなに、訴えた。

「ちょっと、腕がしびれる」

田中は、首をかしげた。体が思うように動かなかった。顔にも麻痺（まひ）がきていることが自分でもわかった。

田中は、顔をゆがめ、歯を食いしばった。

〈この程度のことで、倒れてなるものか〉

その状態を見た秘書が、あわてて東京逓信病院に電話を入れた。

五時半を過ぎた頃、目白台の事務所の秘書古藤昇司から、佐藤昭子に電話が入った。ちょうど、創政会に加わらなかった若手議員たちが田中事務所に来て、今後の対策を話し合っているところであった。

古藤は、ひどくあわてていた。

「オヤジが、倒れた……」

佐藤は、田中が酒を飲みすぎてはいたが、まさか倒れるとは、思ってもみなかった。まったく実感がわかない。まわりには若手議員たちがいる。佐藤は、すぐに電話を切り換えた。

別の部屋で、電話を取り直した。

「で、症状はどうなの」

「どうやら、軽い脳溢血らしいです」

「昼間、まったく電話がなかったから、どうしたのかと思ってはいたけど」

「もう、朝から飲みっぱなしでしたよ。創政会のことが、かなり堪えたんでしょうね」

佐藤は、秘書に指示した。

「とにかく、すぐ動かしちゃだめよ。暗くなってから、マスコミの眼にふれないように寝台車で逓信病院に入院させるようにしなさい」

佐藤は身じろぎもせず、刻々と入ってくる報告に耳を傾けていた。

〈これで、矢野書記長との会談もなしね〉

佐藤昭子

五時四十分、田中の主治医で、彼のバセドー病を診断した医師、加嶋政昭（かしままさあき）ら三人が駆けつけた。血圧一五〇～一八〇、脈拍九〇、顔面に紅潮が見られ、起きあがることはできなかった。

田中を診断した加嶋医師は、「軽い脳卒中」だと診断した。

「ただちに入院が必要です」

このとき、長女の田中眞紀子ら田中家の者に加え、そばには早坂茂三（はやさかしげぞう）秘書がいた。

田中眞紀子、早坂を中心に、どこに入院させるか、いかに隠密裡（おんみつり）にやるかが話し合われた。まだ、このときには、田中の病状は田中派議員には知らされていなかった。

話し合いの最中、早坂が強調した。

「東京逓信病院に、入院させましょう」

東京逓信病院は、一般病院とちがい、郵政省、日本電電公社、国際電電の共済組合に入っている職員と、その家族を診察するための病院である。一般の者は、原則として入院できない。が、田中は、かつて郵政大臣をつとめており、ＯＢの資格で入院できる。

早坂の意見に対し、眞紀子は乗り気ではなかった。

「東京逓信病院は、公立病院よ。元首相だからといって、優先的に診察してもらえるとは限らないわ。共産党員や創価学会員が医師や看護師にも多いので、共産党や公明党に、父の病状がバレる可能性も高いわ」

が、早坂は、逓信病院を強く推した。眞紀子もしぶしぶ早坂の意見にしたがうことにした。ただし、このことが、のちに早坂が眞紀子に首を切られる原因にもなる……。

早坂と眞紀子がつきそい、田中の車で、夕方から降りはじめた雨の中を、夜八時半に飯田橋の東京逓信病院に入っていった。

田中は、最上階である九階東病棟特別個室三六〇号室に入った。

東京逓信病院は、かつては老朽病院であった。が、田中の「建て替えろ！」の鶴の一声で改築することになった。その指揮をとったのは、田中派の郵政大臣であった箕輪登であった。

箕輪は、設計士の書いた図面を持ち、目白台の田中邸に相談に出向いた。田中は、一級建築士の資格を持つ専門家である。みずから図面に赤鉛筆を入れた。

「この部屋は、こうしたほうがいい」

「特待室は、こう直せ」

すべてをチェックし終えたあと、箕輪に言った。

「いいか、おれの直したとおりにやれ」

箕輪は、郵政省の担当者に田中の指示を伝えた。東京逓信病院は、田中の指示どおりに完成し、東洋一の病院に衣替えした。

その特待室に、田中は病人の一人として運びこまれたのであった。

早坂は、田中派のなかでも、側近中の側近、二階堂進、後藤田（ごとうだ）正晴（まさはる）、小沢辰男の三人にだけ、田中の入院をひそかに電話で知らせた。創政会会長の竹下登、金丸信には知らせなかった。

電話で早坂から知らせを受けた二階堂は、思わず、竹下と金丸への怒りを露（あらわ）にした。

「あの馬鹿どもが、いま頃旗揚げなんかするからだ」

二階堂は、顔をゆがめた。

〈それにしても、まずいことになった〉

もとはといえば、前年秋の「二階堂擁立構想」が発端で、二階堂自身が田中角栄の統率力を弱め、創政会旗揚げの下地をつくってしまったわけである。二階堂には、いまや竹下、金丸への憎しみと、田中角栄が入院したことで、今後の政局が自分に不利にしか動くまい、という苦々しさしかなかった。

二階堂は、しばらくして東京逓信病院に向かうため車に乗った。後部座席で腕を組み、冷雨が降りつづける窓の外に眼をやり、考えつづけた。

〈亡くなった川島正次郎さんが、口癖のように「一寸先は闇」と言っていたが、まさに一寸先は闇だ〉

二階堂は、まさか田中角栄が突然倒れるとは思いもしなかった。

二階堂にしてみれば、竹下が創政会騒ぎで田中から疎まれているときを狙い、田中から確実に、「次は二階堂」のお墨付きをもらい、次期首相になるのが理想であった。

が、田中が倒れ、もし政界への復帰が無理なほどの容態なら、そのお墨付き戦法もきかなくなる。

〈しかし、オヤジが倒れたいま、愚痴っていても仕方がない。次の手をどうするかだ〉

田中が倒れたことで、創政会の連中も、派手な動きはできまい。田中の入院中に彼らの動きを封じておいて、田中派をおれの下にまとめておこう。

〈中曾根首相にとっても、一寸先は闇だ〉

田中の倒れたことで足元がグラつくだろう中曾根が、この秋、解散、総選挙に打って出て負け、責任をとって辞めることもありうる。貿易摩擦などで行き詰まり、辞任というケースだってありうる。

〈そのときこそ、おれに暫定政権の目が出てくる〉

もしそのチャンスに田中の病状がよく、政界にこれまでどおり睨みがきくなら、田中は、ロッキード裁判潰しのためにも、かならずおれを後押ししてくれるはずだ。

二階堂は、その意味でも祈った。

〈角さん、元気でいてくれよ……〉

二階堂が、東京逓信病院に着いた。が、面会は謝絶。九階東病棟特別個室三六〇号室には、近づくこともできなかった。

やがて、後藤田正晴、小沢辰男も病院に駆けつけてきた。

二階堂は、医師をつかまえ訊いた。

「命は、大丈夫なのか」

二階堂の切実な気持ちが、ついそう訊かせたのであった。

小沢辰男は、田中の病名が、じつは脳梗塞（のうこうそく）だと聞き、暗い気持ちになった。

〈脳梗塞では、復帰もままならないだろう〉

二階堂、後藤田、小沢の三人は、病院の一室で、田中の病気を発表すべきかどうかひそかに話しあった。

後藤田は、険しい表情で言った。

「政治家の病気というのは、秘密にしておくべきだ」

しかし、元厚生大臣で東京逓信病院の内情をよく知っている小沢辰男は、首をふった。

「秘密にしておいても、いずれは発覚する。そうなると、逆に波紋（はもん）が大きくなる。少なくとも、嘘はやめとこう」

最終的に、小沢の意見が通り、翌朝発表させることになった。

二階堂は考えていた。

〈早坂秘書から、田中の回復は早い、となるべく何度も強調させよう。そうすれば、田中派議員も、とりあえずは、創政会に走るより、一つにまとまって様子を見よう、ということになる〉

「これは創政会卒中だ」

一方、小沢一郎は、けたたましい電話のコールで、夢の世界から、現実の世界へと引きずりもどされた。二月二十八日早朝のことである。小沢は、極端に朝が弱い。寝ぼけ眼（まなこ）をこすりながら、受話器を持ちあげた。

「はい、小沢です」

次の瞬間、体に電流が走ったようであった。

「なに！　オヤジが倒れた……」

田中が倒れた連絡を受けた橋本龍太郎は、絶句した。

「えッ……」

橋本は後悔した。

〈しまった。最後にオヤジを訪ねたとき、もう少し長話をしておけばよかった〉

病院側の説明では、あくまで軽度の脳梗塞ということであった。

橋本は思った。

〈いずれ治るはずだ。そうすれば、また遊びに行ける〉

しかし、橋本の願いは叶（かな）わなかった。

田村元は、田中の倒れたことを知るや思った。

〈田村勉強会も、これで幻（まぼろし）に終わったな〉

小雪の舞うなかを、東京逓信病院に田中角栄を見舞う客がぞくぞくと詰めかけた。

金丸幹事長は、八時三十五分に病院に駆けつけた。

「なにがなんだか、さっぱりわからん」

と首をかしげながら、病院内へ入っていった。

二十分後に出てくると、取り囲んだ記者に答えた。

「本人が眠っていて会えないからよくわからない。風邪をこじらせたのではないかと思う」

金丸は、脳裡に竹下の顔を想い浮かべ、ヒヤリとしていた。

〈どうだ、創政会を旗揚げしておいてよかっただろう。オヤジが病気になったいまとなっては、旗揚げなんかとてもだめだったぞ〉

竹下は、九時半すぎに、七、八人のＳＰに囲まれ病院に駆けつけた。

「今朝六時に、羽田君から電話があったよ」

と言っただけで、硬い表情で病院内に入っていった。ただし、竹下も、田中には会えなかった。

竹下は、病院から出て車に乗りこみ、考えた。

〈とりあえず、三月七日に予定している創政会の第二回会合の中止を決めよう〉

田村元など、この日の朝から、創政会のメンバーに息巻いている、という情報が入っていた。

「オヤジが倒れたのは、精神的過労だ。それなのに、創政会は、火事場泥棒みたいに、このドサクサを利用しようとしている」

「これでオヤジが死んでみろ。創政会は、親殺しと言われるぞ」

「これは、創政会卒中（そっちゅう）だ」

非創政会の一員である髙鳥修は、記者団に訊かれた。

「これから、どうされるんですか」

髙鳥は、田中の倒れた今後も田中派を守っていくというつもりできっぱりと言った。

「わが道を行く」

だが、マスコミは逆に受け取った。田中のもとから離れ、自分の道を行くようにとらえてしまったのである。

午前十時四十五分、渡辺恒彦（わたなべつねひこ）東京逓信病院院長、主治医の加嶋政昭第三臨床検査部長ら医師団五人が記者会見をした。

「今日午前七時に起床、田中元首相は『食欲なし』と言い、朝食はとらなかった。ごく軽い言語障害がある。さらに検査を進めているが、現時点での診断は『可逆性虚血（きょけつ）性神経障害』と呼ばれる、ごく軽い脳卒中で、三、四週間で回復するだろう」

小沢一郎は、田中の病状の発表を聞き、ほっと胸をなでおろした。

〈創政会の結成騒ぎで、オヤジには相当心配をかけたからな。でも、病状が軽くて安心した。早く元気になって復帰してほしい〉

だが、小沢の願いは田中のもとに届かなかった。田中の本当の病名は、脳梗塞であった。

中曾根首相は、この日の夕方、田中角栄の見舞いを終えたあと、病院前で、記者団の質問に答えた。

「院長に会ったら、非常に軽かったと言っていたので幸いだった。まもなく、回復するでしょう。医者の言うことを聞いて静養したら、桜の咲く頃にはゴルフができるのではないかと院長に言ったら、院長は『できればそうしたい。むずかしいことではない』と言っていた」

政局への影響は、という記者の質問に対しては、

「何もない。元首相の体にはべつに変わりはないのだから」

と厳粛な表情で答えた。

が、中曾根は、すぐに本心が顔に出る。中曾根の表情は、いくら厳粛でも、どこか声に浮かれた感じがあった。溌剌とした感じであった。

中曾根にとっては、田中角栄は、文字どおり眼の上のコブだった。中曾根内閣が発足したのはすべて田中角栄の力である。だから中曾根は、総理になってから、毎晩のように田中に電話を入れていた。「田中曾根内閣」などといわれるのも無理はなかった。

ところが、中曾根は積極外交を打ち出し、アメリカ大統領のレーガンとは、「ロン・ヤス」の仲になり、歴代の総理とは一味ちがう部分で大衆受けもし、自信もつけてきていた。

中曾根にも、いつまでも、田中の思いどおりにはさせない、という気持ちがあった。

昭和五十九年秋の自民党人事でも、金丸信を幹事長ポストに積極的に推したのは、中曾根である。

田中角栄は、これに反対している。田中としては、竹下の後見人である金丸が幹事長になれば、世代交代の歯車が確実にまわることを恐れて反対したが、中曾根の強力な推しで、金丸は、幹事長になった。

中曾根としては、田中を抑えるためには、なんとしても金丸の力が必要だった。金丸は、田中に対しても、ちゃんとものが言えるためである。その田中が倒れたのだから、中曾根がもっとのびのびやれると、うれしくなかろうはずがなかった。

マスコミ陣は、佐藤昭子を張っていた。おそらく田中の見舞いに行くのをスクープしてやろうという肚にちがいない。が、佐藤は、見舞いに行くつもりはまったくなかった。

〈田中がもどってくるまで、つらいことがつづくだろうが、懸命にやってみせる〉

佐藤は、さっそく公明党の矢野書記長に電話を入れた。

「昨夜、オヤジが倒れた。入院しました。ご存じの事情だから、わたしは病院に行っていません。ですからくわしくはわからないが、たいしたことはないと願っています。今夜矢野さんとオヤジが会うことになっていましたが、そんな事情でだめになりました。大事なときに、肝心のオヤジが病気で。あとは、どうかご迷惑にならないように対応してください。

……オヤジも、苦労しっぱなしでした。いちばんつらいときに倒れて。かわいそうで、かわいそうで……」

佐藤はすすり泣いた。「越山会の女王」の涙である。

大局的に見れば、昭和六十年二月二十八日という日は、十数年にもおよぶ「田中支配」という一つの時代が終わった日でもあった。

小沢一郎は、田中に息子同様に眼をかけてもらっていた。それだけに、田中の倒れたことで小沢に対する非難の声も小さくはなかった。

小沢は、結果的にであれ、田中を傷つけたことへの心苦しさに胸を締めつけられるようであった。が、あえて政治の非情さに徹しようとしていた。

〈おれたちは、オヤジが倒れたから、創政会を結成したんじゃない。オヤジが、まだ元気なときに喧嘩を挑んだんだ。創政会を解散するつもりはない〉

結局、三月七日に予定されていた創政会の会合は、四月四日に延期された。が、その会合も、直前になって竹下からの「予算案審議中」という理由で延期された。

小沢一郎は、たび重なる会合の延期に苛立った。竹下をホテルに呼び、その真意を問い質した。

「オヤジが入院したからといって、勉強会を延期するのはおかしい。あくまでも田中派の一員として、勉強会をつづけるべきです」

竹下の顔から、いつもの温厚そうな笑顔が消えていた。めずらしく語気を強めた。

「勉強会の延期は、おれが決めたことだからな」

小沢は、素直に竹下の意見にしたがうことにした。なにも竹下の迫力に圧倒されたわけではない。創政会結成における過程で、何も意見らしい意見を口にしなかった竹下が、初めて自分の意見を主張したからである。

小沢一郎は、のちに、創政会の結成と田中の倒れたことについて振り返る。

「田中角栄という一人の政治家は、想像を絶する強大な力を持っていた。いま、大きな顔で永田町を闊歩していた議員ですら、オヤジの前に立てば、直立不動のまま一言もしゃべれなかった。それほど凄いオヤジであった。

歴史に、〝もし……〟は禁物かもしれない。だが、創政会結成の前夜、もし、オヤジからわたしに電話がかかってきたら、歴史は確実に変わっていた。オヤジに『竹下に家督を継がせるから、結成を思いとどまってくれ』と言われたら、まちがいなく妥協した。わたしたちは、創政会が発足できなくても、家督さえ継がせてくれれば、それでよかった。

もしオヤジが倒れていなければ、竹下政権も永遠にできなかったであろう。なぜなら、オヤジは裁判で無罪を勝ち取るまで、絶対に政界を引退するつもりはなかった。政界を引退しなければ、派閥に家督を渡す必要もない。そうなれば、竹下さんの総理総裁の目はなくなっていた。そのときになって竹下さんが決起しても、竹下さんについていくのは、後見人の金丸のオヤジ、竹下さんの側近の小渕ら数人だけであったろう」

「これでオヤジの政界復帰はないな」

佐藤昭子にとって、田中派分裂こそ、最大の危機であった。何があっても、それだけは食い止めたかった。

金丸信と佐藤昭子との会談がようやく実現したのは、およそ二ヵ月後の四月二十三日のことであった。

金丸は、「創政会」をつくったいきさつを佐藤に説明した。

佐藤は言った。

「田中が苦労してつくりあげた最大派閥田中派を二分、三分してしまったら、創政会の竹下さんといっても、総理の目はないですよ。二階堂さんも、目がない。最大派閥、そして田中軍団といわれて初めて、その力が発揮できたんですよ。そのためには、どうしても田中派を分裂させてはならないんですよ」

金丸は、小鼻をふくらませた。

「自分の意見も、ママとまったく一緒だ。田中派を割って、二階堂も、竹下もあったものではない。このままでは、竹下の目も潰れてしまうだろう。ただ、梶山、小沢が強くて困っているんですよ。このことに関しては、ちょっと時間がかかりますから、もうしばらく待ってください」

東京逓信病院に入院していた田中角栄は、四月二十八日、目白台の自宅に帰った。

五月五日には、東京新聞朝刊のスクープにより自宅にいることがわかった。長女の眞紀子は、「連休中だけの一時帰宅」と病院と約束していたが、ついに病院に帰すことはしなかった。

佐藤昭子は、五月のゴールデンウイーク前から、ヨーロッパ旅行に出かけた。さすがに、この二ヵ月あまりの情勢の変化に疲れ果てていた。その帰りの飛行機の中で、新聞に眼を通した。一つの囲み記事が眼に飛びこんできた。

「田中角栄、目白台邸にもどる」

佐藤は安心した。

〈オヤジは、そこまで回復したのね〉

脳裏に、田中がいつものように右手を挙げて「ヨッ！」と事務所に入ってくる姿が浮かんだ。

が、事態は、思ったようにはいかなかった。じつは、田中は、眞紀子の手によって、病院からひそかに連れ出されていたのである。病院に詰めていた秘書の早坂茂三ですら、気づかなかった。

愛知和男（あいちかずお）は、山下元利らとともに、病院から田中邸にもどった田中の見舞いに出かけた。田中派の議員でも、田中に面会できる者は限られていた。眞紀子が、見舞い客を制限していたのである。

田中の病状については、三月四日に第二回の発表がおこなわれていた。

「総括的な診断は脳梗塞。仕事に復帰するには、二、三ヵ月かかる」

入院一ヵ月後、第三回の発表がおこなわれた。

「二、三ヵ月で復帰できるとの見通しに、おおむね変わりはない。ただ、リハビリには個人差があり、多少のずれこみもありうる」

田中が自宅にもどされる寸前には、噂が流れはじめていた。

「オヤジは、右半身が麻痺して、言葉がまったくしゃべれなくなっている」

愛知らは、田中とビールで乾杯した。

田中は、うれしそうな表情を浮かべた。が、言葉をはっきり話すことはできなかった。「ウー、ウー」と唸（うな）っていたようであった。

愛知は、気の毒でならなかった。

〈なぜ、田中先生がこんな目に遭わないといけないのか。もっとリハビリを徹底してやれば、全快は無理でも、もう少しどうにかなったのかもしれないのに。それに、もっと縁のある人をどんどん会わせたほうがいい。田中先生は、言葉が出ずにつらい思いをするかもしれないが、いい刺激になるんじゃないか〉

二階堂ですら、病院での面会を眞紀子に申しこみ、断られていたのである。田中の極秘退院は、二階堂を筆頭とする田中派の幹部さえも知らなかった。

眞紀子は、さらに渡辺恒彦東京逓信病院院長、加嶋政昭医師、早坂の三人を絶縁すると発表した。

田中事務所内は、思ってもいなかった眞紀子の行動に、色めきたった。

「どうなるのかしら、これから……」

五月八日には、共同通信社が、マスコミ各社に速報で流した。

「田中元首相が死亡したという情報があります」

首相官邸も、自民党本部も、このニュースの確認で大わらわとなった。

午後二時すぎ、藤波孝生官房長官が、

「そのような情報はありません」

とあらためて言明し、ようやく騒ぎがおさまった。

さらに驚くことがつづいた。

六月六日、砂防会館別館の田中派事務所で正午から開かれた木曜クラブ定例総会で、田中角栄の娘婿の田中直紀代議士から木曜クラブの議員全員を前に、突然思わぬことが発表された。

「義父のこれからの政治活動は、議員会館と目白の事務所を拠点にします。イトーピアの個人事務所は、閉鎖させていただきます。これまで、いろいろとありがとうございました。義父も、順調に回復していま す。リハビリに専念しています」

田中直紀の話が終わらないうちに、議員たちから、「ええッ！」という驚きの声が次々に洩れ、ざわめいた。

佐藤昭子や早坂茂三が、イトーピア平河町ビルの田中の個人事務所でこれからの田中事務所の運営対策について話し合っていたときのことである。橋本龍太郎が、田中事務所に飛びこんできた。

「ママ、この事務所が閉鎖されると発表されたよ」

「なんですって!?　そんなこと、何も聞かされていないわよ」

佐藤にとって、まさに寝耳に水であった。

橋本がつづけた。

「たったいま、直紀が発表したんだよ」

橋本のあとにつづいて、田中派の議員たちが次から次へと田中事務所に集まってきた。

「ママ、いったいどういうことなの」

「わたしにも、わからないの」

ロッキード事件の弁護団主任でもある原長栄越山会会長が、田中事務所に現れた。

佐藤は、原に詰め寄った。

「いったい、これは、どういうことなんですか！」

「眞紀子さんの言われるようにしただけです。あとは、知りません」

佐藤は、唇を嚙みしめた。

〈これまで三十三年間、田中と苦労を共にしてきたのに、事務所の閉鎖について、何も聞かされないなんて……〉

おまけに、自民党担当の記者クラブである平河クラブに、一枚の紙が貼り出された。

「佐藤昭子と早坂茂三は、田中家とは何の関係もありません」

田中事務所に集まっていた議員の一人が、悔しそうにこぼした。

「本丸を潰すなんて。オヤジが、こんな人だとは思ってもいなかった。子分たちのことを考えない人だなんて」

佐藤は、きっぱりと否定した。

「そんなことはないわ。オヤジは、人を切ることができない人よ。そんな人が、いきなり事務所を閉鎖するなんてできないわ。おそらく、ほかの人の意向にちがいないわ」

田中は、それほど薄情な男ではない。それが自分に仇ともなるほど、情が濃かった。橋本龍太郎が、よく佐藤にこぼしたものだ。

「オヤジがいちばん悪いよ。だって、オヤジの悪口を言われたからって、おれたちがカッカときているのに、オヤジはとっととその相手と仲良くなって、執務室の中に入れているんだから。あのくそったれオヤジ！」

つまり、どんなに政敵に悪口を言われても、すぐに許してしまう。敵でさえ、心から憎むことのできない男が、もっとも近くにいる事務所の者たちを裏切ることなど、あり得ない。

佐藤は、翌日から、事務所を引き払う準備にかかった。田中の身内から電話が入った。

「事務所が閉められたとオヤジさんに話したら、ひどいショックを受けていました。おやつはおろか、夕食にまで手をつけようとはしなかったんですよ」

「…………」

「でも、なんとか慰めて食べさせましたけどね」

「そう、オヤジには、早く元気になるように伝えてちょうだい。オヤジが帰ってくるまで、事務所は、わたしが守りますからとね」

佐藤は、静かに電話を切った。

が、胸のうちは、激しい闘志に燃えていた。

〈オヤジが帰ってくるまで、頑張り抜いてみせるわ。田中派は、絶対に分裂させないわ！〉

竹下は、田中事務所閉鎖を知り、ハッキリと確信した。

〈これで、オヤジの政界復帰はないな〉

竹下は、金丸と言いあっていた。

「もしオヤジが政界へ復帰してくることがあれば、創政会のメンバーは狙い撃ちされ、ひねり潰されるかもしれない」

しかし、これで確実に復帰はない。田中城は、落城したのだ。

事務所の閉鎖を議員のなかでただひとり、前もって知っていた二階堂の顔は、逆に恐ろしいほど強張（こわば）っていた。

〈事務所は、政治活動の〝ショーウインドー〟だ。その閉鎖は、角さんが政治家として復帰することはないことを、内外に宣言したようなものだ。眞紀子さんは、角さんを「父親」として、自分の手に取りもどそうとしているのだろう。これからの闘いは、絶望的な苦しさになる〉

じつは、田中家としても、田中角栄が入院するという騒ぎが起き、カネがなくなっていた。

田中は、田中派全議員に、年二回手当を配ってきた。一人二百万円ずつ百二十人に配ると、二億四千万円。

田中が倒れて以来、田中家は資金の回転に悩んでいた。その手当の季節がきていた。

さらに、目白台の田中邸の土地の一部に、四月中旬、二億五千万円の抵当がつけられていた。三月中旬にも、田中ファミリー企業が買収した新潟県長岡市内の土地に、田中を債務者とする十八億円にものぼる根抵当権が設定されていたことも明るみに出ていた。

金丸の描くポスト中曾根の青写真

金丸信は、七月四日の夜、中曾根康弘首相から首相公邸に招待を受け、夕食を共にした。中曾根は、七月十二日から訪欧する予定になっていた。

金丸は、党役員用の黒塗りのクラウンに乗り、七時頃首相官邸の門をくぐり、官邸のすぐ裏につながっている公邸に入っていった。

中曾根は、糖尿病で足が弱っている金丸のために、テーブルと椅子で食事をするように用意させた。金丸は、その気づかいがうれしかった。金丸は、中曾根の娘がつくった家庭料理を食べながら、めずらしくウイスキーの水割りを飲んだ。

中曾根は、金丸に微妙なニュアンスで言った。

「秋の臨時国会は、物理的には開かなければいけないでしょう」

中曾根が「物理的に」と言った背景は、次のようなものである。共済年金法案と、衆議院定数是正法案は、どうしても秋に臨時国会を開いてやるしかないだろう。

金丸は、不満気な顔をして中曾根を見た。

金丸は、臨時国会はやる必要はない……と言いつづけてきた。解散が怖いからである。解散・総選挙ということになると、自民党が勝てば、国民の支持率が高い内閣であるということとあわせ、自民党の最高責任者である中曾根の総裁任期延長論が、当然のごとく出てくる。自民党の党則で、総裁任期は、二期四年間ということになっているが、中曾根首相の実績からいって、その流れはちょっとやそっとでは止めることができない。

そうなると、竹下の政権取りが遅れてしまう。そのためには、なんとか秋に選挙をやることだけは、食い止めたい。

中曾根が、くり返し言った。

「『物理的に』ということを、よく汲みとっていただきたい」

金丸は、ウイスキーの水割りを喉にしみわたらせながら、内心ニヤリとした。

〈臨時国会は、あくまで物理的に開くのであって、解散はしませんよ、という意味だな〉

政治家はハッキリした物言いは絶対にしない、そのニュアンスではかるしかない。

中曾根は、金丸に臨時国会の了承を取りつけ、その対策について話し合いに入った。国会対策で売ってきた金丸にとって、この秋がその手腕を最大限に活かす最後の正念場となる。

〈よし。世代交代の仕掛人として、秋の臨時国会を全力で乗り切ってやる。金丸国対の総決算を見せつけてやる〉

金丸は、その前提として中曾根に、この秋の党内人事で、幹事長留任の約束を取りつけるよう話を運んだ。

結局、二時間四十分もの長い時間話しこんだ。金丸は、じつに上機嫌であった。中曾根の娘がつくってくれたウイスキーの水割りを、糖尿病に悪いことも忘れ、つい三杯も飲んでしまった。

金丸は、帰りの車の中でも上機嫌であった。


七月十二日、中曾根首相が訪欧したその日、金丸は、虎ノ門の共同通信社で講演をおこない、「中曾根サミット花道論」をぶちあげた。

前日の十一日、後藤田正晴総務庁長官は、田中派若手との懇談で述べていた。

「中曾根首相の任期延長もありうる」

金丸は、後藤田発言で燃えあがりそうな中曾根三選論に、水をぶっかけておかねばならなかった。

「中曾根首相は二期目に入っているが、党則を改正して任期を延ばすこともできる。だが、党則の決まりがあるなかで、党員にやってもらいたいという切なる声があることと、みずからそうしたいということとは、おのずと違いがある。おれが今回やりたいから、というのはいただけない。来年の東京サミットをすませ、時期がきたらお城を明け渡したほうが花道になるのではないか」

金丸は、危惧していた。訪欧後の中曾根のことだ。世界を股にかける総理として、自信を持って日本に帰ってくる。その自信が、中曾根をして総裁の任期延長ということを言わしめるかもしれん。中曾根本人が三期やると言い出せば、自分も竹下も困る。そのためにあえて釘を刺しておいたのである。

金丸は、翌六十一（一九八六）年七月の衆参ダブル選挙を狙っていた。

来年の七月選挙になれば、この選挙は完全に、竹下、安倍晋太郎、宮澤喜一の三人が主役のニューリーダー選挙になる。党則で決まっている総裁任期は、中曾根首相にとってあと四ヵ月しか残っていない。おまけに、選挙が終われば、あとは夏休み、何もすることがない。そんなところで自民党が選挙に勝っても、任期延長という話は出てこない。

つまり、この選挙が終われば、あとはニューリーダーのだれが自民党総裁になるかしか問題は残されていない。

金丸は、その前にやらねばならぬことがあると思った。

〈田中派を、竹下で一本化しておかねばならぬ〉

田中派一本化ならず

佐藤昭子は、田中は何年かかろうとかならず復帰するものと信じ、待ちつづける肚(はら)づもりだった。が、なによりつらいのは、倒れた田中に、会うことができないことである。

しかし、プライドがある。自分のほうから、田中に会わせてください、と田中家に申し出ることはけっしてしなかった。

田中のまわりには、いつも田中家の者がついて田中を監視しているという。が、どうしても田中に手紙を出し、励ましたかった。

田中が眼鏡をかけて読まなくてもすむように、わざわざ大きな字で、こう書いた。

「日頃から、あなたは、死ぬ思いをすればなんだってできるとおっしゃっていましたね。ですから、いまは、痛くても、つらくても、リハビリに専念なさってくださいさい。あとのことは、いっさいご心配なく」

その手紙を、これから田中家を訪ねて田中に会うという人に、ひそかに持たせた。

田中は、その人から渡された手紙を、別室に入って読んだ。しばらくして出てきた田中の眼は、涙に濡れていたという。

田中も、佐藤昭子の声が聞きたかったにちがいない。佐藤の自宅に、田中からとしか思えない電話が入った。よほど親しい人にしか教えていない電話番号である。彼女が受話器をとると、「ウッ！」という声が飛びこんできた。あまりのなつかしさに、何か訴えかけようとしているらしいのだが、声にならない。うめき声にすら聞こえる。そのまま、すぐに切れるといった、不可解な電話であった。

〈オヤジからだ！〉

佐藤は、そう直感した。

田中が、現役時代、毎朝六時にかけていた電話番号である。脳梗塞を患（わずら）っても、体が覚えていたにちがいない。

おなじような電話が、さらにもう一度あった。やはり、おなじように切れた。

昭和六十年十二月十二日に、佐藤昭子の事務所開きがおこなわれた。名称は、「政経調査会」とした。以前、田中の政治結社に「政治経済調査会」というものがあった。政経調査会の名はその名からとったのである。

理事には、「田中角栄の初年兵」をもって任じる昭和四十四年初当選組になってもらった。小沢一郎、羽田孜、梶山静六らである。創政会、非創政会を問わなかった。

〈オヤジの政治の継承を目的としているのだから、創政会も、非創政会も関係ないわ〉

そのなかでも、髙鳥修は、田中とおなじ新潟県出身である。あえて会長になってもらった。しかし、田中復帰に期待をかけている奥田敬和（おくだけいわ）、愛野興一郎（あいのこういちろう）らは名を連ねるのを断ってきた。

自民党幹事長の金丸信をはじめ、多くの政財界人が顔を見せて、華々しく事務所開きがとりおこなわれた。理事にこそなってもらってはいないものの、小渕恵三、橋本龍太郎らも、事務所には足しげく顔を見せてくれることになる。

事務所開きの直後、ある人が目白台の自宅でリハビリをつづける田中に面会に行ったとき、田中は新聞を読んでいた。その人が来たので、読んでいた新聞をそばに置いた。まわりの者が、それらの新聞を片づけた。

田中は、その人と話し終わると、先ほどまで読んでいた新聞がなくなっていることに気づき、新聞を持ってくるよう頼んだ。それも、「毎日新聞を持ってこい」と催促した。ただちに持ってこられた毎日新聞を、田中は、感慨深げに読みつづけた。

面会した者が、田中の眼にしている記事をのぞきこんだ。そこには、佐藤昭子の事務所開きが、彼女の顔写真入りで報じられていた。

佐藤は、その人からその話を聞かされると、胸が熱くなった。

政経調査会は、ある派閥、あるグループに所属したり、偏（かたよ）ったりはしていない。そのために、創政会、田中派以外の政治家たちも気軽に顔を出す。田中が元気なうちは、田中事務所には大手を振ってこられなかった政治家もやってくる。まさに政治家のサロン的な存在になった。

佐藤も、来る者は拒（こば）まなかった。会いたいと言われれば、だれにでも会った。

だれか来れば、いつでも田中角栄の話になった。佐藤はそんなとき、田中に感謝する。

〈オヤジが、わたしを信頼してくれたためにできた人脈だわ〉

佐藤は、田中への感謝の意味をこめて、議員たちに話した。

「創政会も、非創政会も関係ないですよ。もとをたどれば、みんな田中派なんですから」

昭和六十一年四月十六日午前八時半から、砂防会館別館三階の田中派事務所で、田中派「七日会」の朝食会が開かれた。七日会は、田中派の当選回数六回以下の衆議院議員の集まりである。いつもは、七日会の朝食会には、秘書や新聞記者も同席していたが、この日は、彼らは特別に締め出されていた。

七日会会長斉藤滋与史が立ちあがり、声を張りあげた。

「今朝の新聞によると、宏池会も昨日大パーティーやって、宮澤さんの旗揚げの観があった、ということである。わが田中派も、いまこそ一本化をはかり、総裁候補を擁立して、十四年ぶりに天下を取ろうではないか！」

斉藤は、静岡県知事に立候補することがこのとき決まっていたので、自由な立場から発言できた。創政会に対しては、正式に入会はしていないが、入会届けは提出し、竹下シンパであった。

渡部恒三も発言した。渡部は、前年二月七日の創政会の旗揚げ総会に、遅ればせながら入会していた。

渡部は、早稲田雄弁会の後輩として、竹下擁立に燃えていた。

「十六年前、佐藤内閣のとき、われわれは一年生議員だった。われわれは若い党人内閣をつくろうという情熱と夢で、田中派をつくった。それから十六年間、われわれは田中先生がオヤジ、二階堂先生がオジ、竹下さんはいずれ将来オヤジのあとを継ぐ兄として、風雪に耐えて田中派を守ってきた。残念ながら田中先生が病に倒れてしまった今日、田中派のあとを継ぐのは竹下先生しかない」

渡部は、あえて竹下の名を出した。なんとしても秋の総裁選前に田中派として竹下擁立を決めておかないと、二階堂がふたたび立つ可能性がある。前もってその動きを封じておかねばならなかった。

「これは創政会ができたとか、できないという以前の、田中派若手議員のごく自然な気持ちだ。田中派が次の選挙に分裂してのぞむようなことのないように、七日会で竹下さんを総裁候補として推薦して、二階堂会長を中心に、竹下内閣を実現させるために、一致団結して頑張ろう」

ところが、田中角栄の娘眞紀子の婿である田中直紀が、憤然と言った。

「ただいまの発言で、竹下さんがオヤジの長男だ、ということだが、わたしの知る限り、オヤジがそう考えているとは思えない。たとえば安倍晋太郎外相は、日ソ交渉のあとで、丁寧な報告の手紙をオヤジに送ってきた。竹下さんは、そのようなことがない。もっと努力してもらいたい」

その瞬間、部屋のなかはざわめき、その後、凍ったような雰囲気になった。

しばらくして創政会の旗揚げ総会から加わっている佐藤守良（さとうもりよし）が、田中直紀に食ってかかった。

「それを言うのはおかしいじゃないか。それなら、おれたちを、代表でいいから、一度オヤジさんに会わせてくれ。オヤジさんの気持ちを直接聞きたいから」

しかし、この日は、意見は対立したまま、結論は一週間後の四月二十三日に持ちこされた。

創政会と非創政会の決戦である四月二十三日の七日会は、四十六人の会員中四十人もが出席し、睨みあった。

斉藤会長が立ちあがり、原稿を読みあげるかたちで言った。

「木曜クラブは二階堂会長を中心に、いきがかりを捨てて（七月の）参院選へ向かって一本化して進もう。もし衆院選が同時におこなわれるとすれば、全員当選を期して闘おう。来（きた）るべき秋の総裁選には、候補者を擁立して、田中政治の継承をめざして、かならず内閣をつくるということで、おたがいに頑張ろう」

竹下という名前は、入っていなかった。

みんなが拍手して了承のかたちとなった。しかし、斉藤は、原稿から目を離すや、静岡県知事に立つため七日会会長を退く旨を伝え、こう言った。

「われわれは田中先生をオヤジ、竹下さんを兄として今日まできた。これからは、田中政治の継承のため、竹下さんを支えてみんなで頑張ってほしい。この秋に政権を取ることが、病気療養中の田中先生にとってなによりのお見舞いだと思う。木曜クラブは、永遠不滅でなくてはならない」

ところが、またもや前回同様、田中直紀が立ちあがった。創政会の竹下擁立に、鉄槌を振りおろす動きに出た。

「このあいだは、いろいろ申し上げ、わたしも政治的に未熟ですから、ご迷惑をかけたかもしれません。しかし、あのあと、さらにオヤジの意向をたしかめてみたら、田中派の後継者は二階堂さんであり、そのために木曜クラブの会長も二階堂さんにやってもらっている、とのことでした」

田中派を竹下一本化で固める狙いは、田中角栄の意向という大義名分の前に、ついに崩れてしまった。

想定外のダブル選挙大勝、中曾根三選へ

昭和六十一年七月六日、永田町一丁目の自民党本部では、次から次に拍手の洪水がわきあがっていた。

この日、第三十八回総選挙と第十四回参院選挙の、衆参ダブル選挙の開票が、朝からおこなわれていた。

総裁室、幹事長室のある四階のエレベーター前ロビーが、開票集計本部となっていた。

南側の窓の前には、衆院三百二十二人の立候補者名を書いた横二十メートルもある長い掲示板がかけられている。

掲示板を背に真ん中の空席を除いて、右に二階堂進副総裁、藤尾正行政調会長、左に金丸信幹事長、宮澤喜一総務会長が座っていた。彼らのまわりでは、自民党の五十人もの議員が、電話を片手に各地の開票情報を集め、速報を流した。

当選者が出るたびに、彼らのなかから、

「オーッ！」

「やった、やった！」

と歓声があがった。

午前十時を二、三分過ぎたとき、中曾根康弘総裁が、ロビーに颯爽と姿を見せた。中曾根は、正面の空いている真ん中の席に、どっかりと腰をおろした。

中曾根は、左隣の金丸に話しかけた。

「金丸さん、好調ですね」

金丸は、いつものつかみどころのない昼行灯のような表情で、黙ってうなずいた。あまりしゃべる気になれなかった。

中曾根は、上機嫌であった。

「これも、あなたのおかげです。ご苦労さまでした」

当選者が、ぞくぞくと姿を見せはじめた。

十一時すぎには、好調な票の伸びに、中曾根は思わず立ちあがり、金丸と握手した。金丸は、自民党幹事長として、この選挙を仕切った最大の功労者であった。

正午を過ぎ、午後十二時二十分には、新潟二区の稲葉修が二百七十一人目の当選者となり、まず安定多数を獲得した。中曾根の顔も、大きくほころんだ。中曾根は、席を立ちあがると、ダルマに勝利の目入れをした。得意の瞬間であった。

そして、二百九十議席を超えたとき、金丸は、張った小鼻から、「フッ」とため息を吐き、椅子の背に右の二の腕を渡し、頬づえをついた。

〈こりゃ、三百いきそうだ。中曾根に分があったか〉

金丸は、ダブル選挙が終わったら、十月の総裁任期満了で、中曾根に辞めてもらうつもりでいた。

獲得議席の予想は、二百七十八議席。安定過半数をとり、中曾根には幹事長として恩を売り、力を残しながら竹下に総理の座を禅譲させよう、と考えていた。ところが、三百議席をとるとなると、これはもう、だれの力の所産でもない。勝利の女神が、中曾根の頭上にほほえんだ、という以外ない。

　おなじ頃、大蔵大臣の竹下登は、自民党本部から百メートルほど離れた砂防会館別館三階の田中派事務所で、開票情況を見つめていた。

　二百七十議席までは、竹下もさかんに手を叩いてよろこんでいた。が、二百九十を超えると、金丸と瓜二つのように頬づえをつき、笑みが消えうせた。

　竹下と金丸は、このダブル選挙に懸けていた。田中派一本化のために、それまで百二十人だった軍団を百四十人に伸ばす。そうして、対抗してくる二階堂グループの勢いを完全に削ぐ。二階堂グループの小坂徳三郎、田中直紀は、そのまま手を貸さないでいると落選する、という読みがあった。竹下、金丸は、彼らにまず落選ぎりぎりの地獄を味わわせておき、最後の土壇場で手を差しのべ、当選させてやろうと目論んでいた。恩を売るのだ。そして、自分の側に流れを持っていくつもりだった。

　それに、百四十人に軍団が増えれば、自分たちの読みの議席数である二百七十八議席の半分の勢力だ。ダブル選挙は、田中派一本化への流れを確実にするとともに、自民党の主導権を竹下登の名のもとに手中にする、絶好の機会であった。

　ところが、二百九十議席を超え、あっという間に、三百議席という未曽有の議席を獲得した。その勢いに乗り、小坂も直紀も当選を果たした。金丸、竹下の目論見は、吹き飛んでしまった。

　三百議席を獲得した中曾根は、満面に自信の笑みをたたえて、コメントした。

「これは、神の声であり、天の声だ」

　まさに、だれもが予測し得ない、神のみぞ知る数字であった。

　衆議院は三百議席に追加公認を加え三百四議席、参議院は七十二議席を獲得し、非改選組をふくめると百四十三議席になったのである。

　金丸は、幹事長として、自民党本部とおなじフロアの西側すみにある「平河クラブ」で、記者を前にし、嗄(しゃが)れた声で言った。

「首相にもう一期、もしくは一年長くやってもらえたらという声が出て、そのコンセンサスを得、党則を改正することになれば、うるわしいことだ」

　しょっぱなから、中曾根三選をぶちあげた。寝業師(ねわざし)である金丸は、このときすでに、完全に路線を変更していた。さらに言った。

「所期の目的を果たしたので、これからは若い人を登用し、思いきって清新な体制を組むべきだ。おれは、幹事長を辞める」

　自分が辞めれば、次の幹事長は、おのずと竹下だ。中曾根も、そこはわかる。ともかく、今年の秋、ポスト中曾根を狙う計画が吹っ飛んでしまったのだ。竹下を自民党ナンバーツーの幹事長に据え、中曾根に睨みをきかせ、次を狙うしかない。

　鳩山由紀夫(はとやまゆきお)は、このダブル選挙で初当選を飾った。

　鳩山由紀夫の祖父は、鳩山一郎(いちろう)元首相、父親は、田中派の鳩山威一郎(いいちろう)。アメリカのスタンフォード大留学後、政界に出馬した。

　鳩山由紀夫は、北海道四区から出馬し、落選していた三枝三郎(さえぐささぶろう)の後継者として出馬するからには、三枝が所属していた福田赳夫(ふくだたけお)派に入るのが筋だろうと考えていた。

　が、北海道四区には、福田派で、石原慎太郎(いしはらしんたろう)率いる石原グループの高橋辰夫(たかはしたつお)がいた。福田とすれば、おなじ選挙区に二人の自派議員を抱えるわけにはいかない。

由紀夫は困り果てた。

〈さて、どうしたもんだろうか〉

そんな折、東京にいる弟の邦夫(くにお)から電話がかかってきた。邦夫は、すでに当選三回を数えていた。かつて田中角栄の秘書をしていて、このときは田中派入りしていた。

邦夫は持ちかけた。

「兄貴、一度、田中先生に会ったらどうか」

邦夫は、もともと由紀夫の福田派入りに反対であった。田中と福田は、ポスト佐藤の座を激しく争った。その後も、いわゆる「角福戦争」といわれる派閥抗争をくり広げてきた。

それなのに、邦夫は田中派、由紀夫は福田派と兄弟で敵対派閥に分かれるのは、好ましいことではない。それに、自分の信頼も薄れると考えているようであった。

二人は、兄弟である。自然、食事をしたり、酒を飲んだり、会う機会も多くなる。政治的な意図がなくても、田中派の重要事項がみんな福田派にバレてしまうと勘ぐられる。邦夫は、そのことを心配していたのである。

由紀夫としても、田中と会うのを断る理由はどこにもない。福田が会おうとしてくれないのなら、なおさらであった。

由紀夫は答えた。

「わかった。田中先生に会わせてくれ」

数日後、由紀夫は、邦夫の案内で目白台の田中邸を訪ねた。

田中は、由紀夫の顔を見るなり言った。

「きみが、由紀夫君か。北海道四区から出るそうだな。ウン、ちょっと待て」

田中は、立ちあがると書棚から日本地図を引っ張り出した。地図を開き、北海道を右手の人差し指でなぞりながら、速射砲のように一気にまくしたてた。

「ここが、旭川、ここが、札幌、ここが、苫小牧（とまこまい）、ここが、室蘭（むろらん）。このあたりが四区だな。いいか、北海道にはな、越後（新潟）から開拓民として移住した者が多い。おそらく、五十万人は下らない。北海道は、五つの選挙区に分かれている。一選挙区に十万人、越後人がいる。きみな、とにかくその十万票をとれば当選できる。派閥の問題など気にするな。大丈夫、おれが応援する。しかし……」

田中は、それから熱っぽく語った。

「いいか、選挙区を三万軒歩いてこい。地元の状況を完全に把握しろ。どこの道路にどんな家が邪魔をしてて、道ができないのか。どこの神社に、何段の石段があるのか。一木一草を知れ。選挙区の人間を、とことん知り尽くさねばならない。一軒一軒まわっているうちに、その地域の主要な産業や工業がわかる。地方の選挙区は、日本の縮図だ。その地域を見ていれば、日本の国が、いまどうなっているか想像することができるんだ！」

由紀夫は、田中の迫力に圧倒された。

〈すごい人だ。現実問題として、四区に十万人もの新潟出身者がいるとはとうてい思えない。が、妙に納得させられてしまう。派閥についても、「田中派に入れ」とはひとことも言わない。「気にせず、おれにまかせろ」と言ってくれる。人の心を奪う、つかむという意味では天才的な方だな〉

帰りの車の中で、邦夫がひじで由紀夫の腕をつついた。

「兄貴、四十分だよ、四十分」

由紀夫は、訊いた。

「なんだ、四十分というのは」

「田中先生と面会した時間だよ」

「なんだ、そんなことか。人と会うなら、四十分くらい、あたりまえだろう」

邦夫は、ムキになって答えた。

「なに言ってるんだ。待合室にいた人の数を見たのかよ。普通、面会時間は、たったの五分だよ、五分。四十分なんていうのは、異例の長さだ」

「ほぅ、そうなのか」

由紀夫は、感心した口ぶりで邦夫を見た。邦夫は、ひどく上機嫌であった。

由紀夫は思った。

〈邦夫は、心の底から田中先生を尊敬している。その気持ちが、今日お会いして初めてわかった。邦夫は、田中先生と性格的に似ている。共感する部分も多い。しかし、田中先生と性格が正反対の親父も、やはり田中先生を尊敬している。田中先生は、そういう人間をも惹きつける。器の大きい人物だ〉

なお、この翌年の昭和六十年二月二十七日、田中は脳梗塞で倒れた。由紀夫が田中と言葉を交わしたのは、これが最初で最後となってしまう……。

由紀夫は、選挙を戦いながら、あらためて田中角栄の言葉を思い起こした。

〈もし、田中先生の「派閥のことは心配するな」という一言がなかったら、どこまで頑張れたかわからなかったな〉

由紀夫は、田中から選挙資金の援助をいっさい受けていなかった。そのようなことよりも精神的にバックアップしてくれたことが、由紀夫にとってははるかに財産になった。

由紀夫は、田中派の大部分を継承した創政会に所属した。

田中派は、この選挙でさらに増え、百四十一人にふくらんだ。

衆参ダブル選挙の直後、創政会の一員であった小渕恵三が、政経調査会事務所にやってきた。

小渕は、佐藤昭子に頭を下げた。

「このたびは、いろいろとありがとうございました。結果的に、田中のオヤジを裏切ってしまうことになりましたけど、創政会でも新たな議員が入ってきました。今後とも、よろしくお願いします」

「小渕先生、ちょっとお待ちください」

佐藤の語気の荒さに気づいたのか、小渕はやや驚いた表情を見せた。

「創政会の一年生とおっしゃいましたが、ちょっとそれはちがいますよ」

「どういうことでしょう」

「今回当選された一年生のうちのほとんどが、田中に関係あるんですよ。前回の五十八年の選挙に落選した人たち全部、田中に世話になり、田中派から立候補した人たちが、ほとんどなんですよ。それをふくめて、創政会とおっしゃるのは、あなた、筋ちがいじゃないですか！」

小渕は、さすがに言葉に窮した。

「高橋一郎、杉山憲夫、古賀正浩といった人たちは、すべて昭和五十八年の総選挙に立候補して田中の世話になっていたじゃないですか。創政会に所属していたかもしれないけれど、そういう人たちも、根っこのところは田中派なんですからね。それは忘れないでくださいね」

第四章　激突！　最強派閥の跡目争い

「オヤジは会ってくれるだろうか」

金丸の作戦どおり自民党幹事長になった竹下登は、昭和六十二（一九八七）年一月一日午前九時四十五分すぎに、世田谷区代沢の自邸の玄関を出た。

外に出ると、黒塗りのトヨタ・センチュリーが門の前に横づけされ、竹下を待っていた。

竹下は、空を見上げた。少々、風が強かった。が、それを別にすれば、じつに晴ればれとした元日の朝であった。空には、一片の雲もない。風が止めば、小春日和のような陽気になるにちがいない。

が、日本晴れの天気とは裏腹に、竹下の気分はいくぶん重かった。

〈オヤジは、会ってくれるだろうか〉

この日の朝十時四十五分から、皇居の宮殿において、天皇陛下を前に、新年恒例の祝賀の儀がはじまる。そのあと、十一時二十五分から、自民党本部で新年祝賀会、さらに十一時五十五分からは首相公邸で新年祝賀会とつづく。

問題は、それからであった。田中角栄邸に、年始のあいさつに行かねばならない。

昭和六十年二月、みずから総裁をめざした創政会の旗揚げ以来、田中家とは絶縁状態にあった。昨年の正月は、田中の病状悪化を配慮することを大義名分に、目白台詣での自粛を派内で申しあわせたため、行かなくてすんだ。が、今年は、そうはいかない。十日後の十一日には自民党幹事長として、中国訪問が予定されている。

田中は、日中国交正常化の立て役者である。中国の要人はみな、田中を功労者として崇めている。訪中の際には、だれもが「田中の名代」というお墨付きがほしい。竹下にしてみれば、お墨付きがもらえないまでも、田中に礼を尽くす姿勢だけでも見せておかねばならなかった。

創政会旗揚げから約二年、竹下は目白台に近づこうともしなかった。

もしうまくいけば、田中家との関係修復の道も開ける。そうなれば、派内の竹下一本化が可能になる、という読みもあった。が、どうも門前払いを食わされそうな怯えもあった……。

竹下は、車に乗りこんだ。後部座席に深々と身を埋め、腕を組んだ竹下の顔は、いつもの好々爺の顔とはほど遠い険しさであった。竹下の耳の底には、昨年の夏前、元自民党副総裁で建設大臣もつとめた田中派の大長老西村英一から言われた言葉が甦っていた。

「竹下君、一回、門前払いを食わされてもいいから、とにかく目白に行ってこい。それが礼を尽くすということだ。門前払いを食わされても、また二度、三度と行けば、きっと開けてくれるよ」

竹下も、もっともだ、と思った。西村大長老の言葉だからこそ、竹下も素直に聞くことができた。

たしかに、今回田中角栄に会う機会を逃がせば、二度と田中邸の敷居をまたぐときはない。さらになにより、ロッキード事件の控訴審判決が、二月十九日に予定されていた。判決後になれば、有罪の田中に、何をしても「水に落ちた犬を叩いた」といわれる。行くなら、いましかなかった。

竹下は、皇居でのあいさつを終えると、永田町の自民党本部に向かう途中の車の中でも、塞ぎこんでいた。

やはり昨年の暮れ、派閥からの餅代二百万円とは別に、田中から歳暮として、現金百万円が、中堅、若手議員九十八人に配られた。

〈あれは、オヤジが派の領袖であるという意思を表明していると同時に、明けて元日、オヤジが衆目の前に初めて姿を現そうとしていることへの伏線にちがいない〉

しかし、田中の女婿である直紀と田中派会長二階堂進のあいだで、新年には田中は姿は見せないが、年賀は二階堂ら幹部と田中家で目白台の邸内にある事務所で受ける、ということが話し合われていた。それについては、竹下も知っていた。

〈オヤジは、現れないかもしれない。しかし……〉

竹下の煩悶はつづいた。

今朝の朝刊各紙を見ると、どこも田中出現説を強く匂わせている。

たしかに、昨年にくらべると、田中邸では大がかりな迎春準備が進められているようだ。おまけに、東京新聞あたりは、「元首相は庭に集まった訪問客に、母屋の二階から手を振って応える予定という」などと書いている。

田中は、これまで病床に伏して以来、二階堂ら政治家や地元関係者ら数人と個別に会っているが、一度に大人数に会ったことはない。田中を刺激しないための配慮からだろう。

田中は、まだ大勢と会えるだけの体力と精神力は回復していないはずだ。それが、今日、訪問客の前に姿を現したとすれば、それだけ体力が回復していることになる。

〈そうなると、二階堂一派が息を吹き返す。今年秋までのポスト中曾根をめぐる政局の運営が、やりにくくなる〉

竹下は、十一時二十分すぎに、永田町の自民党本部九階のリバティルームに上がった。リバティルームには、中曾根首相をはじめ、ニューリーダーの一人安倍晋太郎総務会長、伊東正義政調会長らがいた。室内は、自民党本部の職員とその家族たちで、ごった返していた。

竹下が、自民党幹事長として、まずあいさつに立った。

「今年は、統一地方選挙の年であります。全員協力しあって闘い抜いていきましょう」

心にわだかまりがあるため、いつもより、言葉少なであった。つづいて、中曾根があいさつに立った。

中曾根は、両耳に両方の手の平を立て、自信に満ちた口調で切り出した。

「ウサギは、ご承知のように、こういう姿をしていますね。今年はまずよく耳を澄まして音を聞く。よく調べ、智恵を出しあう。そして後半にかけて、脱兎（だっと）のごとくウサギ跳（と）びをやる」

竹下は、「脱兎のごとくウサギ跳びをやる」と言った中曾根のあいさつを聞いて、なおさら気分が悪くなった。

〈あたかも、もう一度任期延長をめざす、ということを言っているようではないか〉

田中が倒れて約二年、中曾根は、その間も在任期間を延ばして、千五百日を超え、首相官邸入りして五度目の正月を迎えていた。

中曾根は、昨年のおなじ席では、寅（とら）年にかけ、

「虎穴（こけつ）に入らずんば虎児（こじ）を得ず、という。また君子は豹変（ひょうへん）し、大人（たいじん）は虎変（こへん）す、ともいう」

と、同日選をあきらかに示唆（しさ）する発言をした。言葉の裏を読んでおく必要があった。

竹下は、あらためて壇上の中曾根を見た。中曾根は、憎らしいくらいの自信に満ちていた。

竹下は、心の中で中曾根に挑戦の言葉を投げつけていた。

〈この前は、三百四議席の実績の前に任期延長を阻止（そし）できなかったが、今度は、そうはさせないぞ〉

中曾根は、いっそう声を張りあげた。

「国会は税制の大改革を抱えて波乱ぶくみだと思う。防衛政策についてもいろいろ質問があるだろう。しかし、われわれは十分受け答えができるし、全国の党員の結束、全国民のみなさまの支援によって、堂々たる大公約を実現する」

心配なのは国会乗り切りだ。売上税を中心とする税制改革の法案が通るかどうか。それは党内の結束にかかっている。首相はそう強調していた。竹下は、いまいましい顔をしていた。

〈いずれにせよ、税制改革の負担は、自民党ナンバーツーの幹事長であるおれの肩にかかってくることにはちがいない〉

安倍にしても、総務会長として、自民党内の総意をまとめていかねばならない。大蔵大臣の宮澤喜一（みやざわきいち）も、税制改革の主幹担当大臣である。次期総理の椅子を狙うニューリーダー三人は、ダブル選挙後、それぞれがおさまるところへおさまったが、いずれも大きな中曾根政治の課題をまともに背負わされるポストであった。

〈中曾根に、首根っこをがっちりと押さえられてしまっている〉

午前十時半を時計の針がようやくまわったところであった。目白台の田中邸内の門から入った正面にある事務所では、二階堂が、応接室の奥のいつもなら田中角栄が座るソファーに腰をおろし、それを囲むように、小沢辰男（おざわたつお）、江﨑真澄（えさきますみ）、山下元利（やましたがんり）といった二階堂グループが座っていた。

白いテーブルクロスがかけられたテーブルの上には、二年ぶりにおせち料理が並べられていた。「田中角栄先生、当選十六回祝」と文字が色抜きされたリンゴの山盛りが二つ、巻き寿司、いなり寿司、ホテルから取り寄せたオードブル、それに田中のおすすめ品である寒ブリと大根の煮物などが並んだ。スコッチのオールドパー、ブランデーが置かれていた。

レースのカーテン越しに、小春日和のような陽光が射しこんでいた。朝がたの風は止み、ポカポカ陽気になっていた。事務所の玄関を入った左手には、長テーブルが置かれ、記名帳が二冊置かれていた。年始客が記帳していくことになっている。

そこへ、ロッキード裁判の田中弁護団長である新関勝芳（しんぜきかつよし）弁護士が記帳にやってきた。あいさつのため、事務所内に入り、二階堂らとにこやかに談笑していた。

新関が、帰ろうと腰を上げるや、眞紀子が声をかけた。

「ちょっと、お待ちください」

その言葉に、二階堂らは色めきたった。

山下は思った。

〈もしかしたら、オヤジに会えるのでは〉

時計の針が十一時をようやく過ぎたところだった。関東鳶職連合会二十数名が、田中邸新年恒例の「木遣り」を披露すべく、事務所の左手にある母屋の庭へ通された。

つづいて、眞紀子は、二階堂らに耳打ちした。

「父が会います、どうぞ」

「ほう」

思わず二階堂は、声をあげると、田中角栄のソファー、別称「総理の椅子」から、勢いよく腰を上げた。

田中は、紺の背広の下にグレーのチョッキ、縞模様のネクタイ姿で、母屋の縁側近くで、椅子にもたれかかっていた。田中は、庭に入ってきた四人を見ると、

「よう、よう」

と左手を上げ、手招きした。顔色もよく、頬の肉ももどり、健康は回復したように映ったが、口元は、左側がやや引きつっていた。

まず二階堂と左手で握手を交わした。

それから、左手で次々に握手を交わしていった。

山下元利には、

「よく来てくれた。よかった、よかった……」

と声をかけた。

小沢辰男には、指を差し、

「こいつか……」

と絶句、うつむきかげんに涙ぐんだ。

一方、自民党本部での新年祝賀会が終わろうとするとき、目白台の田中邸に行っていた田中番の記者たちが、あわただしく入ってきた。

一人の記者が、竹下のそばに走り寄り、耳元でささやいた。

「目白のオヤジが、二階堂さんたちと会いましたよ。われわれも、元気な角さんの姿を、この眼で見ました」

竹下の表情が、一瞬強張った。

竹下がリバティルームを出るや、テレビ局記者が、マイクを向けた。

「田中元首相が、十一時すぎに、二階堂さんをはじめとする何人かの年始客に会われたそうですが」

竹下は、極力平静をよそおいながら答えた。

「そう、元気になられて、結構なことだ」

そう言ったものの、心中は混乱していた。

〈いったい、オヤジは、どのくらい回復しているのか〉

〈なにか、二階堂らと話をしたのか〉

〈話をしたとしたら、どんな内容だったのか〉

竹下の顔は、さらに暗くなっていた。

〈政治家のなかで、二階堂グループだけが会ったということは、おれに対する当てつけにちがいない〉

田中登場のシナリオは、竹下には、なにやら陰謀めいて思えた……。

田中家から突きつけられた拒絶

竹下は、首相公邸での恒例の新年祝賀パーティーを終えると、黒塗りのトヨタ・センチュリーに乗り、目白台に向かった。竹下は、心の中で自問自答していた。

〈オヤジが、衆目の前に元気な姿を現した。おれは、会えないだろう。が、記帳ぐらいはさせてもらえるだろう。なんといっても、おれは、自民党幹事長だ〉

十二時三十五分、竹下は、褐色の三メートルはある門柱の立つ田中邸の表門に着いた。

車は、表門を滑りこんだ。ところが、表門から二メートル入ったところにある内門は、固く閉ざされていた。二階堂らが帰ったあと、竹下を担ぐメンバー小渕恵三、小沢一郎らが田中邸に入ると、記者団たちも追い出され、内門が閉められていた。

竹下の車は、立ち往生した。内門の両わきには報道陣が三、四十人ほどぎっしりと竹下の車を取り囲んだ。窓にカメラをくっつけるように、竹下の表情を撮ろうと身構えていた。

竹下は、内門が開くのを待ち受けていた。

まもなく、内門の左手にある通用口から、田中の中年の秘書が出てきた。竹下の見たこともない顔だ。

竹下が座っている後部座席の窓のところにやってきた。竹下は、パワーウインドーを、少し開けた。秘書が言った。

「まことに申し訳ありませんが、田中先生が年賀のあいさつを受けたくないと申しておりますので、お名刺をいただきます」

竹下の表情が、一瞬凍りついた。

〈そんな、馬鹿な！〉

見たこともない秘書に言われたことが、さらに怒りを煽った。絶対に怒らないことを肝に銘じている竹下は、つとめて淡々と言った。

「わかりました。よろしくお伝えください」

自分の秘書を通して、名刺を渡すと、車をバックさせた。

竹下登の乗ったトヨタ・センチュリーは、田中邸の内門をバックし、道路に出ると、フルスピードで走り去った。エンジン音が、不快そうにひびいた。

竹下は、ハイライトを、たてつづけに吹かした。顔面は、蒼白になっていた……。

世田谷区代沢の竹下の自邸には、三十人ほどの報道陣が入れかわり立ちかわり詰めかけ、竹下を待ち受けていた。各省庁の役人、政治家などの年始客、一般企業の年始客も次々に訪れ、竹下邸は一日で百人ほどの年賀を受けた。

創政会のメンバーである小渕恵三、小沢一郎、梶山静六、羽田孜らは、田中邸の事務所で竹下門前払いの一件を耳にし、竹下が帰ってくるより早く、竹下の自邸に駆けつけていた。

彼らは、竹下邸の玄関を入ると、すぐ右手にある四畳ばかりのソファーが置いてある小さな応接間で、報道陣に囲まれていた。

竹下が帰ってくる前に、記者に、竹下門前払いの一件を訊かれた彼らを代表して、小沢一郎が言った。

「自民党の幹事長を門前払いにするとは、不見識で、あってはならないことだ！」

その小さな応接間の奥には、やぐらごたつの置いてある八畳の応接間がある。そこには、一般の年始客を待たせてあった。

帰ってきた竹下が、自邸の玄関を入ると、竹下を待ち受けていた記者団が、詰めかけた。

「完全な門前払いですね」

「そう、そう」

と竹下は、短く答えた。

さらに、記者団が訊いた。

「田中さんが年始客の前に姿を現したことについて、どう思われますか」

竹下は、紋切り口調で答えた。

「まことによろこばしいことだね。闘病生活が長かったが、順調なことは非常によろこばしい。あまり唐突とは思わない。医者が出てもいいと言ってるんでしょうから、そのほうがいい。みんなも安心するよ」

しかし、竹下の顔は、まだ蒼ざめていた。

竹下は、記者団からの質問攻めから逃れるように、年始客に簡単にあいさつをすませると、応接間にいた小沢らを、二階に上がるようにうながした。そのしぐさは、完全に報道陣を無視しようとしているかに見えた。

竹下は、先に立って二階に上がると、六畳の座敷に入った。

つづいて、小沢らが入った。

お手伝いが、おせち料理を運んできた。正月にはかならず食べる、竹下の故郷島根県の宍道湖でとれるシジミが出された。シジミは、醤油で甘辛く佃煮にしてあった。

お燗した銚子を四人につぎ終えると、竹下は、おもむろに切り出した。

「ありゃ、なんでだ……」

門前払いのことである。なぜ自分が門前払いにされたのか、またそのことを事前にだれか知っていたのか、というもろもろのふくみがこめられていた。

何人かが答えた。

「だれも事前に察知していたわけじゃありません」

「あれは、娘の眞紀子がやったんですよ」

竹下は、訊いた。

「オヤジが、年始客の前に出てくることは、だれか知ってる者がいたのかね」

「いや、いないでしょう。われわれも、びっくりしました」

なんともスッキリしない話しか集まってこない。

一人が言った。

「しかし、もし、あれを目白のオヤジみずからの意思でやったとしたら、判断力は相当弱まっているということでしょう。千客万来でやってきたオヤジが、しかも自民党幹事長を門前払いにするなんて、いままでの常識じゃ考えられませんよ。会わないまでも、門の中に入れ、記帳ぐらいはさせるはずです」

竹下は、腕組みして、答えなかった。

身内の連中に囲まれ、ほっとしたこともあり、ショックが表情にもろに出た。田中派百四十一人の大所帯を、まるまる抱えこもうとしている竹下にとって、田中邸門前払いは、二階堂グループを活性化させることにもなり、気が滅入(めい)った。

一人が、さらに言った。

「あれは、まちがいなく、眞紀子ですよ。女の仕打ちですよ。あのやり方は」

しかし、どう考えても、門前払い事件は仕組まれたものとしか思えない。

田中家から、二階堂らには、

「十時半頃お越しください」

と事前に連絡してあった。田中番記者たちに対しても、おなじように連絡されていた。そして、関東鳶職連合会の二十数名が邸内に入れられたのは、十一時だ。そして、田中は縁側に出て、会った。春のような陽気も、多分に作用したことだろう。

竹下は、腕を組み、推理しつづけた。

〈その時間には、おれは皇居にいるか、あるいは自民党本部へ移動しているところだ。絶対に目白にやってこないことは、わかっていた〉

最初から眞紀子のシナリオで、すべてが動いていたと考えるしかない。

五人は、その結論に達した。

武闘派といわれる梶山静六が言った。

「いいじゃないですか。これで田中家に遠慮なく、行動が起こせますよ」

二月十九日には、ロッキード事件の控訴審判決が田中角栄に下されることになっている。有罪判決が下されることは、あきらかだ。それによって、いずれにせよ田中と田中の威光に頼る二階堂グループは打撃を受けることになる。流れは、竹下に向くだろう。

さらに四月二十一日には、竹下の個人パーティーを開くことになっていた。

親竹下グループは、そのパーティーを、竹下を総裁候補に担ぐ決起大会にしようとしていた。

田中有罪判決で田中派内の反竹下勢力に動揺を起こさせ、さらにこの決起大会で決定的な打撃を与える。

そして、田中派百四十一人をすべて掌中（しょうちゅう）に入れようと、虎視眈々（こしたんたん）と狙っていた。

四月十二日に開票される統一地方選挙に勝ち、幹事長としての評価を高める。さらに税制改革国会を乗り切り、一気に秋の総裁レースを有利に展開しようと考えていたのであった。

「がまん、がまんですよ」

小沢一郎が言った。

竹下は、初めて口を開いた。

「そう、がまん、がまん」

竹下が、やがて二階から下りてくると、記者たちが竹下のまわりに集まってきた。

「今年も、がまんですか」

とおなじことを記者から訊かれた竹下は、鸚鵡返しに言った。

「がまん、がまんだな……」

そう言いながら、竹下は、内心ほっとする部分もあった。

〈門前払いという恥はかかされたが、とにもかくにも、オヤジと、田中家には礼を尽くしたのだ。門前払いの是非は、世間が評価してくれる〉

どちらかといえば、自分に同情する声のほうが大きいにちがいない。一時の恥より、長い目で見て得になればいい。それでいいのだ……。


政商小針暦二所有の熱海の別荘で転地療養中の金丸信副総理は、竹下幹事長田中邸門前払い事件を、一月一日の夜、側近議員から電話で知らされた。その瞬間、ため息を洩らした。

〈竹下も、まだひ弱だな〉

金丸は、電話を切ると、応接間から庭下駄をつっかけて、庭に出た。

熱海の夜は、まるで春の夜のような暖かさであった。金丸は、朝晩、温泉に入ったり、庭を散歩したりして、家族に囲まれ、こんな家庭的でゆったりした正月を迎えたのは、本当に何年ぶりかであった。

それなのに、竹下の田中邸門前払い事件を耳にし、舌打ちしたい気分になっていた。

〈おれだったら、門前払いを食わされても、堂々と、自民党幹事長が来たんだ、と言って、無理矢理なかに入りこむのに〉

金丸は、球形の果実が赤く熟して美しい冬珊瑚（さんご）の前に立つと、苛立（いらだ）ちを顔に露（あらわ）にしてつぶやいた。

「竹下は、どうもおとなしすぎる」

この調子では、おちおち静養もしていられない。

〈近く東京へ出ていったときに、竹下にネジを巻いておかねばならぬ。しっかりさせないと、安倍や宮澤に先を越されてしまうぞ！〉

竹下、八方塞がり

昭和六十二年二月二十六日、自民党幹事長竹下登は、六十三歳の誕生日を迎えた。暗い誕生日であった。これほど、重苦しい気分で誕生日を迎えたのは、初めてであった。

午前九時すぎ、国会内の二階にある幹事長室にやってきた竹下は、記者団から誕生日の感想を訊かれ、ぼそりと答えた。

「冥土（めいど）の旅への一里塚だよ」

記者団が、少し苦笑まじりに言った。

「暗いですね」

竹下は、投げやりに言い捨てた。

「そうか、じゃあ、引退への一里塚だ」

　国会は、あいかわらず、野党の審議拒否により、空転がつづいていた。国会の外では、反売上税運動が燎原の火のように、国民運動の様相すら呈して、燃えさかっていた。これほどの反対運動になるとは、思いもしなかった。国会対策の最高責任者として、竹下は、その手腕を問われていた。

　一転、田中派内に眼をやると、二週間前の二月十二日夜、都内の料亭で、二階堂進田中派会長の訪米報告の名目のもとに、江﨑真澄、山下元利、田村元、小坂徳三郎ら、反竹下グループが集まった。集まるのは仕方がないが、竹下が肝を冷やしたのは、その数であった。

　なんと四十七人であった。当日東京にいないなどの消極的な理由で欠席せざるを得なかった議員が五人。合わせると五十二人である。田中派百四十一人から、それらを引くと、八十九人。五十二人全員が竹下につかなかったとしたら、竹下派は、百人の大台はおろか、九十人を割ることさえ考えられるのだ。

　昨年七月の内閣人事で、通産大臣に押しこんでやった田村元は、十五人の自分の子分をしたがえてこの会に出席した。田村たちの分を差し引けば、三十六人が竹下にはついていないということになる。いずれにせよ、竹下が売上税で首がまわらないところへもってきて、二階堂グループはこれ見よがしに竹下にいやがらせをするのである。

　いずれにせよ、竹下は八方塞がりであった。

　竹下は、左手を左の側頭部の毛の生えぎわに持っていき、オールバックにした髪に沿って、うしろへ短く何度も撫でた。神経質そうだった。白髪も増えた。

〈ニューリーダーといわれて十余年、還暦を過ぎた白髪のオジンが、ニューリーダーでもあるまい〉

　と心のなかで、自嘲気味につぶやいた。

　竹下が手を持っていった左側頭部の耳と頭頂の真ん中あたりには、じつは、直径三センチほどもあるハゲができていた。円形脱毛症である。

一週間前に気づき、うろたえていた。円形脱毛症という症状のあることは知っていたが、まさか自分がその身になるとは、思ったこともなかった。

竹下は、その事実をひた隠しにしていた。円形脱毛症の最大の原因は、ストレスである。いわば心身症の結果として出るもので、何か大きな障害にぶち当たったときなどに、突然現れるのである。「次」を狙うニューリーダーの身となれば、心身症にかかるようなヤワな男だと見られることは、絶対によくない。が、隠し通せるはずがなかった。

四月十七日午後四時四十分から七、八分間、この夜、椿山荘で個人パーティーを開くことになっている山下元利は、田中邸内の母屋で田中角栄と会った。

会ったのは、山下のほか、衆議院では、内海英男、田村良平、有馬元治、石井一、保岡興治、愛知和男、戸井田三郎、木村守男、参議院では、木村睦男、長田裕二、志村愛子、吉川芳男の計十二人であった。いずれも二階堂系メンバーである。これだけの人数の議員と田中が会ったのも、倒れてのち、初めてであった。

田中角栄は、母屋のひじ掛け椅子に座って彼らを迎えた。田中のそばには、はな夫人、長女の眞紀子、女婿の代議士直紀が立ち会った。

紺の背広、ネクタイ姿の田中は、彼ら一人ひとりと握手をかわした。そのたびに田中は、無言でうなずいた。グラスが全員にまわされた。そのとき、田中は、グラスをまだ持っていない議員を見て、

「コップ、コップ」

と初めて、たどたどしく声をあげた。

田中は、左手でグラスを握った。かつて、「ヨッ！」と勢いよく振りあげていた右手は、まだ使えない。グラスにビールが満たされると、全員で乾杯した。田中も飲んだ。

山下が、パーティー開催の報告をすると、田中は、一言二言なにか言おうとしたが、聞きとれなかった。別れぎわ、はな夫人が、木村睦男前参議院議長に、ワープロで打った田中の文書を渡した。

山下のパーティーに田中角栄が出席するのではないか、と政界では話題になっていた。山下側も田中家側も、ぎりぎりまで田中登場を模索しあったが、大勢の前では興奮させ病状を悪化させると考え、断念したのであった。そのかわり、山下らは田中に直接会い、メッセージまでもらったのであった。

午後六時から、文京区関口二丁目の椿山荘「瑞雲の間」で、山下元利のパーティーが開かれた。会場には、三千人もの人々が集まった。報道陣は、なんと三百人。ステージに向かって右側の壁に沿って、ずらりとカメラの放列が並んだ。異様な熱気であった。

集まった者たちは、いずれも田中が倒れて以来二年二ヵ月ぶりの公の舞台の登場に、熱い期待を抱いていた。会場は、その期待感で、むせ返るようだった。

パーティーの名称は、「議員在職二十周年記念山下元利君を励ます集い」であった。ふつう国会議員が在職記念パーティーを開くのは、国会で表彰を受ける二十五周年である。目的は、見えすいていた。竹下潰し以外にない。

これに対し、竹下グループからは、側近の羽田孜、小渕恵三、綿貫民輔、村岡兼造らが乗りこんできた。彼らは、すでに、「田中角栄は来ない」という情報をつかんでいたが、無言の圧力をかけるためであった。

竹下は、欠席した。前日死去した佐藤栄作元総理夫人寛子の葬儀委員長をつとめることになり、この日はその仮通夜を理由に欠席したのである。

竹下にとって、寛子夫人の突然の死は、一方で救いの神でもあった。元総理夫人佐藤寛子の葬儀委員長ということは、つまりは竹下が佐藤栄作直系であるということを世間に印象づけることになる。

田中派は、佐藤派から分かれてできた。保守本流である佐藤派の流れを源流とするものだ。田中角栄の意思を、唯一のバックボーンとして竹下に対抗してくる二階堂グループに対して、もともとの源流である「佐藤派の嫡男」を竹下が広く認識させることは、大きな意味を持つ。

田中派を分裂させる異端分子として竹下グループを排撃せんとする二階堂グループに対して、竹下は、そうではない、自分こそが佐藤栄作の純然たる血を引く、保守本流の嫡男である、ということを、策略ではなく降ってわいたような佐藤寛子の死という厳然たる事実に立って、知らしめることができるのだ。

それに、山下のパーティーに出席できない口実もできた。

なお、竹下は、自分のパーティーを四月二十一日に開く予定にしていたが、この山下パーティーが四月十七日に開かれたので、あえて一ヵ月延ばし、五月二十一日とした。

椿山荘「瑞雲の間」のステージの右側に、山下元利が、夫人の淑子とともに立った。左手の端には、「元内閣総理大臣田中角栄」と毛筆で書かれたリボンを下げた花輪が飾られていた。

木村睦男前参議院議長が、あいさつに立った。そこで、先ほど田中邸ではな夫人から渡された文書を開くと、田中角栄のメッセージを代読した。

「わが派は、吉田、池田、佐藤、田中とつづく保守本流。国民の負託に応えていく名誉あるグループである。山下君は、人情厚く、筋を通す。日本の政界を牽引する一人として、さらに大成するためにも、困難のなかにあってこそ、姑息な手段や詭弁を弄することを排し、堂々と王道を歩むことを望んでやまない」

文書は最後に、田中がもっとも好んだ歌で締めくくられていた。

「末ついに　海となるべき　山水も　しばし木の葉の　下くぐるなり」

二階堂進

メッセージを聞いた竹下側近の小渕らは、ムッとした表情になった。

〈姑息な手段や詭弁などと、よくもあてつけがましく言ったものだ〉

それが、創政会旗揚げを指したものである、ということは、疑う余地がなかった。しかし、はたしてそのワープロ文書が、本当に田中角栄みずから推敲したものかどうか、疑わしかった。

羽田は、断じていた。

〈あの文面は、オヤジの文体ではない。どこまでも、面の皮の厚いヤツらめ〉

つづいて、このパーティーの主賓、二階堂進が登壇した。七十七歳とはいえ、この間病気ひとつしたことがない。顔には、うっすらと赤味が差し、健康そのものであった。いまやこの老骨が、最後の野望を燃やして、六十三歳の竹下に、円形脱毛症まで発病させるほど、切っ先を鋭く突きつけているのだ。

三千人の客は、二階堂が何を言うか、期待をこめてステージを見上げた。

二階堂は、七十七歳とは思えないよく通る声で言った。

「田中派は、田中さんがつくった。義理と人情がなければ、国民に理解されない。わたしは、今日も田中さんを慕い、運命を共にしたいという気持ちでやっている」

あくまでも、田中角栄中心の田中派であることを強調して、竹下を牽制した。

さらに、内外の情勢が緊迫していることを具体的に述べ、いよいよ本論に入る頃には、すでに十五分が過ぎようとしていた。

二階堂は、力を漲らせて、言い放った。

「わたしも、七十七歳。年齢を考えると、政治家としての人生の始末をつけなければならないときにきていると思う。しかし、わたしは、まだ若い者には負けない気力を持って日本の問題、世界の問題の解決に取り組んでいきたい」

竹下を暗に批判するとともに、みずからの政権への意欲を、強くにじませた。

つづいて、あいさつに立った江﨑真澄は、さらにストレートに発言した。

「田中元首相の頭にあるのは、山下内閣ではないか。ただ、その前に、七十七歳の二階堂先生がおやりになるかもしれない！」

ここにいたって、パーティーは、反竹下勢力の二階堂擁立総決起集会の様相を呈した。

会場にいた小渕ら竹下側近グループは、内心おだやかでなかった。が、田中がやってこないということを確認すると、早々に会場を引きあげた。

二階堂グループは、この日田中と会った事実、しかも十三人という大勢と田中が会ったということで、田中の体力回復を見せつけ、田中をバックボーンにしたこのパーティーによって竹下グループに波状攻撃をかけたのであった。

「いつまでも田中派の廂を借りていくわけにはいかない」

四月三十日夕刻、竹下登は、永田町二丁目のキャピトル東急ホテル正面の斜め向かいにあるパレロワイヤル永田町六〇五号室の金丸信の個人事務所を訪ねた。

四月二十二日、参議院を予算案が通過し、六十二年度予算はようやく正式に成立した。国会から手がとりあえず離れ、いよいよ田中派内の一本化に向けて、詰めをおこなおうとしていた。

六〇五号室に入ると、金丸の部屋に、金丸の秘書に導かれて入った。金丸は、応接セットの奥の椅子に、大儀そうに体をどっぷりとあずけていた。

「やあ、どうも」

と竹下は、右手を軽く上げて、金丸にあいさつした。

竹下が、隣の椅子に腰かけると金丸は、どこを見ているかわからない眠たそうな眼をしばたたかせて、竹下に切り出した。

「二階堂や山下が、雑誌のインタビューで、さかんに吠えてるじゃないか」

月刊「現代」五月号で、反竹下の首領で田中派会長の二階堂は、こう言っていた。

「わたしは公の席では言ったことはありませんが、本当に竹下君が（総理総裁を）やるつもりがあるなら、わたしは新しい派閥をつくってやります、と言うだけの勇気があっていいのではないか、と彼（竹下）に言ったことがあります。個人的に、ね。オレは田中さんとは別れないけれども、と断ったうえでそう言いました」

つまり、二階堂は、竹下が総裁選に出馬するなら、田中派を出ろ、と言っているのである。山下もまた、雑誌で、同様のことを言っていた。金丸の言葉は、そのことを指していた。

竹下も、これまで極秘裡に飯田橋の二階堂の自宅マンションを何度か訪ね、派内融和について意見を交換してきた。そこで、たしかに二階堂にそう言われたことがある。

「たしかに、二階堂の言うとおりかもしれん」

と金丸が、つづけた。

「さっき、毎日新聞のインタビューを受けた。おれは、総理総裁を狙う男が、借家住まいでは不自然だ、と言っておいた。明日、『金丸氏、竹下派結成を促す』と、でかでかと出るだろう」

竹下は、表情一つ変えず、無言で聞いていた。金丸は、右腕をひじ掛けに乗せ、頬杖をついて言った。

「記者が、訊くんだ。そうなると田中派は分裂して、竹下擁立派は場合によっては安倍、宮澤両派より数のうえで少なくなる可能性もあるんじゃないか、とな。おれは、『数にばかりとらわれていて、筋をまちがえてはだめだ』と強調しておいた」

金丸は、あらたまった口調で訊いた。

「あんた自身、どうなんだ」

竹下は、顔に、追及をかわすような小さな笑顔をつくると、金丸に言った。

「それは、まだ、時期尚早だよ。国会が終わるまでは、おれは幹事長として身動きがとれん。六月のサミット前に、自民党ナンバーツーの幹事長が、出馬宣言などして中曾根総理の立場を悪くしては、批判を浴びてしまう。なんとか、国会が終わる五月二十七日ぎりぎりまで、派内融和の努力をしたほうがいい。いま二階堂さんたちを刺激しては、よくないよ」

金丸は、眼の奥から、竹下に鋭い一瞥を送った。

〈いつまで経っても、煮え切らねえヤツだ〉

金丸には、ハッキリとした戦略があった。派内融和路線は、すでにあきらめていた。二階堂や山下らが、そこまで公言するなら、こちらはそれを正面から受けるしかない、と考えたのである。もし竹下派をつくれば、残った二階堂に集まるのは、せいぜい二十数名いくかどうかだ。四十人いる中間派は、ほとんどが竹下にくる、と踏んでいた。

〈百十人は、かならず集まる〉

と金丸は、けっして慢心からでなく、したたかに計算していた。さらに、田中派の常任幹事会で、田中派の総裁候補を決めることを策謀していた。常任幹事会の座長は、早稲田大学雄弁会で竹下の後輩にあたる腹心中の腹心、小渕恵三だ。

会長人事についても、昨年九月に改正した派内規約により、機関決定で二階堂を会長ポストから降ろし、竹下を会長に据えることまで考えていた。

金丸は、考えているシナリオを竹下に告げた。

「五月二十一日のあんたのパーティーでは、田中派百二十人を集め、あんたの擁立の気運を高め、二階堂の野望を吹き飛ばす。国会が終了した翌日の五月二十八日は、ちょうど田中派木曜クラブの定例総会だ。そこでは、国会の慰労会がおこなわれる。それを、あんたを擁立する本格的な決起集会に変え、あんた自身による出馬宣言をさせる」

竹下は、別段、驚いた様子を見せなかった。金丸は、宣告するように言った。

「いつまでも田中派の庇を借りていくわけにはいかない。一本化の可能性がない以上、一派を起こすしかない」

竹下も、

「ま、時機がくれば、決断しますよ」

と言葉少なに答え、否定しなかった。

金丸は、最後に言った。

「あんたも自民党幹事長だ。個人的なことを先走っては言えんだろう。まぁ、あんたは、いつものように、淡々とやってればいいさ。若い連中が、勝手にいいようにやってくれるだろうからな。ま、任せとけ」

会談は、一時間半つづいて、終わった。

翌日「毎日新聞」だけでなく、各紙に、「金丸、竹下派結成発言」の見出しが大きく躍った。

二階堂の総裁選出馬宣言

田中派にとって運命の日となる昭和六十二年五月十四日正午から、千代田区平河町二丁目にある砂防会館別館三階の「木曜クラブ」大会議室では、毎週木曜日の正午から開かれる田中派木曜クラブの定例総会が開かれた。外は、前日の夜からの雨が降りつづいていた。

事務所の会議室には、領袖・二階堂進田中派会長をはじめ、二階堂側近の江﨑真澄、山下元利ら反竹下グループと、羽田孜、渡部恒三、梶山静六ら竹下グループが集まった。

定例総会といっても、さして大袈裟(げさ)なものではない。一緒に昼食をとり、会長である二階堂が簡単なあいさつをして、国会対策関係者が国会報告をする程度のものである。用事のある議員は、無理に出席する性格のものではない。この日も、欠席者が目立った。

田中派の議員たちは、テーブルの上に用意された幕の内弁当をつつき、談笑しながら昼食をとった。

昼食が終わると、司会役の羽田孜が立ちあがって言った。

「それでは、昼食を終わったところで、会長どうぞ」

羽田は、二階堂に視線を走らせた。いつものような羽田の司会、いつものような会長二階堂のあいさつ……となるはずであった。

会議室は、あいかわらずざわついていた。議員たちは、昼食後の息抜き話に余念がなかった。だれも、二階堂の話に、注意を払う者はいないように思われた。

が、江﨑、山下の二人だけは、マイクの前に進み出る二階堂の姿に、緊張した面持(おも)ちで眼を凝(こ)らしていた。

二階堂は、マイクの前に立った。七十七歳、百六十センチそこそこの小柄な体軀で、顔にはうっすらと赤味が差し、オールバックにした白髪は、銀色に輝いている。

みずからの健康を証明するかのように、二階堂は、張りのある声をひびかせた。

「新聞にいろいろ書かれているが、派閥が分裂しているような印象を与えたり、ゴタゴタした印象を与えているのは、わたしにも責任はあろうが、不愉快千万だ」

二階堂は、のっけから、ざわめきを断ち切るかのように、創政会を旗揚げしている竹下グループがこれまでにおこなってきた派内多数派工作に対する不快感をぶちあげた。

会議室は、ふいに、凍りついたように静まり返った。


四月三十日の自民党幹事長竹下登の後見人・金丸信副総理による「竹下派結成」をうながす発言以来、二階堂の心中は、おだやかではなかった。

さらに、前日の五月十三日、田中派常任委員会で、竹下側近である座長の小渕恵三が、当選回数別にグループ分けして、それぞれのグループごとに総裁候補をだれにすべきかを聞いてまとめることに決定していた。二階堂の怒りは、頂点に達していた。

小渕が総裁候補の一本化工作に乗り出すということは、竹下で一本化していくということと同義である。

〈どこまでも、会長であるおれを、コケにしおって！〉

二階堂は、側近の山下に、

「小渕に騙された！　もう竹下の顔など、見たくもない！」

と吐き捨てるように言っていた。

実際、金丸─竹下ラインの戦略は、着々と進んでいた。

五月二十一日の竹下パーティーに、百二十名を集め成功させる。

さらに、五月二十七日の国会終了後、翌二十八日は木曜日で、田中派の定例総会だ。そこで、正式に竹下擁立と、竹下みずからの出馬宣言をぶちあげようと策していたのであった。

その間、派内の一本化を進める。四月三十日の金丸の「竹下派旗揚げ」発言には、とりあえず、二階堂グループに最後通牒（つうちょう）を突きつける意味を持たせていた。

「竹下は、絶対に田中派を割れない。そんな勇気はない」

と高をくくっている二階堂に、爆弾の詰まったボールを投げたのである。

百四十一人の議員を擁する田中派の会長であるからこそ、二階堂の威光はあるのだ。数のうえで圧倒的に優位に立つ竹下系が派を割ろうものなら、せいぜい二十人いるかどうかの直系グループの長である二階堂など、吹き飛んでしまう。金丸は、「二階堂さんよ、どうする」とばかり、ドスを突きつけたのである。

金丸は、そこまでやろうものなら、さしもの二階堂も折れるだろう、と期待をかけていたのであった。

さらに、常任幹事会で圧倒的多数を誇る竹下側近グループが、二階堂会長を機関決定と称して、多数決で解任することまで考えていた。

その第一弾として、前日の五月十三日、常任幹事会で、座長の小渕恵三が田中派の総裁候補一本化について、当選回数ごとに議員たちの考えを集約しようと決定したのである。

竹下は、知らぬ顔で、幹事長として国会の仕事に専念すればいい。竹下のあずかり知らぬところで、側近グループが二階堂グループを攻めていく、という戦術であった。

マイクの前に立った二階堂の顔は、紅潮していた。故郷鹿児島の桜島のように、噴火寸前であった。二階堂は、派内の議員から、ひそかに「桜島のおっさん」と呼ばれている。二階堂の選挙区である鹿児島三区にある桜島が、年に何度か噴火するように、二階堂もよく怒りを爆発させる。いざ、「桜島のおっさん」が怒りはじめると、だれも手のつけようがない、といわれていた。

四月二十九日から訪米していた中曾根康弘が、四月三十日の金丸発言について、ハワイ・マウイ島で言った。

「遠雷を聞く思いがする。しかし、別の音なのかもしれない」

とは、まさに二階堂桜島の噴火の音であった。


二階堂は、いっそう声を張りあげた。

「中曾根政治への批判も、いろいろあろう。が、いまは、党が一体となって中曾根さんを支え、サミットに送り出してやるべきだ。中曾根さんが、いつお辞めになるかわからないが、辞めるとすれば、田中派内が一本になってやっていくために、わたし自身の態度を明確にしておかなければならない。そういうときには、国のため、日本のため、老骨ではあるが、責任をもって対処していく決意だけは持っていることを申し上げ、ご理解いただきたい」

が、別段、これまで言ってきたような内容と変わらない。

議員たちからは、拍手が鳴った。

聞いていた江﨑、山下ら二階堂側近は、やや渋い表情をして二階堂を見つめた。

「もっとはっきり言ってくれ」といった表情であった。

じつのところ、二階堂の言葉は、事実上の総裁選出馬宣言だったのである。

定例総会は、終わった。引きあげようとする二階堂のそばに、江﨑と山下ら側近がやってきた。

二人は、二階堂に、小声で話しかけた。その光景は、まるで二階堂に二人が詰め寄っているかのようであった。

二人は、いきりたっていた。

「二階堂さん、なぜ、はっきり出馬宣言をしてくれなかったんですか！」

すでに、一週間前の五月七日、二階堂は、新橋の料亭「新喜楽」に、反竹下系の江﨑、山下、小坂徳三郎、世耕政隆（せこうまさたか）の四幹部を集めた。

そこで、二階堂は、老練な表情に野望をにじませて切り出した。

「じつは、わたしの『励ます会』を、関西でやりたいと思っている」

つまり、資金集めをする、というのである。何のための資金か。総裁選のための資金以外考えられない。

「関西……でですか？」

側近の一人が、訊いた。

「うむ。関西には、九州の人が多いからな。鹿児島人も、多い」

東京では、一昨年六月に「〝人間〟二階堂進君を語る会」を開いた。このパーティーは、史上最高の九億円パーティーとなった。が、それも、じつは竹下をはじめ竹下側近グループに一枚三万円のパーティー券八千万枚を買ってもらうという手助けがあってのことである。が、今回は当然、竹下グループの応援など望めない。東京の財界にほとんどパイプのない二階堂が、東京でパーティーをやろうものなら、赤っ恥をかくのは眼に見えている。地元の九州では遠すぎる。せいぜい、パーティーをやるなら、関西であった。むろん、五月二十一日の竹下パーティーに対抗し、みずからの決起大会としようと考えていたのだった。

二階堂は、つづけて言った。

「七月は、政局が大きく動くだろう。わたしは、時機がくれば、かならず決断する」

いつでも、総裁選に打って出る覚悟はある、と言っているのである。

二階堂のパーティーは、七月十日、大阪で開くことで一致した。

二階堂の政権への意欲は、それ以来、竹下グループの攻勢にあっても、衰えるどころか、逆にいっそう燃えあがっていった。

そして田中派定例総会前日、江崎ら側近グループと相談し、出馬宣言することを決定したのであった。

さらに、当日の朝には、目白台の田中邸に電話を入れ、田中角栄の女婿（じょせい）である田中直紀に、その旨を伝えた。直紀を通して、角栄は、「いいことではないか」と、出馬を了承したという。

二階堂が田中派事務所のドアを開け、廊下に出ると、報道陣がどっとまわりに詰めかけた。

真意を訊こうと、二階堂に質問を浴びせた。横にいた江崎が、二階堂に本心をうながすように訊いた。

「あれは、出馬表明ということでしょう」

これもまた、奇妙な光景であった。江崎は、まるで二階堂をけしかけているようだった。あるいは、また、誘導尋問のようだった。

二階堂は、江崎に引きずられるように言った。

「まぁ、そういうことだ」

報道陣のあいだに、緊張した空気が走った。

午後二時三十分、衆議院第一議員会館内の面談室で正式に記者会見が開かれた。二階堂は、記者団の質問に答えて、言った。

「首相がいつ辞めるかわからんが、政権交代のときがくれば、わたしも会長として責任を果たし、田中政治の継承を実現していかなければならない。いろいろ悩んだが、わたし自身の態度をはっきりさせなければならない。首相が辞めたら、出馬する。この決心は、わたしの側近とも相談したうえでの結論だ」

なぜか、二階堂は、怒ったような表情であった。

記者が、質問した。

「あちらも立つ、と言ったら、どうなるんですか」

あちら、というのは、もちろん竹下登のことである。

二階堂は、その記者を睨みつけた。

「おれが先に表明したんだからね。そうですか、それじゃやめますと言えますか。わかりきった話だ」

二階堂総裁選出馬宣言の衝撃は、永田町を稲妻のように駆け抜けた。

定例総会に出席して二階堂のあいさつを聞いたほとんどの議員たちは、「えッ、あれが出馬宣言!?」と眼を白黒させた。

「売られた喧嘩は、買わねばなるまい」

竹下側近グループは、すぐに情勢分析をはじめた。

一人は、竹下に連絡をとりに駆け出した。竹下は、この十四日、朝から名古屋の特定郵便局長会に招かれて出席していた。午後、新幹線で東京に引き返すや、東京駅に迎えに来ていた黒塗りのトヨタ・センチュリーで、国会議事堂へ向かった。ドライバーシートと助手席のあいだのコンソールボックスの上にある自動車電話が鳴った。

竹下は、受話器をとりあげた。電話の相手は、側近議員の一人であった。

「二階堂さんが、出馬宣言しましたよ。大変なことになった」

竹下は、受話器を握りしめた。手のひらが、じわりと汗ばんだ。

「どこで？」

「定例総会でですよ。そのあと、記者会見ではっきり出馬すると言ったんですよ」

「わかった。国会の幹事長室で、話を聞こう。待っててくれ」

電話を切った竹下は、腕組みをして、鼻から息を吐き出した。

〈ついにきたか……二階堂さんのことだ、いつかはやると思っていたが〉

二階堂出馬宣言は、たしかに唐突であった。が、予想しなかったわけではない。

〈それなら、おれは、どういう具合に意思表明すればいいか……国会に行けば、記者に取り囲まれるし……〉

それにしても、竹下にとって、二階堂出馬宣言は、苦々しいことであった。二階堂の出馬宣言によって、完全に田中派は分裂状態に突入することになった。

そうなると、ニューリーダー三人のこれまでの構図が変わってくる。

まずは、安倍晋太郎の安倍派との関係が変わってくる。竹下と安倍とは、「安竹連合」の仲であった。それは、竹下が田中派百四十一人の代貸しだからである。

竹下が最大派閥である田中派を一本化し、その竹下と協力することによって、安倍の総裁への芽もふくらんでくる。どちらかといえば、「安竹連合」をさかんに言うのは、安倍派の連中である。安倍派は、竹下にくらべ八十五人と少ない。そのため、竹下率いる田中派の協力なしでは、安倍政権はできないと踏んでいるからである。

ところが、二階堂が出馬する事態となったこの日から、田中派は百四十一人ではなくなった。二階堂とその一派の二十人は、おそらく確実に差し引いて考えなくてはならない。

が、はたして、残りの百二十人が確実に竹下に来るかどうか。いま、確実なところは、八十人から百人である。

たとえば竹下グループを百人と踏み、安倍派の八十五人が組んでも、百八十五人である。これでは、衆参合わせて四百四十六人いる自民党議員の半分二百二十三人に大きく満たない。

「安竹連合」で過半数を制するには、竹下グループが、田中派で最低百十人集めなければいけない。そうすると、安倍派と合わせて百九十五人になる。

それに、河本敏夫（こうもととしお）派三十二人を抱きこめば、二百二十七人となり、過半数を超えることができる。もし二階堂が出馬宣言をしなくて田中派がそっくり百四十一人なら、竹下は悠々（ゆうゆう）安心していられた。

一方、「安竹連合」の相手である安倍にとっては、竹下が、派を割らずに「安倍ちゃん、お先にどうぞ」と言ってくれる日を、じっと待っていたのである。

竹下にとっても、まさにそれがポスト中曾根の鍵を握る戦略であった。たとえ派内一本化ができなくとも、総裁選にいたるギリギリまで安倍に夢を見させておきたかった。もっとはっきりいえば、曖昧（あいまい）にしておきたかったのである。

田中派一本化が、二階堂出馬宣言によって、実際に無理となったいま、安倍も、これまでのように、竹下だけに頼ることはなくなる。

竹下は、苦々しく思った。

〈いよいよ合従連衡（がっしょうれんこう）に突入するな〉

二派に加え、一派のある部分がくっつく。あるいは、二派が連合する、という事態に進展していく。

竹下の脳裏に、宮澤喜一の顔が浮かんだ。

〈宏池会宮澤派八十九人を率いる宮澤にとっては、もってこいの事態になったな〉

それまでの安竹二派連合の圧倒的多数の構図が崩れ、自分たち二派連合で、中曾根の指名を待ちわびるという竹下グループ、安倍派の態勢は、大きく変わった。そのぶん、宮澤派が動きやすくなった。安倍派との連合の可能性も出てくるだろう。

〈とにかく、最低百二十人は集めなければ……〉

トヨタ・センチュリーは、国会議事堂の門を滑るように入っていくと、入り口で止まった。

竹下は、国会の二階に上がった。幹事長室につづく廊下を急いだ。

報道陣が、群がっていた。

報道陣の質問に答え、竹下は言った。

「二階堂会長が、自分の責任で自分の意見を述べた。だから、そのまま素直に受け取るべきだ。ただ、それは、積みあげた手続きのなかで、進めるということです。手続きは、踏むべきだと思う」

竹下は、「手続きは踏むべきだ」というところを強調した。

二階堂は、会長でありながら、機関決定を抜きに勝手に出馬宣言した、と批判したのである。

幹事長室には、梶山静六ら竹下側近グループがすでに集まっていて、情勢分析をはじめた。

「多数派工作が、これで公然とできるじゃないですか」

という話になった。

夜六時からは、竹下は、竹下直系の静岡二区選出の代議士斉藤斗志二のパーティーに出席した。

会場の港区芝公園にある東京プリンスホテル「鳳凰の間」の来賓席で、竹下は、金丸と会った。

金丸は、むっつりとした表情をしていた。ロゼワインの入ったグラスを右手に持ち、イライラした調子で、口に流しこんでいた。

金丸は、竹下に不快さを隠そうともせず、吐き捨てるように言った。

「青天の霹靂だな、これは……」

竹下も、ゆっくりとうなずいた。

金丸は、また、グラスを傾けた。ピッチが早い。竹下は、少し心配になってきた。金丸は、糖尿病だ。

金丸にも、アルコールはよくないことはわかっている。が、飲まずにいられなかった。

グラスのワインは、すぐに空いた。金丸は、二杯目をコンパニオンに注文した。

コンパニオンから新しいグラスワインを受け取ると、金丸は、すぐ口に持っていった。

竹下が「あんまり飲まないほうが……」と言いかけたとき、金丸がそれを制するように、怒気のこもった低い声で言った。

「売られた喧嘩は、買わねばなるまい」

そして、また、ワインを飲んだ。

金丸の脳裏には、二階堂の顔が浮かんでいた。

〈許せん……〉

三年前の昭和五十九年秋の、悪夢のような「二階堂擁立構想」が、またぞろ頭をもたげてきた。そう思えてならなかった。

〈今回もまた、二階堂の後ろで、善幸が糸を引いているな〉

三年前の二階堂擁立構想の主謀者は、前首相で鈴木派領袖の鈴木善幸であった。

鈴木は、元首相の福田赳夫、河本敏夫、松野頼三ら自民党長老に働きかけ、「打倒中曾根」に執念を燃やした。

深く水面下を潜行していた策謀が、ついにその全貌を現したとき、中曾根は、戦慄したものだ。

なんと公明党委員長の竹入義勝、民社党委員長の佐々木良作ら野党首脳まで結集させていたのだ。

長老グループの、中曾根憎しの感情は、凄まじいものであった。

かつてあれほど中曾根を高く評価していた鈴木が、長老グループと一緒になって「打倒中曾根」に出たのは、中曾根との感情的対立が伏線となっている。

鈴木は、再選確実といわれた昭和五十七年の総裁選でみずから身を引き、中曾根政権への道を開いてやったとの思いが強かった。中曾根には、貸しがあり、自分に恩義を感じてしかるべきとの気持ちであった。

ところが、中曾根は、事あるごとに「わたしが首相に就任したときは、日本は国際的孤立の寸前であった」とくり返していた。受け取りようによっては、「鈴木外交はなっていなかった」と世界中にふれまわるようなものではないか。鈴木にすれば、自分がコケにされているようで不愉快きわまりなかったのである。

さらに、鈴木は、昭和五十八年十二月の党人事で、自分の後継者である宮澤喜一を党三役に起用するよう中曾根に求めた。が、中曾根はこれを拒否し、宮澤と派内で対立していて、「一・六戦争」とまでいわれていた一方の田中六助を幹事長に引きあげた。鈴木には、派内に手を突っこんで、その対立をあおり、団結を壊そうとする内政干渉の動きに映ったはずだ。

鈴木は、「打倒中曾根」の果てに、二階堂暫定政権を発足させ、自派のニューリーダー宮澤喜一に政権をバトンタッチさせようと考えた。そのおだてに、二階堂が乗ったのだ。

金丸は、踵にできた腫れ物の痛みに右足を引きずりながら、その策謀を粉砕したのだった。

〈それが、また復活してきたのか〉

金丸は、三杯目のワインを呷った。横にいる竹下を、睨んだ。眼が、少々すわっている。

金丸は、竹下に強い調子で言った。

「まあ、自分のことなんだ。肚を決めて、しっかりやれ」

竹下は、ウイスキーの水割りが入ったグラスを、じっと見つめた。水割りを口にふくむと、口をゆすぐようにしてから、喉に流しこんだ。

竹下の生家は、造り酒屋だ。子供の頃から、酒を水のように飲んできた彼のいつもの飲み方である。口腔（こうこう）いっぱいにウイスキーの苦味が広がった。

金丸が、念を押すように言った。

「とにかく、二十七日の国会終了後だからな……」

そのときこそ、おまえも出馬声明に踏み切るのだ、と金丸は言わんとしていた。

竹下にも、当然のことながら、金丸の意は通じた。

金丸は、竹下独立を、真剣に考えはじめていた。田中角栄が、福田赳夫を総理にしようとする親分の佐藤栄作のもとを飛び出し、福田を破って総理になったときのことを思っていた。

〈あのときと、おなじようなもんだ〉

むろん、竹下も、そのときの田中の姿と自分の姿を重ねあわせないわけではなかった。

金丸は、この日、ワインのロゼを、三杯も飲み干してしまった。さらに、鏡割りの枡酒（ますざけ）まで飲んだ。糖尿病の金丸は、何年ぶりかで酔った。

田中のお墨付きを武器にする二階堂

翌五月十五日朝から、竹下グループ、二階堂グループの双方が、立場を鮮明にしていない田中派の中間派の獲得合戦を、公然と展開しはじめた。

田中派は、ついに、完璧（かんぺき）な分裂、泥沼の様相を呈（てい）した。

田中派では、午前八時すぎから、緊急常任委員会が開かれた。その席で夕刻にまた常任幹事会を開き、そこに二階堂を呼んで、正式に出馬表明のいきさつについて聞こう、ということになった。

夕方四時半すぎ、目白台の田中角栄邸の門が開いた。一台の黒塗りのキャデラックが、邸内に迎え入れられた。

車の中には、二階堂進が、葉巻を口にくわえたまま、腕組みをしていた。

正面の事務所前にある車回しに、キャデラックが止まった。田中角栄の長女で「鉄の女」と呼ばれている眞紀子の婿（むこ）である代議士田中直紀が、車から出る二階堂を出迎えた。二階堂は、今日ここで、自分の総裁選出馬のための、田中角栄の了解を得ようとやってきたのだった。

直紀は、二階堂を母屋の座敷に通した。座敷には、椅子が置かれ、田中角栄は、それに座って待っていた。背広にネクタイ姿であった。かたわらには、妻のはなと、眞紀子が座っていた。

二階堂は、向かいの椅子に座り、あいさつがわりに言った。

「前より、若返ったようですよ」

田中は、かつての精気あふれる表情からはほど遠い好々爺（こうこうや）のような表情で笑っていた。

二階堂は、さっそく本題に入った。

「わたしが、やります。田中先生の政治における政策と精神を受け継いで、やっていきます」

総裁選への出馬を伝えた。

田中は、

「いい、いい」

と言った。

言葉は、まだまだうまくあやつれないようだった。理解力も、どこまであるのか、疑問視された。

が、田中は、とりあえず、二階堂総裁選出馬に、ゴーサインを出したのである。

二階堂は、背広の内ポケットに手をやると、紙片を取り出した。自分が総理になったとき、何をなすかをしたためたメモであった。

それには、「日本列島改造論を基本とした内需拡大」「高齢化社会対策」「円高対策」の三項目が掲げられていた。二階堂は、持参した資料をもとに、政策を説明した。

田中は、そのたびにうなずいた。

「よろしい」

と短く言った。

直紀が二人のあいだに入り、言葉がうまく通じないときのための、通訳がわりになっていた。

眞紀子は、二階堂が政策メモを持ち、説明している最中、カメラを構えた。会談がはじまって、二十分が過ぎようとする頃だった。二階堂の出馬を了承する田中角栄の〝証拠〟写真を撮っておこうというのである。

眞紀子は、シャッターを数回切った。

田中からは、とくにこれといった言葉は聞かれなかった。が、田中の眼は、よそへ流れることなく、比較的しっかりと、二階堂にそそがれていた。

会談は、二十分を過ぎ、三十分を超えた。このようなことは、いままでなかったことだった。面会しても、せいぜい十分がいいところであった。

眞紀子は、田中が左手の人差し指を二階堂のメモに指し示すようにし、カメラのレンズを見たところで、またシャッターを切った。

つづいて、眞紀子は、二階堂に言った。

「父の隣に行ってください」

直紀が、二階堂の椅子を、田中の右隣に移動させた。二階堂はそこに座った。

二階堂は、左のひじを、田中が座っている椅子の右のひじかけに乗せて、カメラを見た。

はな夫人が、盆にのせた茶を田中に持ってきた。田中は、茶碗を左手で受け取ろうとした。そこで、眞紀子がまた一枚写真を撮った。

会談は、四十分を過ぎた。五十分を過ぎようとしたときに、二階堂側近の代議士、保岡興治も、加わった。

二階堂が、田中に話しかけた。

「車椅子でもいいから、どんどん永田町へ出てきて、人に会ったらいい」

田中は、それを聞くと、

「うん、うん」

とうれしそうにうなずいた。

会談は、一時間もつづいた。

このとき撮った三点の写真は、明朝マスコミに、田中家側から公開することに決めた。

二階堂は、よろこびが隠せなかった。

〈角さんのお墨付きをもらった。これで、だれもおれに反対などできぬ。角さんがおれを総裁候補に認知した以上は、たとえ竹下を担いでいる連中といえども、オヤジを恐れて、おれの軍門に下る者も大勢出てくるにちがいない。中間派の連中は、なおさらだ〉

二階堂は、田中角栄と別れキャデラックに乗りこむと、意気揚々と田中邸を引きあげた。

「口も満足にきけないオヤジをなぜ利用するんだ」

二階堂は、それから、砂防会館別館三階の田中派事務所に向かった。

田中派事務所では、臨時の常任幹事会が、午前中につづき、ふたたび開かれることになっていた。座長の小渕恵三以下、幹事の多数は、竹下グループで占められていた。

二階堂は、出席を要請されていた臨時常任幹事会の席で、あらためて前日の出馬宣言について説明しなければならない。

〈連中は、いろいろと言ってくるだろうが、おれは、絶対に曲げんぞ。明日、角さんと打ちあわせしている写真が公開されれば、みんなびっくりするにちがいない。これで、おれを田中派の総裁候補として認めざるを得なくなるだろう〉

それにしても……と二階堂は、葉巻をくわえるや、腕組みし、後部シートに深々と小柄な体をうずめた。

〈あいつらの言うことは、断じて許せん〉

渡部恒三などは、二階堂のことを「脳に皺（しわ）のよったような老人が、いまさら総裁選出馬とは何事だ」と言ったという。また、ちがう竹下グループの議員は、「棺桶に入っていた人が、突然生き返った」と無礼千万なことまで言ったとも聞いている。

二階堂は、葉巻を、たてつづけにふかした。

〈言いたい放題の、汚い言葉を連発して、この老骨を、どれほどコケにすれば気がすむんだ。あの馬鹿めが！〉

だが、一転して眼を身内に転ずれば、二階堂も不安を覚えないわけではなかった。

二階堂を担ぐ議員、江﨑真澄、小坂徳三郎といった幹部は、生粋の田中派ではない。いずれも外様だ。ただ一人、田中派生え抜きの幹部は、山下元利だけだ。もちろん、中堅にはいるが、力のある幹部は、彼ら三人である。

政治家は、利にさとい。たとえ、二階堂グループが二十人しか集まらなかったとしても、二十人いれば、確実に閣僚ポストが一つまわってくる。そのほうが、百二十人を集めようという竹下グループにいるより、よほど確率が高い。田中派が完全に竹下に牛耳られれば、彼らはもはや、いい目がみられなくなることは、先刻承知だ。江﨑、小坂ら、とくに外様は、生え抜きでないゆえに、いっそう自己保身の念が強くなる。それゆえに、つい自分たちの利に走り、おれを本気で担ごうとしているのかと、ふと不安になることがあった。

その点、二階堂がただ一人幹部で信頼するのは、生え抜きの山下元利であった。生え抜きは、田中への義理に厚い。したがって、おれにお墨付きをくれた田中のために、おれを本気で担いでくれる。

窓の外は、しだいに暮れていこうとしていた。二階堂は、怒ったような表情になった。

砂防会館別館に到着したのは、六時少し前であった。

報道陣が、どっと車のまわりを取り囲んだ。

二階堂は、ドアを開け、外に出た。マイクが何本も、顔の前に突き出された。

「これから、出馬表明の説明ですか！」

「どういう決意でのぞまれるんですか！」

二階堂は、一言も口をきかなかった。急ぎ足で人垣を突き抜けると、砂防会館別館に入った。

夕刻六時すぎから、砂防会館別館三階の田中派事務所で、臨時常任幹事会が開かれた。

常任幹事会のメンバーは、座長の小渕恵三をはじめ、小沢一郎、梶山静六、羽田孜ら竹下グループ、奥田敬和、河本嘉久蔵ら中間派、それに山下元利、林義郎、世耕政隆ら二階堂グループで構成されている。

このうち、中間派でも、奥田敬和は、竹下寄りである。圧倒的多数が、竹下グループである。中間派の小沢辰男田中派事務総長も、同席した。

まず、座長の小渕が太い黒縁眼鏡の奥の眼を走らせ、派内の中堅・若手議員の意見聴取の結果を報告した。

「昨日の突然の二階堂会長の出馬表明は、派内の意見のほとんどが、派の機関決定をまったく無視したものだと批判的です。二階堂会長の真意を聞きたいという声が各方面から出され、それで今日このように、臨時の常任幹事会を開き、二階堂会長に来ていただきました」

二階堂は、まばたき一つせず、小渕のあいさつに耳を傾けていた。

「二階堂会長、どうぞ」

小渕に言われるまま、二階堂は、しゃべりはじめた。内外の緊迫した情勢に、奮いたって出馬表明をした、と説明した。

「しかし」

と、二階堂はつづけた。

「だれにも相談をせず、派の機関にもかけず、迷惑をかけた。わたしの発言は、未曽有の難局を憂い、〝乃公出でずんば〟という決意を示したものだ。竹下幹事長への嫌がらせなどともとられており、当惑している」

「乃公出でずんば」というのは、「このおれさまが出てやらなければ、他の者に何ができるものか」という意味である。

竹下グループの一人が、訊いた。

「それでは、今後、常任幹事会を尊重してくれるんですね」

「それは、そうだ」

「派内の総意も、尊重するということですね」

「だから、そういう会をやるから話を聞いてくれ、というならよく話を聞いて、それを尊重する、ということだ」

「では、昨日の発言は、ただちに総裁選出馬を意味していないんですね」

「それは、ちがう！」

二階堂は、語気を荒らげた。

竹下グループの幹部たちは、なんとか前日の二階堂出馬声明を、うやむやにしようと考えていた。なんとしても田中派の総裁候補を竹下登で一本化したかった。そのために、どれほどの精力を費やしてきたことか。二階堂会長解任まで画策し、その実行の直前になって、二階堂に先を越されて出馬表明をやられてしまった。

二階堂の隣の山下元利も、いきりたった。竹下グループの幹部たちは、激しくやりあった。

竹下グループの幹部の一人からは、

「田中のオヤジは、いまは口も満足にきけない。そんな人を、なぜ利用するんだ」

といったような、普通では表に出せない発言まで飛び出した。

二階堂は言った。

「とにかく、派の総意を尊重するということは、わたしが辞退するとかではない。最終的に『竹下、竹下』と九十九人が決めてきても、田中さんが反対なんだから、会長であるわたしは、それに賛成できない」

竹下グループにとっては、きわめつきの言葉であった。二階堂は、どんなことがあっても、竹下は認めない、と言ったのだった。

竹下グループの幹部たちは、騒然となった。

どう見積もっても、二十人前後しか押さえていない二階堂のことを、竹下側近グループは見下していることも事実であった。

が、二階堂は、攻めれば攻めるほど、態度を強硬にする。老いの一徹である。人生の終末にさしかかった二階堂に、恐ろしいものは何もなかった。

二階堂は、席を立った。

〈もう言いたいことは言った。ここにいる必要はない〉

二階堂が去ると、小渕が、すでにつくりあげていた三項目の合意書を取り出した。それには、こう書かれていた。

一、一致結束して、政局にあたる。

二、二階堂氏の出馬表明は、政局に一石を投じたものだ。

三、今後、常任幹事会などの機関を通じ、派内の総意を尊重して対処する。

田中派分裂回避、結束維持を強く訴える小沢辰男の意向を汲みながら、二階堂グループの林義郎が、全員の合意を得て、特別の解釈を加えないまま、この三項目に常任幹事会の考えを集約した。二時間が過ぎようとしていた。

その後、座長の小渕は、報道陣に、合意事項について述べた。

「二階堂会長の発言は、派内で機関決定された正式な立候補表明ではなく、派の認知を受けていない。したがって、個人的な熱意を披瀝（ひれき）した発言にすぎないことが確認された」

あきらかに、二階堂の出馬表明と、臨時常任幹事会での発言をねじ曲げる説明であった。

あとでそれを伝え聞いた二階堂や山下、江﨑らは、怒りを爆発させた。

「許せぬ！　完全に、二階堂さんやわれわれを、無視している！」

「常任幹事会など、無意味だ。あいつらの好きなようにされるだけだ」

「こうなったら、こちらも緊急記者会見を開いて、はっきりと言いましょう。そうしないと、すべてがうやむやにされてしまう！」

夜十時半すぎ、二階堂は、紀尾井町のホテルニューオータニ内で、緊急記者会見をおこなった。

二階堂の右には山下元利が座り、左には世耕政隆が座った。

二階堂は、トレードマークの葉巻を右手にはさんだまま、強い調子でまくしたてた。

「わたしは、立候補を辞退するとかは、ひとことも言っていない。明確に言っておく。そういう決意であるから、立候補すると言った。党員としても、政治家としても、責任を果たすつもりだ」

さらに、臨時常任幹事会の席で発言したことを披露してから、最終宣言をするように言った。

「竹下一本化を前提にまとめてくれ、と言われても、田中さんが反対しているから、同意できない。総裁選に出るなら、竹下派をつくってやったらどうかと、前から言っている。竹下さんは、身柄をわたしに一任すると言っている。金丸さんも『そのとおりだ』と、前に言っていた。しかし、竹下さんに一本化してやるという話になって、新聞に書かれる。そういう前提では、話はできない」

竹下グループの竹下一本化工作は、木端微塵（こっぱみじん）に吹き飛んでしまった。

翌五月十六日、竹下系の幹部が呼びかけた常任幹事会を、二階堂系はボイコットした。

さらに、午後には、田中家側から、前日の二階堂が田中角栄に出馬の〝お墨付き〟をもらった際の証拠写真が、三枚公表された。しかも、その三枚は、田中みずから選んだものだとされていた。

しかし、田中復活の見込みはないと信じている竹下とそのグループを、動揺させるまでにはいたらなかった。

竹下、笑顔の戦闘開始宣言

五月十九日午後四時すぎ、自民党幹事長の竹下登は、永田町二丁目の第一議員会館の玄関を、ＳＰと秘書、報道陣に囲まれて入った。

二段に分かれている正面の階段を上がると、エレベーターホールである。エレベーターは、三台並んでいる。竹下は、いちばん右のエレベーターに乗りこんだ。

秘書が、五階のボタンを押した。

五階の五二三号室は、二階堂事務所である。そこでは、二階堂が待っている。十四日の二階堂出馬宣言以来、竹下は初めて二階堂と会うことになった。

竹下は、二日後の、二十億円を集めるといわれる竹下パーティーについて、ある依頼をしにやってきたのであった。そして、その依頼には、竹下と二階堂の関係を、決定的なものにする爆薬が仕掛けられていた。

国会二階の幹事長室を出るときに、新聞記者から、

「二階堂さんと会うのは、気が重いでしょう」

と問われた竹下は、

「失礼なことを言うな」

とその記者を睨みつけたほど、イライラしていた。

が、いまや、竹下は、爆薬をいつもの笑顔の下に隠して、五二三号室に入った。四時十三分だった。

「約束の時刻までには、まだ間があるな」

と二階堂が葉巻をくわえ、新聞を読みはじめた。ちょうどそのときである。

竹下は、顔に、いっそうとっておきの笑みをつくった。人なつっこい表情になる。

二階堂も、気まずそうな笑いを浮かべ、竹下を奥の応接室に通した。

二人は、握手さえ交わさなかった。

二人は、これから何が起こるのか知っていた。

竹下は、二階堂にすすめられた壁際のソファーに座った。二階堂は、竹下の斜め右にある正面の主人用の椅子に座った。

竹下は、二階堂が腰をおろすとき、入室したときからつくっている笑顔のままで、お辞儀をした。

適当に雑談を交わしあったあと、竹下のほうから切り出した。竹下は、いつものおだやかな口調で言った。

「わたしのパーティーの発起人を、二階堂さんにお願いして受けていただいた。先月二十一日から今月の二十一日に一ヵ月延期する際、新聞広告を出したときも、二階堂さんのお名前をお借りした。したがって、いよいよパーティーが近づき、明後日お出かけいただきたいというのが礼儀だと思います。が、わたしからお断りするというのもいかがと思うけれど、もし、ご迷惑をおかけするようなことがあってもならないと思いまして、ご出席は、ご遠慮願えないでしょうか」

それは、竹下の、二階堂への訣別（けつべつ）宣言であった。さらにいえば、パーティーに、目標である百二十名が集まる目処が立ったという、勝利宣言でもあった。

しかし、二階堂は、格別驚いたような表情すら見せなかった。さらりと応じた。

「自分たちが依頼を受けて引き受け、今日まで進んできた。が、自分の都合で断るということは、角が立つので、あんたからそういう話があれば、ちょうどよかった。行かないことにする」

竹下は、あいかわらずおだやかな調子で受けて言った。

「そのかわり、電報でも打っていただければ……。電報は、真っ先に読みましょう」

「あんたも、一生懸命、幹事長職をやっている。今日は、そのほかの話はしないことにしよう」

さあ、もう帰ってくれ、と言わんばかりであった。

竹下は、黙ってうなずいた。

両者のあいだには、ゆっくりとした調子のなかにも、すさまじい鍔迫り合いがおこなわれていた。

パーティーへの二階堂の出席の是非をめぐって、この日まで綱引きを演じてきた。

竹下グループは、

「二階堂が出席して、『ぼくが一足先に総理総裁をめざすから、竹下君をよろしく』とぶつような事態にでもなると、だれの激励パーティーか、わからなくなってしまう」

一方の二階堂グループは、

「竹下の事実上の出陣式になるパーティーに出席することで、〝竹下擁立認知〟の印象を与えかねない」

など、疑心暗鬼が渦巻いていた。

この日の正午から開かれた衆議院本会議の議場で、竹下の命を受けた副幹事長の梶山静六が、動いた。

二階堂側近の山下元利と接触した。

そこで、梶山は、

「竹下パーティーに二階堂さんが出席すれば、不測の事態が心配される。なんとか、出席を見合わせていただけないか」

と打診したのだった。

山下は、二階堂や江﨑真澄らと協議し、二階堂・竹下会談の直前に、竹下からの申し入れを受け入れた。また、決定的な対立を回避するために、会談はパーティー出席見合わせの要請だけにする。会談は短時間にする。という二つの合意に基づいて、二階堂・竹下会談はセットされたのである。

二階堂は、その会談に、江﨑を同席させることも依頼していた。

〈竹下と差しの会談になれば、あとでまた内容が誤って伝えられてしまうかもしれん〉

二階堂は、そう警戒したのだった。

いずれにせよ、二階堂は、竹下パーティーには出席しないつもりであった。それを読んだ竹下とその側近グループが、二階堂出馬宣言のしっぺ返しとばかりに打った一幕であった。

竹下は、五二三号室を出た。竹下の顔から、笑顔は消えていた。

二階堂への訣別宣言は、また、本格的な戦闘開始宣言でもあった。

鉄の団結を誇った田中軍団も、ついに真っ二つに割れた。二階堂グループと竹下グループによる、血で血を洗う闘いがはじまったのである。

中間派の抱き込みにかかった極秘会談

竹下グループは、昭和六十二年五月二十一日に開催する「竹下登・自民党幹事長激励の夕べ」を、実質的な竹下派旗揚げと、竹下の総裁選出馬への決意表明の場としようと目論んでいた。そのために、なんとしてでも田中角栄を除いた田中派百四十一人のうち百二十人を結集しようと、熾烈な中間派取りこみ作戦を展開した。

五月二十日夜六時五十分すぎ、竹下は、国会議事堂二階の幹事長室を出た。

この日の午後、二階堂は、七月十日に大阪で開くパーティーの協力を九州財界に求めるため福岡入りしていた。幹事長室を出た竹下のまわりに、いつものように幹事長番の記者たちが集まってきた。しかし、記者たちは、いつもより神経の張りつめた様子であった。竹下に訊いてきた。

「これから、どちらへ？」

竹下は、この日ばかりは、どうしてもそれについて答えられなかった。聞いて聞こえぬふりで、あやふやな笑いを浮かべて国会議事堂を出た。

急いで黒塗りのトヨタ・センチュリーに乗りこんだ。

これから、田村元と会うのだ。竹下の後見人である金丸信も、同席することになっている。

田村元は、田中派の中間派で、おなじく中間派の奥田敬和とともに、およそ四十人といわれる中間派のまとめ役になっていた。が、両者は、真っ二つに分かれていた。奥田は親竹下をはっきり打ち出しているが、田村は旗幟を鮮明にすることを、いつまでも留保しつづけていた。

〈明日二十一日に開く自分のパーティーに、なんとしてでも百二十人を集めてみせる。自分を支援する議員がこんなにいるということを大々的にアピールし、二階堂グループの存在を吹き飛ばしてしまおう〉

それには、田村元とそのグループに、明日のパーティーに出席してもらわなければ困る。

竹下は、そのために、金丸とともに、田村に会いに行こうとしていた。

その頃、金丸信も、元麻布の自宅を出ようとした。ところが、玄関前に出た金丸のまわりを、田村との会談に敏感になっている報道陣が、どっと取り囲んだ。

〈こりゃ、だめだ。行けねえな〉

金丸は、出るに出られなくなった。

竹下も金丸も、田村との会談を極秘裡におこなおうと、神経質すぎるくらいになっていた。田村のことである。先の見えている二階堂と手を組むことはないであろう。要は、ポストをふくみ微妙な問題をはらむだけに、田村との会談が世間にあきらかになれば、田村も動きにくくなることを、金丸も竹下も配慮していたのだ。

田村らは、創政会の向こうを張って二階堂を大将にし、江﨑を副将、山下を会計、田村を幹事長とする非創政会グループを立ち上げていた。みんなで分相応にカネを出しあい、しばらくは非創政会グループを維持した。

しかし、マスコミは、どうしても創政会に注目する。そのうち、非創政会グループに参加しているメンバーが田村のところに訴えてきた。

「このままでは、どうにもなりません。われわれも、創政会に参加したい。先生、われわれを連れていってください」

「わかった。考えておく」

そこに、竹下と金丸から会いたいという電話があったのである。


さて、国会議事堂を出た竹下は、近くの、彼らの作戦本部としてよく使うキャピトル東急ホテルの地下駐車場にわざと一度入り、エレベーターで上の階に行くよう見せかけた。そうしておいて、裏口にあらかじめ待たせておいたハイヤーに飛び乗った。報道陣の追跡を、完全にまいていた。

竹下は、ハイヤーを浅草に向かわせた。そこに、田村元が待っているはずであった。田村の待っている料亭に、竹下は入った。田村と向かいあって座った。金丸は、結局来なかった。というより、記者につかまり、来られなかったのである。

この席で、竹下は、田村元の抱きこみにかかった。

「新派閥をつくることになりそうだ。ぜひ協力してほしい」

「わかった。おれは、十年前から、竹下育成論者だ。あんたの子分にはならんが、全面的に協力する。ただ、竹下直系だけを重用する側近政治だけはやめてもらいたい」

「これからの、わたしの行動を見てもらいたい」

「カネは、おれも負担する。いつでも言ってほしい」

「ありがたい」

田村は、会談が終わると、竹下に申し出た。

「この会談が表沙汰になっては、二階堂の説得ができなくなる。あくまで伏せてほしい」

田村は、午後十時すぎ、渋谷区松濤の自宅に帰ると、待ちかまえていた記者団に説明した。

「金丸に会おうとしたが、会えなかった」

一方、竹下は、田村が帰ってからわざわざマッサージをとった。料理屋の灯まで落とさせた。二時間ほど時間を稼いだあと、ハイヤーで、世田谷区代沢の自宅に帰った。深夜の零時を過ぎていた。

玄関前には、番記者たちは張っていなかった。カメラマンが、二、三人いるだけであった。竹下は完全に行方をくらますことに成功したのである。

竹下は、自室に飛びこむと、側近たちに電話をかけはじめた。

田村は、田村グループ三十人をキャピトル東急ホテルに招集した。一人ひとりに意見を聞いた。

六割ほどの議員は、賛成した。

「竹下派が結成されるなら、合流したほうがいい。もともと同根なんだから、合流して総裁選を闘いたい」

が、稲村利幸（いなむらとしゆき）、田村良平（たむらりょうへい）らは抵抗した。

「竹下と一緒にやりたくない」

田村は、口説いた。

「半分以上の人は、軟化しているんだからしようがないじゃないか」

結局、稲村、田村良平ら十人は最後まで抗戦し、二階堂グループに残ることになる。

田村は、自分の十数人のグループを引き連れ、竹下パーティーに出席することになった。

田村は、さらにそのあと、福岡から帰ってくる二階堂と会い、派内の一本化を持ちかけることにしていた。

彼我の差を見せつけた竹下パーティー

二階堂グループの江崎真澄、小坂徳三郎、山下元利、田中直紀らは、五月二十一日、午前十時前に、ホテルニューオータニの一室に集まった。彼らは、竹下パーティーへの自主参加を確認するとともに、江崎ら主要メンバーは、そろって欠席することに決めた。

夕刻、いよいよ全国民の注目を一点に集めた竹下パーティーが開かれることになった。

港区芝公園の東京プリンスホテル前を走る日比谷通りは、車の渋滞で、流れを止められた血管のようであった。交通整理の警察官に加え、機動隊までが出動していた。

数珠つなぎになった黒塗りの乗用車やハイヤー、タクシーは、いずれも一台、また一台と、ホテルの玄関につづく道に、ゆっくりと吸いこまれていった。

都営地下鉄三田線の御成門の出口は、ホテルの玄関まで、いつ果てるともなく、人々を吐き出していた。

ホテルの玄関前には、各テレビ局の中継車がずらりと並び、上空には、報道関係のヘリコプターが、うなりをあげて低い位置で旋回していた。

まだ、夕刻の五時半であった。

「竹下登・自民党幹事長激励の夕べ」は、東京プリンスホテル二階の「鳳凰の間」で、六時からはじまることになっていた。

にもかかわらず、「鳳凰の間」は、すでに続々と詰めかけてくる人々で、最大収容人数四千人を、はるかに超えていた。異常なほどの熱気が充満していた。

参加者は、とても「鳳凰の間」だけではおさまりきれなかった。ついに隣の「マグノリアホール」まで、ぶち抜かれた。「鳳凰の間」千六百五十平方メートル、「マグノリアホール」五百五十平方メートル、合わせて二千二百平方メートルのスペースは、それでも、立錐の余地もないほどに参加者で埋めつくされた。

なんと、一万三千人。一平方メートルあたり、六人という異常な混みぐあいであった。

ステージの左わきのマイクの前には、小渕恵三、中西啓介、中村喜四郎ら六人の司会団が立っていた。

「こりゃ、すごい人だ」

「大成功だぞ」

と口々に、ささやきあった。

「開演時間にはまだ少し時間があるが、もうはじめたほうがいいですよ」

参加者のあいだからは、「早くはじめろ！」といった野次が飛んでいた。

ステージの左には、ずらりと来賓の財界首脳と国会議員が座っていた。最前列のいちばんステージ寄りから、経団連会長の斎藤英四郎、関西電力元会長の芦原義重、そして竹下とは盟友関係といわれる自民党総務会長の安倍晋太郎、東京都知事の鈴木俊一。その後ろの列には、ステージに近い席から、もう一人のニューリーダー大蔵大臣の宮澤喜一、金丸信、社会党書記長の山口鶴男と野党幹部までが姿を見せていた。


五時五十四分。司会団の一人、小渕恵三が、絶叫するように、声を張りあげた。

「永田町のみならず、日本全国が注目する『竹下登・自民党幹事長激励の夕べ』を、はじめます！　竹下幹事長ご夫妻、どうぞご登壇ください！」

竹下が夫人の直子をしたがえて、ステージに姿を見せるや、一万三千人の参加者からは「ウォーッ！」という歓声が、怒濤のようにあがった。小渕が、つづけた。

「さっそく、初めに、二階堂会長の祝電を披露させていただきます！」

同時に、会場は、どっと笑いの渦につつまれた。反二階堂感情で、固まっていた。

小渕が、読みあげた。

「『竹下登・自民党幹事長激励の夕べ』のご盛会を、およろこび申し上げます。竹下君と、ご出席の皆様方のご健勝を、お祈りいたします。やむをえず欠席の非礼を、お許しください。二階堂進」

冷笑とともに、

「嘘だろッ！」

「もういい、やめろ！」

という野次が、浴びせられた。その野次に、また会場は、どっとわいた。

ステージの上の竹下登は、パーティーの成功を、確信した。

〈これで、二階堂の色を、ぐっと抑えることができるな〉

まず、発起人代表の小松製作所の河合良一（かわいりょういち）会長があいさつに立ち、

「竹下政権の誕生こそ、もっとも熱望されるとき」

とぶちあげると、会場からは、「そうだ！」の合いの手が入った。パーティーは、のっけから、まさに、竹下の総裁選出陣式のムード一色となった。

金丸の右隣に座っていた宮澤は、急に腰を上げると、金丸に、「所用がありますので、今日はこれで」と言った。そそくさと、会場を立ち去った。

宮澤は、ステージに立って、竹下激励のあいさつをしなければならなかった。が、パーティーの盛況ぶりと、のっけから竹下出陣式の様相を呈したのを見て、急に嫌気がさしたのであった。

パーティー開始直後、田中派で中間系の官房長官後藤田正晴（ごとうだまさはる）が、竹下パーティーの批判をした、とのニュースが会場に流れた。

「幹事長は党全体のためにカネを集めるべきなのに、個人のカネを集めている。わたしは、この観点から、パーティーに欠席する」

と、後藤田は、記者会見で厳しい考えを述べたというのだ。

これを聞いた竹下側近の梶山静六は、顔を真っ赤にして息巻いた。

「なにを言ってるんだ。中曾根だって、自分の派のカネ集めパーティーをやったじゃないか。閣僚だってやっている。党役員が、やってはならんということはない！」

パーティー会場では、司会の中西啓介が、声を張りあげた。

「本日は、自民党の幹部、ならびに党役員のみなさんに多数ご出席をたまわっておりますが、そのみなさ

んを代表されまして、総務会長、安倍晋太郎先生に、ごあいさつを頂戴いたします！」

竹下の盟友、安倍派の領袖である安倍晋太郎が、早くも登壇するとあって、会場はさらに火がついたような一段と高い拍手と歓声に包まれた。

安倍は、ステージに上がった。さすがに竹下、宮澤とともに総裁レースを争う大物だけあって、ステージにパッと華が咲いたようであった。

ステージに上がると、安倍は親しい友人にするときのように、軽く右手を竹下に向かって上げ、「よッ」と短く言った。その気軽な調子に、会場からは、小さな笑い声が洩れた。

竹下も、それまでの笑顔とはちがう、親しみのこもった笑顔で、安倍の気軽なあいさつを受けた。

そうやって、二人は、一万三千人の参加者に、盟友関係を印象づけた。

安倍は、竹下に歩み寄ると、握手を交わし、ステージ中央に歩み出た。

あらためて壇上から見渡すと、安倍は参加者の多さに息を呑んだ。

この日の朝、安倍は、

「はたして、どのくらい集まるのかなあ……」

と、竹下パーティーのことを、まるで自分のことのように気にかけていた。

気になるのも、当然であった。竹下パーティーが、竹下を総裁候補として擁立する田中派メンバーの集まりになる、と位置づけていたのは、なにも金丸や竹下だけではない。

おなじようにもっとも気にしていたのは、先ほど、ものの五分もいずに席を立った宮澤であり、安倍であった。

安倍にとって、竹下パーティーに集まる田中派議員が百人を下回れば、秋のポスト中曾根で、竹下のほうから、「安倍ちゃん、どうぞお先に」と総裁の椅子を譲られる可能性があった。

が、百人を大きく超えれば、その可能性はなくなる。

たとえば、百二十人が集まったとするなら、それだけの人数を集めるのに、竹下がどれだけのカネを要し、どれだけのエネルギーを費やしたか。竹下も、必死なのだ。それを、みすみす、安倍に先に総裁の座を譲るはずがない。

百二十人が竹下のもとに結集するとして、ただ一つ、安倍が竹下に総裁の座を譲られるとしたら、竹下と二階堂二人の総裁候補をめぐって、田中派が揺れつづけていなければならない。それには、秋まで、竹下が田中派を割らないことが、前提となる。が、それはほぼないだろう、と安倍は思っていた。

いま自分が上がってきたステージの向かって左下の来賓席を見てみると、集まった田中派の議員は、軽く百人を超えているようだ。座る椅子が足りず、立っている議員がおびただしい。そのほとんどが田中派の議員であった。

〈どちらにしても、「安竹連合」は守りつづけていかなければならん。もし、竹ちゃんがおれを裏切ることがあっても、そのときは、おれの器量が足りなかったということだ〉

政治家には似つかわしくなく、安倍には、不思議と、そういった人のよさがあった。

が、来賓席に来ている安倍派幹部は、気が気でなかった。長老の田中龍夫（たなかたつお）は、愚痴（ぐち）をこぼしていた。

「これで安倍は、せいぜい竹下政権の幹事長だな」

安倍派としては、竹下が八十、二階堂が六十ぐらいで田中派が割れることを期待していた。そうすれば、ニューリーダーの勢力は、安倍派八十五、宮澤派八十九で、三者がほぼ拮抗（きっこう）する。安竹が組み、国民的な人気でトップをいく安倍が、一歩抜け出せる、と読んでいた。

竹下に、求めている百二十人が集まれば、竹下系の数に頼りきっている安倍は、竹下の弟分というイメージが固定化してしまう。それを、恐れていた。

安倍は、マイクの前に立った。夕刻の六時十分をまわっていた。

反竹下の旗頭で、五月十四日に総裁選出馬声明をぶちあげた二階堂進は、羽田空港の到着ゲートに姿を現した。竹下の盟友である安倍晋太郎が、東京プリンスホテル「鳳凰の間」のステージに立った、ちょうどおなじ頃であった。

二階堂は、九州財界に七月十日に大阪で開くみずからのパーティーの支援要請を終えて、福岡からもってきたのであった。

到着ゲートを出る二階堂の足取りは、重かった。

竹下パーティーの盛況ぶりとは打って変わり、二階堂を出迎えたのは、山下元利ただ一人であった。山下が、「お疲れさまでした」とねぎらいの言葉をかけた。が、二階堂は、山下をちらりと見やっただけで、口を開こうともしなかった。

二階堂は、一歩下がって道を譲った山下の前を、初めから道が空いていたような足取りで通ると、到着ロビーを車が待っているはずの玄関に向かって、歩きはじめた。

二階堂よりも二まわりも恰幅（かっぷく）のいい山下が、そのあとを従者よろしく追った。

二階堂は、血の気の失せた唇を、ぐいと横に引っぱるように、真一文字に結んでいた。眼が、すわっている。不機嫌であった。報道陣が、取り囲んできた。質問が飛んだ。

「竹下さんのパーティーは、かなり盛大のようですが」

その質問が終わらないうちに、二階堂は、質問をさえぎるように言った。

「そうそう、いいですな。励ます会に、たくさん集まることは、いいことですよ」

表情を、まったく変えなかった。質問が飛んだ方向へ、眼をやりすらしなかった。うるさい蠅（はえ）を、追い払うような言い方であった。

二階堂は、それだけ言うと、報道陣をいっさい無視し、黒塗りのキャデラックに乗りこんだ。後部シートに、深々と小柄な体を埋めると、葉巻をくわえ、気持ちを落ち着けるように紫煙をふかした。

二階堂を乗せたキャデラックは、羽田空港から走り去った。

紀尾井町の、ホテルニューオータニに向かうためであった。

そこでは、田中角栄が、かつて「謀将（ぼうしょう）」と呼んだ中間派の元締め、田村元通産大臣との会談が、おこなわれることになっていた。

田中派議員百二十九人の圧倒的支持

東京プリンスホテル「鳳凰の間」のステージでは、自民党総務会長安倍晋太郎が、党を代表して、幹事長竹下への激励のあいさつをつづけていた。

安倍は、昭和三十三年初当選組で、竹下とは同期の桜であると友情を何度も強調し、「安竹連合」の結束の強さをさかんに印象づけたあと、竹下にエールを送った。

「彼はよく、わたしが見ておりますと、『我が道を往く』という揮毫（きごう）をしております。まさに、いまこそ『我が道を往く』、そういう出発点に立ったとわたしは思っております。

わたしたちは、昔からの仲間でございますが、十年前から、あるいは十五年前から、よく『十年たったら竹下さん』という歌を二人は歌っていました。今日、壇上にいま、その歌を思い出しております。いま、まさに竹下の新しい時代がやってこようと、そういう日を迎えているると、わたしは確信をいたしているわけでございます。

どうぞ、ひとつ、竹下幹事長は、日本のために、その持てる力をすべて燃焼し尽くして、頑張っていただきたい。親友として、また党を代表して、心からお祈りを申し上げ、簡単でございますが、激励のごあいさつに代えさせていただきます」

会場は、ものすごい拍手で、割れんばかりであった。

竹下と安倍は、満場の拍手を浴びて、ふたたび握手を交わした。

竹下パーティーは、「二十億円を集めた」と新聞各紙が、竹下側近議員の話をもとに報じていた。「いや、四十億円だ」という説もあった。

前年十月に開かれた安倍晋太郎の清和会会長就任、つまり福田赳夫から派閥の領袖の座を受け継ぎ、福田派から安倍派に衣替えしたときの披露パーティーが、十二億円を集め、史上最高とされていた。いずれにせよ、竹下はそれを、軽く抜き去ったのである。参加者一万三千人に加え、まさに、史上空前といえる規模であった。

ちなみに、二ヵ月前の三月に開かれた宮澤喜一の宏池会、つまり宮澤派会長就任を兼ねた同派三十周年パーティーの売り上げは、十億円であった。

田中派は、かつて田中角栄が、「田中派は、総合病院だ。たちどころに、どんな病人でも治せる」と豪語したように、あらゆる分野に精通していた族議員をとりそろえていた。それぞれが、その分野に、他派閥の議員以上の影響力を持っている。そのため陳情は、どんな分野のものでも、難なく処理できる、というのだ。

財政問題は、竹下登、建設は竹下、金丸信、防衛は金丸、商工は渡部恒三、梶山静六、農林は羽田孜、社会保障は小沢辰男、橋本龍太郎、選挙は、竹下、後藤田正晴といった具合だ。

しかも、族議員は、圧倒的に竹下グループが多い。これら、各分野に影響力を行使できる議員が、今回のパーティー券売りでも、どっと走りまわったのである。それぞれの関係省庁に頼み、そこから官庁の外郭団体へ、あるいは民間企業ならその系列の中小企業へと下りていく構図だ。

表向きは、竹下事務所がパーティー券を売る、ということだったが、その実、竹下グループ総出で売りまくったのである。

竹下グループの売り方は、徹底した低姿勢である。しかも、議員みずからが、その方面に出向き、頭を下げる。

「ひとつ、よろしくご協力お願いします」

政治家に企業が献金するのは当然だ、と思っている二階堂とは、ちがう。また、秘書を使う他派閥の高飛車なやり方ともちがう。

しかも、竹下系議員たちは、一度といわず、二度、三度とお願いに行くのである。

族議員のボスクラスに、そのように低姿勢で、しかもじっくりと来られては、企業側も悪い気はしないし、協力するにやぶさかでなくなる。それにも増して、パーティーの主人公は、次期総裁候補の竹下登なのだ。

ステージには、安倍晋太郎につづいて、竹下の人脈の広さを見せつけるかのように、野党幹部が登場した。社会党書記長の山口鶴男、公明党書記長大久保直彦、民社党書記長大内啓伍の三人であった。山口鶴男を真ん中に、右に大内啓伍、左に大久保直彦が立ち、山口が野党を代表して、あいさつに立った。

山口は、売上税問題で、あきらかに中曾根康弘と後藤田正晴を批判するとともに、野党の圧倒的勝利を高らかに謳いあげた。同時に、社会党書記長とは思えぬ、なりふりかまわぬ竹下へのエールは、売上税問題を通じて、竹下の人脈が、さらに深まったことを印象づけた。

つづく鈴木俊一東京都知事のあいさつで、鈴木都知事は、先におこなわれた都知事選での勝利を、竹下幹事長のおかげだと執拗なほどくり返した。

つづいて、司会団の一人中西啓介が、声を張りあげた。

「ここで、また、はなはだ失礼でございますが、司会者の独断を許していただきまして、竹下門下生の一人であります渡部恒三先生に、われわれの檄を、みなさんに訴えていただきたいと思います！」

うまい人選であった。会津訛りで、ユーモラスな印象を人に与える渡部恒三に、檄を飛ばさせるのだ。これを、武闘派といわれる梶山静六や小沢一郎にでもやらせたら、いきおい激しい竹下決起のアジ演説になり、パーティーは、生臭いものになってしまう。粛々と進めるなかにも、ぎらりと竹下擁立への決起を訴え、なおかつ生臭さを取り去るためには、渡部恒三以外になかった。

渡部は、ステージに上がると、竹下と力強く握手を交わして、マイクの前に立った。

「ご紹介いただきました、会津磐梯山の麓でとれました、渡部恒三でございます」

飄々たる風貌と、会津訛りに、会場からは、笑いが洩れた。

が、次の瞬間、渡部は表情を引き締め、ゆっくりとした調子で語りはじめた。徐々に激烈な、文字どおりの檄を飛ばした。

「昭和四十七年、ちょうど十五年前になります。今日、ご出席をいただいておる橋本登美三郎大先輩を先頭にして、当時、中堅若手の代議士であった金丸副総理大臣、竹下幹事長のご指導のもとに、わたしたちは若き党人内閣をつくろう！　日本列島改造論をやろう！　と田中内閣をつくり、田中内閣ができたのであります。当時、わたしたち若い者の全部は、田中先生の次には、竹下内閣をつくろう！　そう決心をいたしておりました。

あれから十五年の歳月、いろんなことがありました。つらいときも、厳しいときも、苦しいときも、心のなかで、『十年たったら竹下さん』との夢を抱きながら、今日まで、頑張ってまいりました。あるときは三木内閣を支え、あるときは福田内閣をつくり、あるときは大平内閣を支え、あるときは鈴木内閣を支え、今日中曾根内閣を支えて、日本のため、自民党のために頑張ってまいりました。風雪に耐えて、忍びに忍んできた十五年、いよいよ竹下登先生の出番がやってまいりました」

渡部は、躍りあがるように訴えた。会場は、渡部の檄に、最高潮に盛りあがった。

渡部の檄を聞く竹下の表情は、厳しいというより、恐ろしいものに変わっていた。視線をやや下に向けたその眼は、思いつめたように、まばたき一つしなかった。竹下は、奥歯を噛みしめていた。顔は紅潮し、両手はぐっと握りしめられていた。初めて、公の席で放つ竹下決起の檄である。

竹下は、渡部の檄が終わるや、一度頭をうなずくように振った。それまでの険しい表情をゆるめると、一歩足を踏み出し、踵（きびす）を返して感極まった面持ちで手を差しのべてくる渡部恒三と、両手で固く握手した。

竹下は、涙がいまにもあふれそうになっている渡部の眼を、しっかりと見た。

ステージを降りる渡部に、またどっと拍手がわいた。完全なる決起大会となった。

司会の中西啓介が、声を震（ふる）わせて叫んだ。

「ここで、みなさんの熱い励ましとご厚情に応えて、本人、自由民主党幹事長竹下登が、御礼のごあいさつを申し上げます！」

竹下が、渡部の檄を受けて、いよいよマイクの前に立つ。舞台は、ととのった。会場は、期待感で、一瞬、水を打ったような静けさになった。次に、拍手が驟雨（しゅうう）のように起こり、竹下がマイクの前に立った。

竹下は、三十年の代議士生活を振り返ったあと、いよいよ決意を語った。

「国民のみなさま方の声に耳を傾けながら、今後のわたしの残された政治生命というものは、まさに」

竹下は、両手を握りしめるや、胸の前にぐっと引きつけた。力をこめると、両腕を震わせながら言った。

「この五尺四寸の体全体を燃焼し尽くすことこそ、わたしに与えられた最後の使命である、ということを感じたわけでございます。本日、みなさま方に激励をたまわり、みずからの責務の重大さを感じ、そして、みなさま方に対して心からなる感謝の気持ちを申し上げ、竹下登のごあいさつを終わります。ありがとうございます」

拍手が、どっとあがった。

「五尺四寸の体全体を燃焼し尽くす」とは、竹下が、創政会旗揚げ以来、一貫して言いつづけてきた、だれもが聞きなれた言葉であった。使い古された言葉、といってもいい。

が、そのあとにつづく「最後の使命」の「最後」という言葉は、いままで一度も使わなかった。この言葉に、竹下は、万感の思いをこめていた。

事実上の総裁選出馬表明――そういっても過言ではなかった。

時計の針は、夕刻の六時三十分を指していた。ステージには、続々と国会議員たちが登壇しはじめた。原健三郎衆議院議長の音頭で、乾杯がおこなわれるのである。

そのなかには、安倍晋太郎の顔もあった。パーティーがはじまって三十五分、忙しい身であると同時に、宮澤喜一が五分足らずで席を立ったことを考えると、異例の長さであった。安倍は、それだけ竹下との盟友関係を持続させたい、ということであった。

二百人もの与野党をふくめた衆参両院議員が、蟻の行列のごとくステージに上がっているさなか、司会の中西啓介が、声を張りあげた。

「木曜クラブの衆議院議員、六時三十分現在で六十八名！　参議院議員四十八名！　合計百十六名が出席をいたしております！」

会場は、どっとわいた。

宏池会の宮澤側近の加藤紘一は、思わずつぶやいた。

「まるで選挙の開票速報みたいだな」

田中派の出席者数の発表は、あきらかに二階堂グループに対する勝鬨であった。竹下一本化どころか、みずから出馬宣言した二階堂に、派内の絶対多数は竹下を応援しているという事実を、突きつけたのであった。

ステージには、来賓の国会議員すべては上がりきれず、ステージの下にまであふれた。

乾杯の音頭をとる原衆議院議長は、田中派百十六人が集まったということに刺激されて、言った。

「この事実は、何にも増して、竹下政権が近いと思わざるを得ない。わたしも早稲田大学出身ですが、早稲田大学出身の国会議員は、いつでも八十名から九十名くらいの人がおります。それが、みんな全員、早稲田大学から総理大臣を出したい、竹下を総理にしたい、と思っております。わたくしどもが、その日を一日も早く実現することを期待します」

原は、もともと中曾根派であった。が、竹下内閣実現に向けて、早稲田出身の国会議員が派閥を超えて一致していることをぶちあげたのである。

乾杯のとき、正面向かって左側にいる安倍晋太郎は、苦虫を嚙みつぶしたような表情になっていた。

乾杯につづいて、評論家の堺屋太一が、竹下総理待望論をぶった。

そのあと、ふたたび、司会の中西啓介が、声を張りあげた。

「その後、お見えになられました国会議員、木曜クラブ参議院議員四十八名、衆議院議員が七十名、合計百十八名でございます！」

さらに、田中派長老の原田憲が、竹下内閣実現をぶちあげ、竹下がふたたび簡単なあいさつをしたあと、中西が躍りあがるようにして叫んだ。

「ただいま、木曜クラブ所属の国会議員、百二十名を突破しました！」

東京プリンスホテルの「鳳凰の間」は、まさに竹下を中心とした大竜巻が起こったかのような騒ぎであった。

もはや、竹下が出馬表明をハッキリと打ち出さなくとも、竹下決起は、公然の事実となった。

「いくらでも遠回りをするが、狙いだけは、絶対にはずさない」

そう評される竹下流の政治手法が、にじみ出ていた。

結局、パーティーには、田中角栄をのぞいた田中派百四十一人中、百二十八人もが集まった。そのうち、本人出席が百二十人、代理出席は八人、欠席は十三人であった。中間系が、前日の竹下・田村会談によって、雪崩を打って駆けつけた結果であった。

欠席の十三人は、いずれも二階堂系、であるかに見えた。が、そのうち一人は生粋の竹下系染谷誠だった。染谷は、脳梗塞で倒れ、秘書が代理出席したが、肝心の名刺を出し忘れたために、欠席とされたのである。実際は、百二十九人が結集したことになる。

百二十人突破の知らせを聞いた梶山は、来賓席の後ろで、

「よし！　これで決まりだ！」

とはしゃぎまわった。

小渕恵三の音頭による三本締めが終わって盛大に幕を閉じようとしていたところに、河本派の領袖河本敏夫が駆けつけ、最後の最後で、またもや会場をどっとわかせた。

河本は、三木武夫派の後継者として、昭和五十三年暮れの総裁予備選に立候補して、最下位落選、五十

七年には、河本派の領袖として、再度、総裁予備選に挑戦するが、また落選していた。六十年八月には、実質オーナーの三光汽船が会社更生法の適用を申請した責任を負って、中曾根内閣の国務相を辞任し、苦境に立っていた。

しかし、三十二人といえども、河本派は中曾根派とともに、ポスト中曾根の鍵を握る。

竹下は、びっくりした表情を見せ、次に、満面によろこびをたたえ、河本をステージに迎えた。河本に対する竹下の一つひとつの動作は、最敬礼するかのようだった。

「半年たったら、竹下さん！」

紀尾井町のホテルニューオータニの一室には、江﨑真澄、林義郎、保岡興治の三人の二階堂側近グループが、テレビの実況中継で、竹下パーティーの模様を、食い入るように見ていた。その盛況ぶりに、三人は、言葉を失っていた。

竹下パーティーの模様が画面から消えると、江﨑がテレビのスイッチを苛立たしそうに切って言った。

「そろそろ、二階堂さんが帰ってくる頃だな」

林義郎が言った。

「六時十分すぎに、空港から電話をもらったから、たぶん約束の七時には、間に合わないでしょう」

時計を見ると、六時五十五分であった。ドアがノックされた。秘書が、顔をのぞかせると、

「田村先生が、お見えです」

と告げた。散らばって座っていた三人は、さっとテーブルの一方の席を田村のために空けて座りなおした。

秘書が開けたままのドアから、田村が大柄な体をめりこませるように入ってきた。田村は、竹下パーティーに少し顔を出し、ここにやってきたのだ。

田村グループの内海英男(うつみひでお)が、あとにつづいた。会談の内容がまちがって伝えられては困るので、それぞれのグループから、見届け人を出すと、あらかじめ合意がしてあった。

田村は、ソファーに腰かけるや、野太い声で訊いた。

「二階堂さんは、まだなんだな」

「高速が、混んでるんでしょう！」

と林が短く答えた。

江﨑らは、目の前の田村が、いったい何をたくらんでいるのか、それぞれ疑心暗鬼になっていた。

江﨑と田村は、昭和五十年、一緒に田中派に入った。三年前の「二階堂擁立構想」では同志として、二階堂総裁候補擁立工作に走った仲である。

江﨑にしてみれば、今回も田村が二階堂のために動くのが当たり前だと思っていた。が、田村は、態度を保留しつづけている。しかも、竹下パーティーに出席までしているのだ。煮えくり返るような思いを抑えるために、江﨑は田村から、視線をそらしつづけた。

田村は、二階堂との会談にのぞんで、

〈ここは、ひとつ、竹下のために、二階堂を説得しておいたほうがいい〉

と考えていた。

田村は、出された茶を、分厚い唇ですすった。江﨑は、その音にさえ不快を感じて、座りなおした。

そのとき、ドア一つをはさんだ向こうの部屋で、ざわめきが起こった。秘書たちの声であった。緊張を破るようにドアが開くと、二階堂が、うしろに山下元利をしたがえて入ってきた。

「やあ、遅くなって」

と手短に言って、二階堂は、立ちあがった田村と握手を交わした。

二階堂は、奥の正面のソファーに、小柄な体をもたせた。半日、九州財界や鹿児島県人会に、七月十日の自分のパーティーへの協力について要請し、いま福岡からもどってきたばかりだとは思えぬほど、七十七歳の二階堂は、疲れを見せなかった。あるひとつの激しい怒りがこの老体を支えていた。

田村が、さっそく切り出した。

「出馬表明は、パリで聞きました。いったい、どういうことなのか、わからなかった。あまりにも、唐突すぎて。事前に、わたしにも知らせてほしかった」

田村は、二階堂出馬声明のその日、パリのOECD(経済協力開発機構)関係理事会に出席していたのである。翌十五日、帰国する日の早朝、同行記者の一人に叩き起こされて、そのニュースを聞いたのであった。

田村は、そのとき思った。

〈出たって、惨敗するぞ。江崎真澄、稲村利幸、田村良平らがおだてたんだな〉

田村は、身を乗り出すようにして、二階堂に訊いた。

「いったい、どういうわけで、あのような発言をなさったんですか。結論や背景を聞かせてください」

二階堂は、田村の眼を見ないで、

「唐突であったことは、認める」

と言った。顔をちらりと江﨑に向けて、

「この江﨑君に、事前に了解してもらっただけだ。だれにも相談していない。政治には、責任と信頼が必要だ。中曾根さんをはじめ、売上税の問題を見ても、だれも責任を取っておらんじゃないか。現在の政治は、与野党とも、無責任。政治は、もはや国民から離れとる。国際関係にしたって、もう、まやかしはきかんのだよ。おれは、そういう気持ちから、やむにやまれず立ったんだ」

二階堂は、そこまで一気にしゃべると、葉巻に火をつけた。

田村が言った。

「よくわかった、あなたの言われるとおりだ。しかし、現実問題として、それを押し通していいのかどうか、心配しているんですよ」

「おれは、田中派の会長で、田中派は田中さんのものだ。それなのに、若手の連中のなかには、おれをないがしろにする動きがあって、眼にあまる」

「それは、わかる。しかし、田中派を分裂させてはなりません。百四十一人が割れたら、もう元にはもどりませんよ。派を割ることに、協力はできません。わたしは、あなたが晩節を誤らないようにしてもらいたいんです。心配しているんだ。あなたは出馬表明をしたとおっしゃるが、出馬というのは、手続きを踏み、五十人の署名を添えて届け出をして、初めて出馬だ。いまは、みんな意欲がある、と言うだけです」

そして、田村は言った。

「いまなら、間に合います。出馬表明を、取り消せませんか」

二階堂は、ムッとした表情になった。

田村のその言葉を聞くや、いままでじっと聞いていた江﨑が、急に声を張りあげた。

「冗談じゃない！　いまさら、なにを言う！　二階堂さんは、四十年の政治経験のなかから、考えに考えた挙げ句、決意されたんだ。二階堂さんに、恥をかかせる気か」

二階堂は、射るような視線を下に落とし、葉巻をくわえたまま、腕組みした。

江﨑に激しく詰め寄られた田村は、言い返した。

「もし、ぼくが日本にいたら、二階堂さんに、ああいう発言はさせておりませんよ。むしろ、われわれが、二階堂さんに、『先生、どうぞ決起してください』とお願いして、そのうえで二階堂さんが諸般の情勢を見て、『やりましょう。謹んでお受けしたい』ということになるか、あるいは『いろいろ考えたが、そろそろ後進を育成する立場だと思うから』と言って断るか、いずれにしても、その場合だったら、二階堂さんに傷をつけないでしょう。どうして、先生に、あんなことを言わせとくんですか」

「しかし、いまさらあんたのようなことを言って、二階堂さんはどうなるというんだ！」

「もういい」

鋭い声で二人のやりとりに口をはさんだのは、当の二階堂であった。

その声を聞いて、江﨑は、乗り出していた体を、ソファーの背に沈めた。

田村は、二階堂に言った。

「あなたが、もし惨敗したらどうなる。あなたをおだてたヤツは、残念だったな、ですむが、あなたは、それで滅びるんですよ。あなたの郷里の南洲（西郷隆盛）のように、殺されてはだめだ。選挙でもなんでもそうだが、意地で出て身を滅ぼしたヤツは、どれだけいるかわからない。隠然たる力を残しておいたほうがいいじゃないですか」

二階堂は、田村の眼を見て言った。

「田村君、出馬表明したことに、変わりはない。おれは、国民に向かって表明したんだ。翻すわけにはいかん」

田村は、

「しかし」

と体を二階堂に抱きつかんばかりに向けたが、思い出したように体を引くと、ぽつりと言った。

「三年前の二階堂擁立構想のとき、わたしはあなたを支持した。が、田中さんが反対して、終わりましたね」

「そうだ。この前は、田中さんがだめと言ったが、今度はちがう。今度は、田中さんが認めたんだ」

「たしかに、そうかもしれない。しかし、世間は、田中さんは病気で、意思表示できるかどうかわからないと見ているんですよ。その人が認めたからといって、世間には通用しないのではないですか」

「………」

二階堂は、黙らざるを得なかった。田中のお墨付きこそが最大の武器である二階堂には、そこを衝かれるのがいちばん痛かった。

田村が言った。

「二階堂さん、勝てるのですか。闘うなら、勝てる闘いをしなければならんでしょう。死ぬのは、いつでもできます。わたしのことを、竹下に近いと言う人がいるが、そんなことはない。さっきのパーティーで、あいさつを断ってここに来たくらいだから」

田村は、あくまでも、中立であることを強調した。そうしなければ、二階堂にものを言えなくなる。竹下系では、いま、二階堂にものが言えるのは、一人としていないのだ。竹下、金丸に恩を売るためには、田村は、ギリギリまで、自分の旗幟を鮮明にしない戦略であった。

二階堂は、田村の申し出を、頑として突っぱねた。

「気持ちはありがたい。しかし、決意した以上は、あくまでも、やり抜く覚悟だ」

田村は、三日後の五月二十四日日曜日の八時半、ふたたび二階堂と会うことを約束して、ホテルニューオータニを去った。

二階堂は、自分でもわからぬ怒りで、拳を握りしめていた。

ちょうどその頃、東京プリンスホテル四階の一室では、パーティーを終えた竹下登をはじめ、梶山静六、小沢一郎ら側近グループとともに、島根からやってきた竹下後援会の会員が、大騒ぎを演じていた。

四階の一室は、パーティーの慰労を兼ねて、あらかじめ竹下がリザーブしておいた。集まった会員は、パーティー大成功の余韻を、思いのたけをぶちあげていた。竹下は、安堵感のなかで、ウイスキーの水割りの杯を重ね、顔面を紅潮させていた。

あいさつもそこそこに、全員の手拍子に合わせて、おなじみのズンドコ節の替え歌「十年たったら竹下さん」を歌った。竹下の眼は、自信に輝いていた。

〽佐藤政権　安定成長
　あとにつづくは　田中か福田
　その他人材　数々あれど
　十年たったら竹下さん
　トコズンドコ　ズンドコ……

歌が終わるや、だれからともなく、もう一度くり返しはじめた。

小沢一郎が、歌のラスト部分に差しかかったとき、大声で歌った。

　半年たったら　竹下さん
　半年たったら　竹下さん

室内は、笑いの渦に巻きこまれた。

そして、もう一度、全員で唱和した。

　半年たったら　竹下さん！

半年たったら　竹下さん！

歌声は、しだいに大きく、間合いが短くなっていった。まるで、半年後の総理総裁の座は、竹下で決定したかのような騒ぎであった。

第五章　新たなる「権力の興亡」

「竹下のやり方は、姑息で汚すぎる！」

昭和六十二（一九八七）年五月二十四日朝八時三十分、二階堂進は、飯田橋駅近くにある自宅マンションのセントラル・コーポラスに、田村元をふたたび迎えた。この日は日曜日とあって、新聞記者の眼を気にする必要はなかった。

三日前の田村との会談で、二階堂は、すでに田村は竹下登陣営に取りこまれている、と判断していた。あの晩、田村がホテルニューオータニを去ったあと、江﨑真澄が二階堂に言ったものだ。

「田村が、いくら竹下とわれわれのあいだを取りもとうとしても、田村は、もう向こうの人間ですよ。調整役の資格などありませんよ」

が、二階堂が、ふたたび田村と会うことにしたのは、あの会談の夜、田村の眼に、涙が光っていたのを見たような気がしたからであった。

それに、竹下へつこうとするなら、その人間に、これまで竹下が自分に対しておこなってきた仕打ちを話し、竹下グループの結束を弱めようという目論見もあった。

応接間のソファーに座ると、田村は、率直にズバリと訊いた。新聞記者は、張っていない。周囲を気にする必要はなかった。

「二階堂さん、たとえば、派閥総会の場で決を採るような事態になれば、このあいだのパーティーの参加人数を見て歴然としておるように、竹下を田中派の総裁候補に推すという結果になりますよ。そうなると、あなたの憂国の情は、泥にまみれる。わたしは、あなたを傷つけたくないんですよ。出馬表明を撤回してください。手遅れになりますよ」

竹下のパーティー「竹下登・自民党幹事長激励の夕べ」の翌二十二日午前、竹下の後見人である金丸信が、「竹下の総裁選出馬表明は、今月中におこなうべきだ」とぶちあげていた。

さらに、正午には、昭和五十一、五十四年初当選代議士でつくる「一〇五の会」、一回から三回当選代議士の「一二三会」、五十五年以降に初当選した参議院議員の「いろは会」の田中派若手議員グループ計六十七人による合同会議が、砂防会館別館三階の田中派事務所で開かれ、二階堂批判と同時に、竹下で派内一本化をしようという意見が相次いだ。

そのなかで、「一二三会」の田中角栄の女婿田中直紀が、訴えた。

「派の総意で選んだ会長が、出馬すると言っているんだ。派の結束をみずから果たそうということで、わたしは会長についていこうというんだ。全員、会長についていこう」

が、完全に無視された。

直紀をのぞく田中派の若手六十六人は、竹下擁立でがっちりと固まっていた。とくに、若手の場合は、地元に帰って、竹下でいくのかどうするのか、ハッキリとした考えを述べなければならない。そのためには、まず竹下の出馬表明が急務となる。血気さかんな若手たちは、側近グループを突きあげて、明日にでも「田中派は、竹下でいく」との決定を望んでいるのだ。

そのことを考えて、田村は二階堂に、出馬表明を早急に取り消せと言っているのであった。が、二階堂は、肚をくくっていた。

「おれは、選挙運動や、多数派工作をするつもりはないんだ。とにかく」

と声を強め、

「おれの出馬表明は、派内の竹下と多数を競うような派閥次元の争いではなくて、中曾根（康弘）政権の誤りを正し、政治に対する国民の信頼を回復するために、言ったことだ。表明した以上は、やる。しかし、自分は負けるかもしれん。そうなったら、鹿児島に帰って、晴耕雨読で暮らすさ」

田村は、呆気にとられた。

〈この人には、戦略というものが、まったくないのか〉

田村は、眼鏡をひょいと上にあげ座を正すと、体を前に乗り出し、膝の上に両ひじを乗せ、両手の指を合わせた。

「二階堂さん、しかし、田中本流を継承されるならば、惨めな人数では、田中さんの力もそこまでかというようなことになって、田中さんの顔に泥を塗ることにもなりますよ」

二階堂は、葉巻を手に取った。が、火をつけようともせず、しばらくそれを見つめてから、おもむろに口を開いた。

「田村君、もう数の政治の時代じゃないんだ。数の政治が、国民をまやかすのだ。国民の信頼というものは、自分に部下が何人いるということで獲得できるもんじゃない。田中さんには、それができた。だが、竹下などに、それができるはずがないんだよ。おれは、兵は少なくとも、国民に直接、自分の真情を訴えて歩こうと思っている」

「あなたを、そこまで追いつめたのは、いったい何ですか。竹下ですか」

「竹下は……」

と二階堂は、いやな顔をした。

持っていた葉巻にようやく火をつけるや、煙をしばらく漂わせた。

「竹下のやり方は、姑息で、汚すぎる！」

一声、二階堂は、吐き捨てた。

「あれは、三年前の例の一件のときだったよ」

二階堂は、田村をじっと見つめると、火をつけたばかりの葉巻の火を、揉み消した。

「例の一件」とは、田村も参謀役で加わった「二階堂擁立構想」である。二階堂は、話しはじめた。

「あのとき、竹下がおれのところにやってきて、『衆議院議長になる気はありませんか』と言うんだよ。おれは、竹下の肚がわかっていた。おれを棚上げする気だったんだ。ま、それは、去年のダブル選挙のあとにも、議長にならないかというおなじ話があったがね。当然、おれは受ける気はなかった。ただ、竹下がそれだけ言うなら聞き流しておけたのに、あいつは、つづけてこう言ったんだ。『議長になられることが、総理総裁へのいちばんの近道ですよ』

このおれをつかまえて、よりによってだれが聞いたって、あり得ないとわかることを言うんだよ。おれは、言ってやったんだ。そりゃ、おかしいよ。議長になるということは立法府において功成り名を遂げたことであって、戦後の憲政史上、議長から総理大臣になった者は見たことがない、とね。

竹下という男は、そんな不可解なことを平然と言うわけだ。そこまでして、おれを棚上げしてしまおうちゅう竹下に対しては、憤懣やる方ない気持ちだよ。しかも、それですめばよかったが、それ以降のおれに対する仕打ちは、いっそうエスカレートしたんだよ。おれは、竹下を絶対に許さん」

二階堂は、一気にまくしたてるや、思わずテーブルを、ものすごい勢いで叩いた。まさに「桜島のおっさん」の大噴火であった。

さすがの田村も、二階堂の見幕に、一瞬眼鏡の奥の眼を白黒させた。二階堂の怒りは、おさまらなかった。

「忘れもしない、去年の九月二十七日だ。竹下たちは、田中派の乗っ取りを仕掛けてきた。あんたも、よく知っている。あの日、軽井沢で木曜クラブの研修会を開いた。竹下のグループは、そこで改組を叫んで、結局あいつらの数の力で、常任幹事会ができあがった。いってみれば、『田中商店』から『株式会社』に変わったんだよ。そこで、九人の常任幹事が決められ、今後の運営は常任幹事会でおこなうということになった。おれは、また、会長になったが、結局は会長に棚上げされたも同然だよ。おまけに幹事会のメンバーを見れば、竹下グループが、圧倒的だ。乗っ取り以外の何物でもないよ。それからというもの、木曜クラブの運営は、会長のおれをまったくボイコットして、どんどん進んでいったんだ。

今年に入ると、竹下たちは、公然と多数派工作に出た。おれは、竹下と何度も会って話した。そのたびに、おれは竹下に、『派中派はだめだ。これは、田中さんの気持ちでもある。どうしてもというなら、外へ出て、自前の派閥をつくれ』と言ってきた。また、『会長中心の体制の中に、いてくれ』とも言った。

竹下は、そのとき、おれに、『わかりました。身柄は二階堂さんにおあずけします』とハッキリ言ったんだ。ところが、言うこととやることは、全然ちがった。まったく、竹下らしいよ」

二階堂は、眼の前に田村がいるということをまったく忘れたかのように、一人、独白のごとくまくしたてた。

「竹下本人は、知らん顔をして遠くのほうを見ていたが、竹下のまわりの連中が、田中派百四十一人の乗っ取り作戦をはじめた。廂（ひさし）を借りといて、母屋（おもや）を取るようなもんだ。やり方が、姑息なんだ。

四月の統一地方選のとき、おれは木曜クラブ会長として、運動費として、派の連中に二百万ずつ配りたいと、竹下側近の小沢一郎（おざわいちろう）に相談をした。そのとき、小沢は、『それは多すぎます。半分でいいですよ』と言った。おれは、それを真（ま）に受けて、百万円ずつ配った。ところが、次の日、その小沢らが、『竹下からのカネだ』と言って、二百万ずつ配ったんだよ。しかも、竹下の息のかかった特定の連中にだ。

ようするに、二階堂にはカネがない、それに引き換え、竹下の集金能力は抜群だちゅうPR効果を狙ったんだ。人の顔に、平気で泥を塗るのも、ええかげんにせい、というんだ！」

そう言い放つや、二階堂は、田村元の顔をギロリと睨（にら）んだ。顔面が、怒りで紅潮していた。

「田村君、派閥の会長とは、いったい何なんだ。若い者は、一つも会長を立てようともせん。それどころか、竹下側近の連中など、おれのことを、『脳軟化症』だとか『老いぼれ』などと、コケにしおって！　年寄り扱いは結構だが、人間、顔の皺はいいが、心に皺の寄ったヤツは、いやだ。竹下は、心に皺が寄りすぎとる。

あいつらは、五月十三日、おれの出馬表明の前日、会長のおれを差し置いて、常任幹事会で、座長の小渕恵三が、総裁候補を竹下でしぼろうと、派内の意見を集約することを決めたんだ。いよいよ、本格的に田中派乗っ取りに出てきた。会長のこのおれを、完全に無視して！」

「それで、翌日の出馬表明ですか」

「おれは、これはいかん、と思った。このままいったら、派内はますますおかしくなる。こうなった以上は、自分が先手を打って立候補宣言することで、なんとか派内をまとめられないか、とおれは思った。その晩は、眠れなかったよ。田中さんが、血の小便を流して駆けずりまわってつくりあげた派閥を、そっくり投網をかけてかっさらおうなど、絶対に許せん！」

「それでは、竹下君らに対する憤懣が、大きな引き金になったというわけですか」

田村が訊くと、二階堂は、大きなため息を、団子鼻から吐き出した。

「それは、二割だよ」

と言うと、二階堂は、ジロリと田村を睨んだ。

「おれの基本的な考えは、円高不況あるいは貿易摩擦など、難問が山積みしておるときに、中曾根君のやっておる政治の手法というものが、これでいいんだろうか、ということがある。また、自分が幹事長として指揮した五十八年の選挙で敗北したときには、おれは、責任をとって辞任した。ところが、中曾根君や、幹事長の竹下は、この四月の統一地方選挙で敗北し、売上税廃案になったのに、その責任をとろうともせん。これでは、政治が国民から信頼されず、離れていくのも当然だ。その危機感から、やむにやまれず立ったんだ。その気持ちが、八割だ」

「よく、わかりました。しかし、先ほどあなたは、『負けるかもしれん』とおっしゃった。それで、本当にいいのですか」

「負けるとわかっていても、降りるわけにはいかん。出馬表明した以上、責任というものがある。だから、さっきも言ったように、負ければ鹿児島に帰って、晴耕雨読だ。きみは、竹下のところへ行きたいなら、行けばいい。おれは、議員バッジを懸けて、とことんやる」

二階堂は思っていた。

〈おれには、（鈴木）善幸もいる。宮澤派が、協力してくれる。竹下が外に出て自前の派閥を旗揚げしたところで、集まるのは、いいところで百人か百十人だ。安倍派八十五人と連合しても、自民党国会議員の過半数にはおよばない、三派が連合しなければ、政権は取れんのだ〉

二派連合なら、思惑も二つだ。まとまりは、つきやすい。が、三派連合になると、思惑も三者三様、荒れる。安竹の連合は、固い。それに、宮澤が対抗していく。総裁候補を出さない第三の派閥、中曾根派と河本派の取りあいだ。

〈どうしても調整がつかないときこそ、おれの出番になる〉

三年前の二階堂擁立構想は、いまだに二階堂本人の肚の中で、燻りつづけていた。

田村は、頑として折れようとしない二階堂に、なすすべもなく、ソファーから腰を上げた。

二階堂は、応接室の出口で見送ると、ソファーに座りなおし、ゆっくりと葉巻に火をつけた。

しばらくすると、また、どこからともなく抑えがたい怒りがわいてきた。くわえた葉巻を手に取ると、前よりも激しく灰皿に押しつけた。

マンションを出て車に乗りこんだ田村は、二階堂が、負けたら議員を辞める覚悟でいることに、なお驚いていた。一本化は、もう無理だ、と確信した。

〈まぁ、しかし、ひとまずやるだけはやったんだ。これで金丸にも竹下にも、まずはものが言える〉

そう思いなおすと、田村は深々とシートに体をうずめ、眼を閉じた。

これから、新宿の二階堂側近江﨑真澄邸に向かう。が、江﨑と話したところで、話の行方が平行線をたどることは、眼に見えていた……。

形ばかりの二階堂・金丸トップ会談

翌日の五月二十五日、竹下グループでは、五月二十七日の国会閉会を受け、翌二十八日に、竹下擁立集会を開くことが決定的となった。

竹下パーティーの大成功が、大きな引き金となっていた。

竹下グループの若手・中堅六十七人全員が、パーティーの翌二十二日正午に、砂防会館別館の田中派事務所に集まり、竹下一本化で気勢をあげた。そのなかには、二階堂系の田中直紀、川原新次郎（かわはらしんじろう）もいたが、

「二階堂会長に、ついていこう」

という二人の主張は、木端微塵（こっぱみじん）に吹き飛ばされた。中堅・若手グループは、有志で、竹下擁立決議に出る動きを鮮明にし、事態は大きく回転しはじめた。

とくに若手議員たちは、日曜日ごとに選挙区にもどり、〝田の草刈り〟、つまり地盤安定のために、選挙民との対話を深め、国会の報告をしなければならない。彼らは、それまで、日曜日に選挙区にもどるたびに、質（ただ）されてきた。

「田中派は、どうなるんだ。竹下でいくのか」

彼らは、「竹下でまとまります」と言いながらも、ハッキリとしない竹下の態度に、業を煮やしてきたのである。

五月二十七日に国会が終わると、彼ら若手は選挙区にもどり、じっくりと〝草刈り〟に専念しなければならない。臨時国会が開かれるのは、一ヵ月のちの七月初旬である。国会終了直後に、竹下の態度をハッキリ決めてもらわないと、その一ヵ月のあいだ、彼らは激しい風雨に晒されながら〝草刈り〟を強いられる。

彼ら若手の突きあげと同時に、小沢一郎、梶山静六、渡部恒三ら竹下側近の武闘派グループも、竹下パーティーの熱気が冷めぬうちに、一気にカタをつけようと、二十八日に竹下擁立決起集会を決定したのであった。

が、そのなかで、中間グループに要請されて、中立を貫こうとする新潟選出の田中派事務総長小沢辰男が、金丸、竹下に猛烈に抗議してきた。

「二十八日に擁立集会などと、正式に聞いていないぞ。やるならやるで、その前に、なんとしてでも二階堂さんと会って、話をしてくれ。それが、筋というものだ」

中間派としてみれば、竹下グループ主導で擁立集会を強行されれば、自分たちの立場がなくなってしまう。なぜ中間派かといえば、それは中間派の面々と後援会の関係である。とくに、田中角栄の影響力が強い新潟選出の議員五人は、田中が倒れているときに、派を乗っ取ろうとする印象を世間に与えている竹下へはつけない。かといって、二階堂につけば、今後の自分の政治生命がどうなるか、わからない。

これは、なにも新潟選出議員に限ったことではない。「義理人情」を重んじる日本の風土では、倒れたといえども城主に謀反を働くことは、不評を買い、みずからの政治生命を絶たれることにもなりかねないのである。

いずれにせよ、中間グループは、股裂き状態のような思いであった。

五月二十一日の竹下パーティー以降、田中派の面々は、竹下擁立に向けて、それぞれの立場での綱引きを猛烈にはじめたのであった。

小沢辰男は、二十六日、金丸、二階堂と個別に会い、夕方、両者のトップ会談を実現させた。

金丸は、夕刻、永田町二丁目のパレロワイヤル永田町六〇五号室の自分の事務所を出ると、砂防会館別館三階にある田中派事務所に向かった。

が、金丸は、言葉にこそ表さなかったが、二階堂と話しても無駄だ、と肚をくっていた。すでに、竹下派を独立結成することを考えていた。

砂防会館別館へ向かうベンツの中で、金丸は、二十五日の午後、田村から受けた電話を思い出していた。田村は言った。

「二階堂さんの態度は、強硬だ。そのあと江崎と話したが、話にならんよ。二階堂は、江崎ががっちり握っているな。とことん、やるつもりだ」

「まぁ、そうだろう。しかし、あんたのほうで、これからもやれるだけやってみてくれ。二階堂と会うことが、大事なんだ」

と金丸は、言っておいた。

金丸は、初めのうちは、竹下が数さえそろえれば、二階堂も大勢にしたがって折れるだろう、と淡い期待をかけていた。竹下パーティーで、二階堂も打ちのめされるだろう、と思っていた。が、田村の電話で、金丸はあきらめたのだった。金丸が、「二階堂と会うことが大事」と言ったのは、とにかく融和への調整はやっているということを世間に見せかけるためだった。

調整へ努力はしたが、二階堂が、それでも出ていけというから出ていくのだ、という大義名分を、竹下独立の際に持っておかねばならない。

金丸が、砂防会館別館三階の木曜クラブ会長室に足を踏み入れたとたん、いちばん奥のソファーに座っていた二階堂から、声が飛んできた。

「おお、金丸さん、元気だな。ご無沙汰（ぶさた）している」

かたわらには、小沢辰男も同席していた。金丸も、相好（そうごう）を崩して言った。

「久しぶりですな。わたしは元気で、まだ五年はもちますよ」

永田町では、前年暮れからの金丸の入院と手術で、「金丸胃がん説」が根強く流布されていた。金丸の健康が、政局を大きく左右するポイントとなっている。金丸は、のっけから二階堂に、一発軽いジャブをかましたのだった。

二階堂は、金丸を睨んだ眼をはずすと、背広の右の内ポケットから、トレードマークの葉巻を取り出して、火をつけた。金丸は、あいかわらず相好を崩した顔で、電話が二台置かれたサイドテーブルをはさんで二階堂の左斜めの長椅子のソファーに、ゆっくりと腰掛けた。

二階堂は、金丸に、本音を驚くほどストレートに言った。

「ぼくは、木曜クラブの会長だから、きみやれよ、と言ってくれよ。竹下君のことも、あとは頼むよ、ときみが言ってくれればすむじゃないか」

二階堂は、自分を先に総裁候補として推せと金丸に言ったのである。同時に、竹下に辞退を迫った。

「そうすれば、田中派は割れずにすむんだ。簡単なことではないか」

と二階堂は、金丸に提案したのである。

が、金丸は、あいかわらず曖昧な笑顔をつくりながら、それには答えなかった。

「今日は、初めてだから、総裁選は、まだ先のことだ。総裁選が予想される九月、十月までは、まだかなり時間がある。こっちも、フェアに後遺症が残らないようにしたいからね」

二階堂は、追い打ちをかけるように、語気を強めて言った。

「ぼくは、出馬表明を取り消さんよ。信念は、変わらん」

「それはそうだ。そんなことをしたら、二階堂の男がすたる」

そこで、そばの小沢辰男が、金丸に、中間グループの気持ちを代表して言った。

「二十八日の擁立集会は、見合わせてもらいたい」

が、金丸は、やんわりと断った。

「いや、みんなから、いろいろ話を聞きたいと思ってやるんだ」

二階堂は、金丸の言葉に、あきらかに不快の表情を見せた。

「おれを、かぶせるようなことは困る。そんなことなら、会う必要はない。『老骨がなにを言う』とか、派閥の会長を『多数決で辞めさせる』とか言うのがいるようだが、そんなことは、おたがいに言うべきじゃない」

「そんなことは、言いませんよ。若いのがいろいろ、『二階堂さんも、耄碌している』とか言うが、最近の若いのは、新人類だから、いろいろ言いますよ。言っても、無理はないですよ」

金丸は、若手を語りながら、自分の言いたいことを、しれっと言ってのけているのである。

二階堂は、憤然として言った。

「竹下君も、勇気がなけりゃだめだ！」

「そりゃ、そうだ。まぁ、おたがいに、これから話し合って、いい知恵を出そうじゃないか。また会おう」

そう言うと、金丸は、さっと席を立った。

事務所を出るとき、金丸は、小さくつぶやいた。

「ここまできたら、グラグラするわけにはいかんよ」

金丸は、二階堂に、完全に見切りをつけた。竹下独立をめざして、猛然と進みはじめた。

二階堂も、金丸の後ろ姿を見送りながら、肚をくくった。

〈そっちがその気なら、こっちも打つ手は打たせてもらうぞ〉

葉巻の煙を、思いきり吐き出した。

創政会問題で裏切られた中間派の思惑

金丸、二階堂のトップ会談が物別れになったその夜八時から、奥田敬和（おくだけいわ）が中心となって、中間派四十人を集めた会合が、国会近くのキャピトル東急ホテルで開かれた。

金丸、二階堂会談に同席した小沢辰男の報告を受けると、議員たちからは、

「派内一本化を、進めるべきだ。擁立集会は、早すぎる」

「二十八日の集会を延期できなければ、竹下を推薦できない。擁立集会は、ボイコットする」

という強い意見が、乱れ飛んだ。

中間派は、最後のギリギリまで、派内一本化をめざし、金丸に擁立集会の延期を申し入れることを決定した。さらに、最後の最後にどうしても二階堂を説得できなければ、中間派は、竹下を推すことを確認した。奥田敬和が、中間派を代表して、金丸に擁立集会延期を働きかけることになった。

しかし、そこには、一番目の列車に乗り遅れ、二番目の列車に乗るのはいいが、二番目の列車に乗った中間派を、竹下やその側近グループがのちのち待遇の面で差別をしないか、との危惧があった。

田中角栄は、外様グループを差別せず、優遇することによって、派内の公正を保ったが、はたして竹下になったときに、側近グループに顎で使われ冷や飯を食わされるのではないかという不安があった。ここで、自分たち中間派の存在を、大きくアピールしておかなければならないと踏んだのである。

奥田は、おなじホテル内にある竹下グループの作戦本部に乗りこむと、そこで待機していた竹下側近の小渕恵三に、報告した。

「われわれは、二十八日の擁立集会を延期してほしいという決定をした。なんとか、明日、金丸さんに会えるよう、取りはからってくれないか」

小渕は、一瞬、顔色を変えた。

「そりゃ、いったいどういうことだ」

「われわれの立場も、わかってくれ。みんな二十八日にやるなら、参加できないと言っている」

「…………」

「どうしても二十八日にやるというなら、おれは、体を張ってでも、金丸さんに延期を求める」

小渕は、奥田の殺気だった口ぶりに、言葉を濁さざるを得なかった。

奥田は、百六十センチあるかないかの小さな体を翻すと、部屋を出ていった。

小渕のまわりには、羽田孜、渡部恒三、小沢一郎、梶山静六ら竹下側近の二十八日決行グループが集まった。

小渕から、奥田の話を聞くや、全員が顔色を変えた。

梶山が、叫んだ。

「延期なんて、とんでもない話だ！」

小沢も、相槌を打った。

「延期などされたら、二階堂グループに中間派の連中をとられてしまう可能性だって出てくる」

渡部は、眼鏡を人差し指で軽く上に持ちあげると、つぶやいた。

「しかし、こりゃ奥ちゃんも、命懸けだぞ」

羽田が言った。

「これから、奥田さんの宿舎に行こうか」

「よし、行くか」

渡部も、行こうと言おうとしていたところだった。羽田、小沢、渡部、梶山の四人はキャピトル東急ホテルから車に乗りこむと、奥田が住んでいる高輪の議員宿舎に向かった。

奥田の部屋である十一階の一一〇七号室の玄関のブザーを押したのは、すでに二十七日に入っていた深夜の一時半すぎであった。四人は、奥の応接室に招き入れられると、奥田を中心にして、ソファーに座った。奥田の部屋付きの秘書が、ウイスキーと、氷を入れたアイスボックスと水を運んできた。

水割りがつくられたが、五人とも最初の一杯を飲んだだけで、あとは口をつけなかった。

奥田は思った。

〈おれが、金丸のオヤジに延期を申し入れたのを知って、説得しにきたんだな〉

五人とも、昭和四十四年初当選組で、四十七年の田中内閣を実現するために走りまわった「七日会」の同志である。いま、それから十五年の歳月をへて、竹下内閣実現に向けて一致しながらも、竹下側近と、中間グループの立場のちがいから、竹下擁立集会の二十八日決行か延期かで、激しい火花を散らしあわなければならなかった。

武闘派急先鋒の梶山が、まず切り出した。

「奥田さん、二十八日に集会を開かせてくれ。パーティー以降、せっかく気運が盛りあがっているんだ。勢いを止めるようなことはできない。中間派からの出席は、あんた一人でもいいんだ」

「そんなわけには、いかんだろう」

と奥田は反論した。

「あんたたちだって、おれたちの立場はわかるだろう。中間派だって、けっして、竹下でいいと言ってるヤツはいないんだ。彼らが竹下でいいと言える環境は、まだととのってないということだよ」

渡部が言った。

「奥ちゃん、あんたが、あくまでも二階堂を中心にして、竹下を総裁候補に押しあげようとしているのは、よくわかる。しかし、二階堂さんを翻意（ほんい）させるのは、無理だよ。四十年の政治経歴を誇り、党の幹事長までつとめた人だ。その人物が、男の意地を懸けて言ったことだよ」

奥田は、手に持ったウイスキーグラスを見つめながら言った。

「それは、そうかもしれん。しかし、だめかもしらんが、ぎりぎりまで派内融和の調整をするというのが筋というもんだ。おれは、二階堂幹事長のもとで副幹事長として仕え、金丸幹事長のもとでも副幹事長として仕えたから、二人の気持ちは、よくわかっているつもりだ。おれは、竹下でいく。けれども、二階堂さんを傷つけたくないんだよ」

羽田が訊いた。

「しかし、延期して、中間派はどうするつもりなの？」

「今日の話し合いで、おれが明日金丸さんに延期を申し入れる。延期となったら、その間、おれが二階堂さんを竹下一本化で説得する。二階堂さんが、どうしても折れなければ、中間派は、全員で竹下擁立集会に出席する、ということを申しあわせた。われわれだって、オヤジに義理がある。オヤジが倒れているときに、寝首を掻くような真似はできん」

両陣営のあいだには、創政会問題が、なお根深くあった。創政会旗揚げのとき、田中角栄に近すぎるということで、奥田には声がかからなかった。

が、奥田自身、次は竹下だ、と思ってきたのも事実である。奥田には、かつて田中内閣実現のために奔走した同志、梶山、羽田、小沢、渡部から、裏切られたという思いが、心の底にいまだに残っていた。それは、奥田一人だけでなく、中間派のだれもがそうなのである。

だからこそ、今度は、創政会派に独走させず、自分たちの存在を強く押し出していかなければならなかった。奥田はつづけた。

「中間派の連中は、おれもふくめて、創政会には批判的だった。なかには、『いまになって、竹下支持を明確にするには、選挙区での説明がいる。それには田中派を一本化することが、田中元首相のためでもある、というのがいちばん地元にも納得してもらいやすい』という人間もいる。大勢は竹下にある、ということはみんなわかっている。竹下に行きたい。しかし、いまの状態では行けない。股裂き状態なのが中間派だ。その苦しみを、わかってくれ」

奥田は、涙を流して、四人を説得した。が、なおも梶山は、くり返し主張した。

「二十八日、これはもう決めたことなんだ。とくに一年生議員たちが、地元に帰る日曜日の前になんとしてもやってくれと、突きあげが激しいんだよ。こっちの立場もあるんだ」

しかし、奥田も一歩も引かない。

「中間派は、かならず、命を懸けて竹下でまとめる。それは、さっきも言ったように、今夜の会合で確認してある。とにかく、おれに時間をくれ。明日、金丸さんと会って頼むチャンスだけ与えてくれ。二階堂さんとも、きっちり話をしたい」

奥田の悲痛な訴えに、応接間はしんみりとなってしまった。

数秒間の沈黙のあと、最初に口を開いたのは小沢一郎であった。小沢は、いままで一言も発言せず、終始、無言であった。

「奥ちゃんが、そこまで考えているのなら、金丸先生に会って決着をつけてもらえばいいじゃないか。金丸先生と会う段取りは、おれたちが責任をもってつけてやるよ」

みな、一様にうなずいた。

翌日、奥田は悲壮な決意で、金丸のもとを訪れた。部屋には、すでに創政会中核部隊の小沢、羽田、渡部、梶山、小渕らが奥田の訪問を待ちうけていた。

奥田は、彼らの眼の前で、金丸に竹下擁立集会の延期を申し出た。

高輪議員宿舎でのいきさつを聞いていたのであろう。金丸は、意外にもあっさりと受諾してくれた。

金丸にしてみれば、中間派の面子（メンツ）を立て、同時に百十名以上の出席者を確保する戦略であった。

竹下擁立集会は、当初の予定を三日延期し、五月三十一日におこなわれることになった。

結局、もろもろの事情から、竹下擁立集会「竹下登君を自民党総裁にする木曜クラブ若手有志の会」は、六月三日の大安の日におこなわれることになった。奥田ら中間派は、全員が六月三日の竹下擁立集会に出席することを決めた。

一方、奥田とともに一本化調整で動いている小沢辰男は、田村元と会い、共同歩調をとることを確認しあった。竹下擁立工作は、中間派のほとんどを巻きこんで、六月三日に向けて、大きく進展していった。

二階堂が背負う「灰色高官」の十字架

「金丸のヤツ、どこまでこのおれをコケにする気だ！」

紀尾井町のホテルニューオータニの一室では、二階堂進が、激しい怒声とともに、それまで読んでいた書面を封筒ごとテーブルの上に叩きつけた。

書面は、六月三日竹下擁立集会への招待状であった。

『前略　時局重大なる折、木曜クラブの将来について、ご懇談申し上げたいと存じます。

万障お繰り合わせの上、ご出席の程お願い致します。

五月二十七日　　金丸信

日時　六月三日十四時よりホテルオークラ本館「玉庭（ぎょくてい）の間」』

と印刷されてあった。封筒には、「副総理　金丸信」と印刷してある。

案内状は、田中角栄とその女婿田中直紀、二階堂進の三人を除いた田中派木曜クラブ所属の議員すべてに、送られた。

二階堂は、江崎に渡されて、その案内状を読み、激怒したのであった。二十八日午後の二階堂グループ幹部会の席であった。山下元利（やましたがんり）、林義郎（はやしよしろう）、小坂徳三郎（こさかとくさぶろう）らが集まっていた。

江崎が言った。

「竹下の『た』の字も出さずに、木曜クラブの将来についてなどと書いとる。金丸は、自分が、木曜クラブの会長にでもなった気でいるのか！」

山下も、声を荒らげた。

「これは、はっきり乗っ取りを宣言しているようなもんだ！」

この二十八日の読売新聞の朝刊には、

「竹下派独立旗揚げへ　金丸副総理が表明」

という驚くべき見出しが、躍っていた。

一本化工作に奔走していた奥田敬和や小沢辰男らが、金丸に、

「いったいどういうことだ。これでは、一本化のために汗を流してきた自分たちは、まるでいい面の皮だ」

と猛然と抗議し、金丸が謝罪してどうにか事なきを得た。

高みの見物を決めこんでいた二階堂グループも、金丸の招待状を見て、さすがに今度は怒り狂った。

木曜クラブの将来について懇談したい、というなら、当然これは会長の二階堂進名で招集すべき性格の会合である。ところが、金丸が、何の派閥の役職もないのに、招集するとは言語道断だ。木曜クラブの将来、と言っておきながら中身は竹下擁立をぶちあげるのである。外面は、木曜クラブで竹下擁立を決めた、と受け取れる仕組みである。

江﨑が、薄い眉毛の下の細い眼を、ギラリと光らせた。

「会長、これはもう、竹下側近を木曜クラブから除名するしかない。ヤツらのやり方は、数にまかせてあまりにも横暴すぎる。常任幹事会のメンバーも、会長の権限で、差し替えるべきです」

竹下グループに、着々と外堀を埋められ、二階堂グループは、じりじりと後退を余儀なくされていた。

二階堂は、それまで、事あるたびに言ってきた。

「竹下は、どうしても自分が総裁になりたいのなら、派を割って自前の派閥をつくれ」

が、そこには、股裂きにあっている中間派議員を取りこもうという深謀遠慮があった。竹下が独立する

なら、立場上それについていけない中間派議員が少なくとも、二、三十人は出るだろうと踏んでいたのである。

ところが、奥田敬和と田村元に、がっちりと固められ、じりじりと時間が経つうちに、六月三日の竹下擁立集会に、ほとんどの中間派議員が出席することになったのだ。二階堂グループも、竹下側近グループとおなじように、六月三日は、実質的な竹下派旗揚げという認識をしていたのである。

江崎が、突っこんだ。

「会長名で、全員に電報を打ちましょう。竹下集会に出席しないように、という電報を。二階堂さん、それしかない」

二階堂グループも、必死の防戦を展開しなければならなかった。

全員一致で、翌二十九日朝、田中派全員に、出席を見合わせることを告げる電報を、二階堂会長名で打つことに決めた。

五月二十八日の夜、幹部会を終えた二階堂進は、黒塗りのキャデラックを走らせて、永田町二丁目の衆議院第一議員会館五二三号室にもどった。

秘書のいる事務室を足早に通り抜けると、開きっぱなしのドアをくぐり、奥の執務室のソファーに、どっかりと座った。

秘書が、お茶とおしぼりを持ってきて、告げた。

「八時半に、小沢辰男先生と奥田先生が、お見えになります」

まだ、一時間ほど間がある。

二階堂は、それには答えず、出ていく秘書に言った。

「おい、ドアを閉めといてくれ」

ドアが閉められると、二階堂は、電話のダイヤルをまわした。

相手は、参議院の新潟選出の吉川芳男(よしかわよしお)をはじめとする中間派グループに身を寄せる数名であった。二階堂みずから、六月三日の竹下擁立集会には出るな、と引き止めにかかるのである。

すでに、永田町では、アメとムチによる二階堂、竹下両陣営の多数派工作が、公然とささやかれていた。

はっきりとしたところの色分けは、竹下系八十二人、二階堂系が十九人、残りの四十人が中間派である。

が、すでに中間派は、奥田らの力によって、竹下寄りを鮮明にしていた。

その間、ある中間派議員は、

「二階堂さんから一千万円、竹下さんからは二千万円のカネがきた」

と洩らすほど、カネがばらまかれた。あるいは、

「次の選挙では、対立候補を立てさせてもらう」

という脅しもあった。両陣営の死活を懸けた闘いが、永田町の深部で、熾烈(しれつ)に展開されていたのである。

二階堂は、受話器を置くと、「ふう」とため息をついた。

〈吉川たちは、まず竹下の集会には出んだろう。が、まだ話さんといかん〉

そう思うと、二階堂は、少々疲れを覚えた。

そこへ、小沢辰男と奥田敬和が、やってきた。

奥田の顔は、緊張で引きつっていた。二階堂は、奥田の顔を見て思った。

〈この直情居士(こじ)が、またおれの腰を折ろうとやってきおったな〉

そのとおりだった。奥田は、二階堂に、最後通牒(つうちょう)を突きつけにやってきたのだった。

ソファーに腰かけると、奥田は、二階堂を睨みすえた。奥田は、中間派四十人の進退をすべて背負ってきたのだ。二階堂には、なんとしてでも、総裁レースから降りてもらい、田中派会長として、竹下一本化で派内をまとめてもらわねばならない。

奥田は言った。

「二階堂先生、あなたは木曜クラブ百四十一名の団結を守ってこられた。それは、田中政治を継承し、田中先生への義理を全(まっと)うしようとされてきたからだ。あなたは、あくまでも、木曜クラブ会長であって、それをあなたが総裁選に出馬するなどとは、ちょっとおかしい。たしかに憂国の情は、けっしてニューリーダーに劣らない。むしろ、勝っている。しかし、あなたが総裁選に出るという問題は、まったく別の問題なんです」

二階堂は、腕を組んで奥田の話を聞いていた。苦虫を噛みつぶしたような顔になっている。が、奥田と話すと、どこか素直にさせられるところがあった。おなじ直情径行だからだろうか。

二階堂は、めずらしく穏やかな声で言った。

「おれは、派内の大勢がどうなっているのか、よくわかっているつもりだ。そういった意味では、派内の少数支持しか得られないと、自分でもわかっているんだ。しかし、いま辞めるわけには、いかんのだ」

「しかし、あなたには、大きなハンデがある。それを、よく存じておられたほうがいい」

奥田は、ズバリと言いにくい核心部分に突っこんだ。

「二階堂さん、一つは、あなたの七十七歳という年齢だ。鄧小平(とうしょうへい)が元気がいい。レーガン大統領も、元気がいい。おれだって元気の点じゃ負けんと言ったって、七十七は七十七です。世の中は、世代交代を望んでいる。この流れを変えることはできない。時計の針は、逆にもどすことはできないんです。もう一つは……」

そこまで言って、奥田はさすがに言い澱んだ。これから話す内容は、たとえ官房長官の後藤田正晴や金丸信であろうと、なかなか言えないことであった。

奥田は、テーブルに出された茶を一服ふくむと、声をふりしぼった。

「もう一つは、これは世間の人は口には出さないけれど、わたしもかつて副幹事長としてあなたに仕えたので、身内のオヤジに言うように言わせてもらいます。あなたには、『ロッキードの元灰色高官』という汚名が、いまだに冠せられているんだ」

言った奥田も、聞いた二階堂も、「灰色高官」という言葉に、愕然とした。

二階堂の表情が、とたんに険しくなった。

奥田は、かまわずつづけた。

「政権がたとえあなたに近づいてきたとしても、田中先生が喘いでこられたロッキードという十字架の一端を、あなたは負っておることに変わりはないんです。それが政権に近づいたあなたには、大きな荷物になるということを知っておられたほうがいい」

昭和五十一（一九七六）年十一月二日、衆議院ロッキード問題調査特別委員会で「灰色高官」（収賄に関与しながらも、起訴にいたらなかった議員）として、二階堂進、佐々木秀世、福永一臣、加藤六月の四人の氏名があきらかにされた。起訴はまぬかれたが、「灰色高官」の汚名は、いつまでも消えなかった。

奥田はつづけた。

「元灰色高官という大きな荷物がある限り、あなたは総裁レースでトップを走ったとしても、いろんなことを言われるにちがいない。あなたが背負った荷物が、あなたの首を絞めにくるということですよ。たとえ、あなたが政権を取ったとしても、あることないことすべてが暴かれますよ。けっして、それでは政権は安定しない。あなたの政権の行く先は、もう見えてるんですよ。それでも、やろうというんですか」

派内の中堅・若手から「桜島のおっさん」と呼ばれる激怒しやすい二階堂進は、普通ならここで爆発するところである。が、不思議と二階堂は物静かであった。

　奥田は、さらに追い討ちをかけた。

「あなたが頼りにしている中間派は、竹下に行くことを決めている。あなたが派内の支持を、五十人も、いやその半分の二十五人を得ることすら困難でしょう。大勢は決している。大勢は、竹下だ。それなのに、あなたが立って、派内から総裁選候補二人が立つという異常な事態になった。二階堂さん、あなたは木曜クラブの会長として、竹下を総裁候補に据え、政治家としての春秋を全うすべきだ。出馬声明の白紙還元という、孤独な決断をしていただきたい」

　奥田に、そこまでハッキリと言われた二階堂は、苦しそうな表情で、うつむきかげんに言った。

「いいんだよ。きみ、竹下でやってくれていいんだよ。ぼくは、立候補を撤回することなどできない。その理由は……いろいろなしがらみがあるんだよ」

「たとえば、何ですか」

「だから、いろいろあると言っておる。そのうちの一つには、田中家の感情もある」

　二階堂は、それ以上しゃべるのをやめた。奥田も、それ以上追わなかった。

〈なにか、自分の意思で出馬宣言したのではない、とでもいうようなニュアンスだな〉

　と奥田は、思った。

「だから」

　と二階堂が、苦しい胸のうちを明かすように言った。

「竹下が、総裁をやりたいというなら、田中のつくった木曜クラブから出て自前の派閥をつくり、そして天下を狙え、と前々から言っておるじゃないか」

まるで、竹下のためを思って派を出ろと言っているんだ、というような響きがあった。田中家が、竹下では絶対に認めない、というのだな……と奥田は思った。

「わかりました。これ以上、何も申しません」

奥田は、そう言って頭を下げるや、一緒に来た小沢辰男と席を立とうとした。

と、そこに、ふと二階堂の意味深な声が降ってきた。二階堂は、たしかに、こう言った。

「おれの最後の仕事は、田中家と竹下の関係修復をするということだ。それを、おれがやるということだよ」

奥田は、はっとして二階堂の顔をのぞきこんだ。

「どういうことですか」

思わず口まで出かかったが、必死で言葉を呑みこんだ。なぜだか、自分にもわからなかった。

〈二階堂さんは、田中家の気持ちを斟酌（しんしゃく）し、わざと竹下派を独立させようとしているんだろうか……。ということは、二階堂さんの出馬宣言は、竹下派結成に向けて決起させようと仕組んだことになる。はたして、そうなのか〉

奥田は、考えがまとまらなかった。

「それじゃ、また、ちょくちょく顔を見せてくれよ」

二階堂は、何事もなかったように、奥田と小沢辰男を送り出そうと腰を上げた。

奥田は、二階堂の声にわれに返ったように、ドアに向かって歩き出した。二階堂の最後の一言が、奥田の心に妙なしこりを残した。振り返って問うこともできるのだが、なぜか奥田には、それをやってはならない、という声が聞こえてきて、できなかった。

二階堂の部屋を出たときには、奥田は、とにもかくにも、肚が決まっていた。隣の小沢辰男に、言った。

「これで、竹下派として独立だ」

奥田、二階堂の会談で、中間派は、六月三日の竹下擁立集会にこぞって出席する方向に大きく傾いた。

翌五月二十九日朝、二階堂系は、田中派議員全員に、竹下擁立集会への欠席要請電報を打った。が、それも、ほとんど効力を持たなかった。

多数派工作に狂奔する両陣営

六月二日、竹下擁立集会が、いよいよ明日という日になった。

朝の九時すぎから自民党本部四階の総裁室でおこなわれた自民党役員会が終わると、総務会長の安倍晋太郎（あべしんたろう）が、幹事長の竹下登に声をかけた。

「明日は、大丈夫かね」

安竹連合を軸に、みずからもポスト中曾根を狙う安倍としては、集会に何人集まるかが気になった。

「百人は、軽く突破しそうかね」

と訊く安倍に、竹下は余裕の笑みを浮かべながら答えた。

「大丈夫だ。安倍ちゃんには、いろいろと言われて迷惑かけたけど、十分いけそうだ」

安倍は、田中派の内紛に対して、記者会見の席などで、竹下決起をうながすコメントをさかんにしていた。

「いつまでも、こういう状況では、国民的にも批判が出てくるので、政党政治の信頼を確保するうえでも、できるだけ早く結着がつくように期待したい」

安倍としては、早く竹下の動きが決着しないと、動きのとりようがなかった。

「田中派内の動きを、固唾(かたず)を呑んで見ている」

と正直に胸のうちを吐露(とろ)していた。

竹下が、つづけた。

「政治不信を招くようなことを、いつまでもやってはいけない。それは、重々承知している。明日は、しっかりやるよ」

自信を見せつけた。

安倍もみずからに言い聞かせるように、竹下にエールを送った。

「明日は、あんたの一世一代の船出の日だ。頑張って、しっかりやってくれ」

竹下の肩まで叩いた。

田中派内は、明日の集会に向けて、大きく揺れ動いた。

午前十一時には、中間派の首領(ドン)の一人田村元が、虎ノ門のホテルオークラで、二十七人を集めて、最後の意思確認をした。

集会への参加は、全体的には前向きだったものの、竹下側近グループに対する批判も相次いだ。

「竹下推薦の決議や、署名をさせられるのでは困る」

「竹下側近たちは、出席できない議員の委任状を集めはじめている。やり方が、高圧的だ。承服できん！」

はては、

「七月十日の二階堂さんのパーティーにも、そろって出席しよう」

という意見も多く出された。結局、可能な限り本人出席とするが、このことは竹下に対する推薦人を引き受けるものではない、ということを申しあわせた。

たしかに、竹下側近グループのあくなき多数派工作は、熾烈をきわめていた。代理出席と返答した議員のところに、竹下側近がやってきて、

「委任状を出せ」「判子を押せ」と竹下推薦人として登録させようと、執拗なほど詰め寄った。

二階堂側近たちの電話攻勢も、凄まじかった。紀尾井町のホテルニューオータニの作戦本部に集まった山下元利、久野忠治らが、中間派に対して竹下擁立集会不参加を要請するために、電話をかけまくった。

なかには、

「明日の集会に出てみろ、そんなヤツはただじゃおかんからな」

という恫喝もあった。

中間派は、最後の最後で、まさにどん詰まりの選択を迫られ、引き裂かれるような思いであった。

田村グループは、再度深夜十一時にホテルオークラに集まり、全員出席を確認した。

署名を求められた場合の対応は、出席者の判断に委せることとしたが、田村と側近の小宮山重四郎、内海英男は、出席はするが、署名には応じない姿勢でのぞむことをあきらかにした。名目は、あくまでも派内一本化のため、とされたが、田村らはすでに竹下を担ぐことにほぼ決めていた。署名しない、というのは、自分たちを高く売りこむ方便以外の何物でもなかった。

やはり二日の午後には、前週竹下の推薦決議をした衆参若手議員六十六人の「竹下登君を自民党総裁にする木曜クラブ若手有志の会」が砂防会館別館三階の田中派事務所で総会を開き、集会への全員参加を申しあわせた。

奥田も、田村グループのなかから移動部隊をふくめ三十一人を集めて、できるだけ多数が集会に参加することを確認しあった。

竹下の後見人の金丸信も、二階堂進も、みずから電話をとり、直接電話で説得工作をつづけた。

六月三日の朝、二階俊博（にかいとしひろ）は、江﨑真澄に電話を入れた。

二階ら中間派の若手議員は、竹下派に参加する意思を固めていた。

二階は思っていた。

〈最後まで田中先生に尽くすことが、筋かもしれない。しかし、われわれ国会議員は、政治の流れを見きわめて、郷土の期待にも応えなければならない。苦しい選択だが、やむを得ない〉

しかし、なかなか二階堂グループの幹部に打ち明けられなかった。二階は、まわりの中間派の若手議員にせっつかれた。

「二階さんは、江﨑先生と親しいんだから、われわれが竹下派に参加することを報告してきてくださいよ」

二階は大役をにない、それまで六度も江﨑に会っていた。が、いざとなると、切り出せないでいた。

二階は思いきって、電話で江﨑に打ち明けた。

「われわれは、今日の竹下先生の擁立集会に参加します。ご了解をいただきたい」

江﨑は答えた。

「おれは、二階堂さんと行動を共にしないといけないので参加はできないが、きみはしっかり頑張れ」

二階は江﨑の了解を得ると、ただちに小沢一郎に電話を入れた。

「遅くなりましたが、これから参加させていただきます」

「竹下擁立集会」に群がる議員たち

昭和六十二年六月三日午後一時、虎ノ門のホテルオークラ本館一階の「玉庭の間」につづく細長い廊下には、田中派の国会議員たちが続々と姿を見せ、記名をしては、「玉庭の間」に急いだ。一時四十五分、「玉庭の間」に足を踏み入れた金丸信は、思わず立ち止まり、「ほう」と短く、感嘆の声をあげた。ふだんは、結婚披露宴などが華やかにおこなわれるこの大広間は、紺やグレーのスーツに身を包んだ恰幅のいい脂ぎった男たちの人いきれで、ムンムンしていた。軽く百人は超えている。

竹下擁立集会の日が、ついにやってきた。午後二時からはじまることになっている。いよいよ待望の日がやってきたのだ。金丸は、その歴史的な集会に、これだけの人数が集まったことに満足した表情で、正面左手にしつらえられた雛壇に、元参議院議長の徳永正利と隣りあって座った。

正面に向かい、大広間の幅いっぱいに白いテーブルクロスがかけられた長テーブルが五列並び、その上にはメロンとコーヒーが用意されていた。

最前列中央の席には、小渕恵三、橋本龍太郎、原田憲、長田裕二、梶木又三ら側近グループがずらりと並び、中間派の中心人物奥田敬和が、彼らに囲まれるようにしてただ一人座っているのが、印象的であった。

奥田に率いられて、中間派も、雪崩を打ったように会場にやってきていた。が、もう一方の中間派である田村元グループは、まだ来ていなかった。

竹下グループの国会議員たちは、会場入りすると最前列の小渕ら竹下側近と握手を交わし、晴れの日を迎えたよろこびを分かちあった。

そのなかで、一人ぽつんと座る奥田は、所在なげに、ちらりと自分の左の手のひらを広げて見た。

そこには、黒いマジックで「忍耐」と「己を尽くして」の二つの言葉が並べて書かれてあった。

「忍耐」は、竹下の好きな言葉、「己を尽くして」は、二階堂進の自伝のタイトルであった。

二階堂にくらべたら、竹下にはそれほど義理もないが、かといって竹下擁立の流れに乗り遅れたくない、という中間派の議員たちの複雑な心境が、奥田の手のひらに、にじみ出ているかのようであった。

突然、大きな拍手が鳴った。脳梗塞で倒れ、入院していた竹下直系の染谷誠が、入ってきたからであった。染谷は、五月二十一日の竹下パーティーに秘書を代理出席させたが、秘書が名刺を出し忘れたために欠席とされ、今回の集会には身を賭して出席すると言っていた。

車椅子で参加するといわれていたので、染谷がおぼつかない足取りながらも歩いて入ってきた光景は、全員を瞠目させた。

竹下側近の渡部恒三が、思わず本音を洩らした。

「オヤジも、ああして現れたら、どうかな」

やはり田中角栄が、現実に姿を現すことを、恐れていた。

だれもが、右前方にある入り口を見つめていた。いったいだれがやってくるのか。そして何人そろうのかが、最大の関心事であった。

司会の竹下側近梶山静六が、うれしそうに声をあげた。

「今日、誕生日の人が来ました！　髙鳥先生、おめでとうございます！」

一時五十六分であった。田中派内に五人いる田中とおなじ新潟選出の議員で、ただ一人髙鳥修が現れたのだった。

髙鳥には、田中家と二階堂に対する怨みがある、とまわりからは見られていた。昭和六十一年七月の組閣で、髙鳥は田中派の組閣名簿に名前が載っていた。ところが、田中角栄の長女眞紀子が、直接首相の中曾根康弘に電話を入れて、髙鳥の入閣を潰したのである。閣僚推薦権をもつ田中派会長の二階堂は、髙鳥にかわって、途中から田中派に入ってきた稲村利幸を推した……という経緯があった。

いまだに田中支配の強い新潟県にあって、竹下グループに走るのは、極端な話、自殺行為であった。それゆえ、新潟グループは田中派事務総長の小沢辰男を中心に、田中派一本化をはかってきた。髙鳥もそのメンバーだったのである。

髙鳥は、非創政会に名を連ねてはいるものの、心情的には竹下派であった。頑強に孤塁を守るというつもりではなかった。

それに、竹下とも、梶山とも、いずれ竹下が総裁選に立つときには、協力することを約束しあっていた。竹下擁立集会に参加するのは、自然の流れであった。

しかし、小沢辰男から、さかんに引き止められた。

「行くな」

髙鳥は、その制止を振り切った。

「事ここにいたっては、やはり竹下を総裁候補に推すのが、われわれとして取るべき筋だと思う。わたしは、参加しますよ」

小沢は、なにやらブツブツと文句を口にしたが、それ以上、引き止めはしなかった。

集会の開始時間は、午後二時であった。その三分前に、中間派の中核の一人、田村元が、小宮山重四郎、内海英男の二人をしたがえて大きな体を揺するようにして受付に現れた。

田村らが会場に入ると、中村喜四郎や野中広務ら陣笠議員が、燃えるような眼で田村らを睨みつけてきた。田村は、不愉快になった。

〈おれたちが参加しなければ、竹下は、総裁選で苦戦を強いられるんだぞ。それが、わかっているのか〉

小宮山が、怒りに震える声で言った。

「先生、もう帰りましょう」

田村は、怒りを抑えるように、つとめて冷静になだめた。

「まぁ、そう言うな」

出席の署名を求められると、田村は一喝（いっかつ）した。

「推薦人の署名とまぎらわしいから、署名はせん。誤解を与える」

小宮山も内海も、田村にしたがって署名はせず、「玉庭の間」に入った。

ここで、奇妙なことが起こった。田村は「玉庭の間」に入ると、小宮山、内海と別れて、すっと最前列の席の前を通るや、正面左手の金丸、徳永が座っている雛壇に向かったのである。

雛壇は、この集会の発起人が座る席だ。署名をしなかった田村が座る席ではない。あわてた司会の梶山が、飛んでいった。

「田村先生、こちらです」

田村を、一般席である最前列中央の席に連れていった。その席は、竹下が出馬宣言をすることになるスピーチ台の真正面だった。

戦後の昭和二十四年から十五年間、「うたのおばさん」としてＮＨＫラジオで鳴らした志村愛子（しむらあいこ）（芸名：安西愛子）が、入場してきた。また、どっと拍手がわいた。

四十六年の選挙で、高位当選で参議院に加わった志村愛子は、それまで二階堂系であった。一ヵ月前の四月十七日、山下元利ら二階堂系十二人が目白台邸で田中角栄と面会したときの一人だ。

もちろん、その日夕刻に、竹下パーティーに対抗して開かれた山下元利のパーティーにも出席し、自慢の喉を披露した。志村は、一貫して二階堂系と歩調を合わせてきたのである。

「志村は、金丸の放ったスパイじゃないのか」

という噂さえ聞こえていた。

志村は、参議院の比例代表区である。党の指名順位によって、当落が決まる。そのため、党実力者との関係が、重要になってくる。前回六十一年七月のダブル選挙の指揮官である幹事長は、金丸であった。志村は、金丸には世話になっているはずだ。その関係で、志村をスパイとして二階堂系に送りこんだのだ、という穿った見方があったのだった。

いずれにせよ、二階堂系からも脱退者が出たという現実は、竹下擁立集会を大きく盛りあげた。

ちょうどそのとき、集会の主役である自民党幹事長竹下登が、十数人のいかついSPと秘書に小柄な体を取りまかれるようにして、ホテルオークラの玄関に、疾風のように入ってきた。

百人ほどの報道陣がどよめき、百人ほどの私服警官がドッと竹下の花道をつくるように、人垣を張りめぐらせた。テレビライトが目まぐるしく乱舞した。ストロボがはじけた。

SP、秘書に取りまかれた竹下は、ロビーを小走りに突っ切り、あっという間に奥の部屋に消えた。竹下は、自分の出番がくるまで、その部屋で待機するのである。

二時四分になった。「玉庭の間」では、司会の梶山静六が、待ちきれないといった表情で、声を張りあげた。

「まだお見えになってない先生もおられますが、ただいまより待望の集会をはじめたいと思います！」

「渾身の努力をいたすことを固くお誓いします！」

その頃、二階堂進は、側近の江﨑真澄、山下元利らが、紀尾井町のホテルニューオータニの作戦本部にいるというのに、一人、飯田橋駅近くにある自宅マンション「セントラル・コーポラス」の自室で、葉巻をくゆらせていた。

午前中、二階堂は、築地本願寺で開かれた故佐藤栄作元首相の十三回忌法要に出席した。

そのとき、まったく久しぶりに、金丸、竹下と遭遇した。

二階堂は、通路をはさんで竹下、安倍晋太郎、宮澤喜一らと第二列目に座った。最前列には中曾根、福田赳夫らが座る。二階堂が用意された椅子に座ったときは、中曾根も福田も来ていなかった。目の前の席は、なんと金丸であったが、やはりまだであった。

金丸はやってくると、二階堂から逃れるように、二つほど席をずらして座った。そこで、二階堂は、笑いながら堂内に聞こえるほどの大声で注意してやった。

「ここに座らないと、ほかの人が困る！」

さすがの金丸も、すごすごと居心地悪そうに二階堂の目の前の椅子に座った。

焼香のあと、二階堂はさっさと引きあげた。そのとき、通路の反対側の椅子に座っている竹下へ、というわけではないが、だれかれへとなく会釈していった。

が、竹下は、数珠を片手にうつむきかげんにして、二階堂から視線をそらしていた。隣の夫人直子に小突かれて、はっと二階堂に初めて気づいたような顔をしたが、そのとき二階堂は、竹下の視界から去っていた。

二階堂は、竹下のそのわざとらしいしぐさに、無性に腹が立った。初めから、早くこの場から立ち去りたかったのだが、竹下の顔色を見たら、なおさらだった。

築地本願寺を出ると、ホテルニューオータニの行きつけの理容室へ行った。さっぱりと気分を変えたかったのだ。

そして、いま、自宅に帰っている。

電話が鳴った。ニューオータニの江﨑からであった。

「二階堂先生、竹下の集会には、代理をふくめて、百十八人が集まってるそうだ。志村愛子も、堂々と出席している」

二階堂は、べつに驚かなかった。

「うちの者のなかでは、野中英二が代理を立ててる。新潟の渡辺紘三も、代理出席だ。髙鳥は、とうとう本人が出席した。愛知の今枝敬雄も代理出席。今枝のヤツは、次の選挙では、当選させてはやらん。田村は、きれいごとばかりを言いおって、結局、本人が出席しておる。ま、しかし、百十八人という数字は、二股かけてる連中もかなりいるから、実質は少ないと見ていいでしょう。こんなもんかもしれません。ただ……」

と江﨑は、言葉を区切った。

「おそらく向こうは、今日、竹下擁立を決議して、明日、緊急の常任幹事会を開くでしょう。その場で、数の優位を前提に、竹下で田中派はいくんだ、という強行採決をはかってくるはずだ」

二階堂は、そこまで聞いて、思わず声を荒らげた。

「そんなことは、許さん！」

「とにかく、いままで見てきたように、あいつらのやり方は、まったく二階堂会長の存在を無視している。

明日、そのようなことになれば、もちろん、われわれはボイコットだ。しかし、こちらも、なんとか考えないと……」

「うむ……。田中さんが、元気だったらなぁ。田中家のほうも、とにかく竹下憎しだ。最後の最後で、一手を考えなければならんな」

二階堂の言葉に、江﨑も電話の向こうでうなずいた。

二階堂は、田中家と連携して、なんとか、田中角栄を担ぎ出そうと思いをめぐらせていた。二階堂は、再三にわたって、田中家と電話で連絡をとりあっていた。そのなかで、訴えていた。

「角さんを、なんとか国会に出してほしい」

田中の女婿である田中直紀も、もちろん二階堂とおなじ考えであった。

田中の長女眞紀子は、電話の向こう側で言った。

「父の寝首を掻いた竹下さんは、絶対に許せません！　総理になど、させるもんですか。父の回復を待って、かならず阻止(そし)してみせますわ！」

まもなく永田町には、不気味な噂が、なかば確信めいて流れた。

十月三十一日、新総裁を決定する自民党大会に、田中角栄が現れる。そして、竹下で総裁が決定されようものなら、反竹下の大演説をぶつ、というのであった……。

さて、ホテルオークラの「玉庭の間」には、田中派の八三パーセントにあたる百十八人が結集していた。うち、十人が代理出席であった。そのうち、綿貫民輔(わたぬきたみすけ)、斉藤斗志二(さいとうとしつぐ)は純然たる竹下グループだ。綿貫は沖縄出張、斉藤は外遊中で仕方なく代理出席となった。

竹下、二階堂の派閥抗争は、竹下に凱歌(がいか)があがったことは、だれの眼にもあきらかだった。

発起人の金丸信は、上機嫌でスピーチに立った。

「みなさんのご苦労を水に流してはならんと思って、いままでやったことはないが、文書を読ませていただきます」

集まった議員たちからは、思わず笑いと拍手が起こった。

たしかに、アバウト人間金丸は、文書など読みあげるようなことは、これまでやらなかった。しかし、ここは一つ、あくまでも儀式として、文書を読まねばならないところだ。暗にそう金丸は言っていた。議員たちも心得ている。つまり、集会は竹下を総裁候補として認定するための儀式として、いっさいは根回しを終えた〝やらせ〟となっていたのである。

金丸は、余裕綽々(しゃくしゃく)で、懐中から文書を取り出した。

「木曜クラブは、伝統ある保守本流を歩むグループとして、つねに新しい時代をつくるため、絶えざる研(けん)鑽(さん)を重ねてきた。先般、若い人たちの代表が、わたしのところにやってきて、次の時代を担う木曜クラブの総裁候補として、竹下登君を推薦したいとの決意を持ってまいりました。そこで、本日、わが木曜クラブがいかに進むべきか、忌(き)憚(たん)のないご意見をたまわりたいと存じ、ご参集をいただいたようなわけであります」

二階堂にとってかわり、自分が木曜クラブ会長にでもなったかのような口ぶりであった。木曜クラブの名前をさかんに出してはいるが、金丸は、すでに木曜クラブなど切り捨てていた。めざすところは、竹下派独立であった。

集会は、金丸のあいさつではじまったが、同時に終わっていたも同然であった。あらかじめ決められていたとおり、それぞれの当選回数別に代表者が発言に立った。

まず、衆議院の当選一回から三回までの集まりである「一二三会」、つづいて当選四、五回組の「一〇五の会」、三番手は衆議院当選一回組の「若竹会」、四番手は参議院当選一回から二回組の「いろは会」、最後に「竹下登君を自民党総裁にする木曜クラブ若手有志の会」から、それぞれ代表者が立った。いずれも、竹下に総裁選出馬の決断をうながし、決起しよう、と訴えた。

司会の梶山が、言った。

「いままでのご発言から要約しますと、一つ、田中派から総裁候補を擁立する。二つ、候補には竹下登氏が最適任である。三つ、派内の融和、一本化に今後とも努力する、の三項目と思いますが、ご異議ありませんか」

会場からは、

「異議なし！」

の声が相次いだ。

そんなことは、どうでもいいから、早く竹下をこの場に連れ出して、ハッキリ出馬宣言させろ、と言っているかのようだった。

梶山の提案で、この会を「竹下登君を自民党総裁にする木曜クラブ若手有志の会」とすることに決定した。はじまって、わずか二十八分であった。

「よし……」

ようやくここまできた、と正面中央の席に座っている金丸は、つぶやいた。

梶山にうながされて、ふたたびあいさつに立った。金丸は、力強く言った。

「感激した。これから幹事長に来てもらって、しっかりとしたあいさつをやってもらう」

議員からは、

「よし！」

というかけ声とともに、待ってましたとばかりに拍手がわいた。

竹下は、細長い廊下を通って、正面右側の入り口から、紺の太い縞模様のスーツに身を包んだ小柄な姿を、「玉庭の間」に現した。カメラライトとストロボが、花火のように竹下に向かっていっせいにはじけ飛んだ。

議員たちは、どっと席を立ちあがった。

「いよッ！」

「総理！」

かけ声が飛び、拍手が洪水のようにあふれた。

竹下は、一礼すると、議員たちの喝采(かっさい)に、ほっとしたような笑顔を見せた。そのまま歩いて、正面の金丸が座っている席の左側に、徳永元参議院議長をあいだにはさんで立った。

金丸は立ったまま、竹下を見て言った。

「みなさんの総意を申し上げる。出席者全員の賛同を得て、来る総裁選に推薦するという力強い決議をいただいた。この際、決意のほどをハッキリと聞かせてほしい」

金丸の言葉を、竹下はうつむいて聞いた。まるで、それまでいやいやをしていた生徒に、もう決めるしかないんだぞ、とばかりに逃げ場をなくさせた挙げ句言い聞かせている先生、といった構図であった。

竹下は、百十八人が自分のために集まってくれたことに感激した表情で、あいさつに立った。

「ただいま、わたしに対し、秋の総裁選に立候補せよとのご推薦をたまわりましたこと、身にあまる光栄であります。今日からは、わたし自身、全力を尽くして、みなさん方の期待に添うべく、渾身(こんしん)の努力をいたすことを、まず固くお誓いをいたします」

金丸は、晴れやかな竹下の顔を見ながら、思いをめぐらせていた。

〈これで、やっとハワイへ静養に行ける。あとは竹下自身の力で、七月初めの臨時国会召集前に、正式に旗揚げするだけだ。二階堂は、もう恐るるに足りん。あとは、中曾根だ〉

金丸の一見眠そうに見える眼が、一瞬、きらりと光った。金丸は、竹下に眼でこう語っていた。

〈中曾根は、その場その場で変わり身の早いヤツだ。信用はできん。その中曾根内閣を支えてきたのは、おれとあんただ。中曾根がいざとなって、われわれに協力しないと背中を向けたら、そのときこそ、この金丸信、中曾根と本気で刺しちがえる覚悟だ〉

竹下は、闘志をあらわにして話しつづけた。

「さらにまた、みなさま方に対して、きびしいご鞭撻をたまわりますことを、これまた心からお願いをいたす次第であります。大変短い言葉ではございますが」

竹下は、力をこめた。

「万感をこめて、わたしのあいさつを終わります！　ありがとうございました。ありがとうございます！」

拍手が、渦巻いた。

慎重居士竹下の、初めての出馬表明であった。事実上の竹下派旗揚げであると同時に、十五年間政界を牛耳りつづけた田中派の、歴史的解体の瞬間であった。

党内最大派閥「経世会」の誕生

竹下擁立集会の数日後、竹下から田村元に連絡があった。

「会ってくれないか」

二人は、浅草の料亭で酒を酌み交わした。

竹下が、ふいに手をつき、頭を下げた。

「われわれは、歳はおなじだが、あなたのほうが一期先輩だ。しかし、先にわたしをやらせてくれ。あとは、あなたに、ということでどうでしょうか」

「いや、古今東西、こんな約束は守られたことはないし、おれは、率直にいって総理になろうという意思はない。だから、きみの応援オンリーでいいよ」

「それじゃ、今度立ち上げる新派閥は、あなたとわたし、それに金丸の三人の合議制にしましょう」

「それは、結構です」

田村は、竹下は、嘘の名人であると思っている。それも、見えすいた嘘をつく。それゆえに、竹下の言うことをそのまま信じてはいなかった。

竹下は、二階堂が怒っていたように、二階堂を棚上げするためしきりに言っていた。

「二階堂先生、衆議院議長になりませんか。総理大臣になるいちばんの近道ですよ」

衆議院議長は、三権の長の一つだ。総理大臣になれるわけがない。そのような馬鹿なことをぬけぬけと平気で言う男である。

田村は、よく竹下を茶化した。

「おい、それもまた嘘か」

竹下は、ニヤリとした。

「いやぁ、今度は、本当」

田村が知る限り、田中角栄も、金丸信も、嘘は言わなかった。が、竹下は、いわば知恵と嘘のかたまりのようなところがあった。羞恥心（しゅうちしん）というものがおよそない。

しかし、それでいて、妙に憎めない男でもあった。創政会を旗揚げしてまもないある夜、竹下が田村の自宅に電話をしてきた。宴席の帰りなのであろう、すでに相当酔っぱらっていた。

「これからちょっとうかがいたいが、よろしいか」

「いいよ。しかし、いま頃、なんだね」

「とにかく、うかがいます」

しばらくして、また電話がかかってきた。

「ただいま、青山一丁目を通過中」

さらに、電話をしてきた。

「ただいま、表参道を通過中」

車がどこを通っているか、いちいち知らせてくるのだ。そのような茶目っ気があった。

田村の自宅に着くなり、田村の妻に愛嬌たっぷりに言った。

「奥さん、コップでいいから、冷や酒を一杯ちょうだいよ」

「竹下先生、そんなに飲んでいいんですか」

「いいんですよ。わしゃ、造り酒屋の息子なんで」

竹下は、冷や酒をうまそうに飲み干した。

田村は、訊いた。

「それで、何の用事だね」

「何も用事はない。ただ、あなたの顔を見たかったんだ」

そう言って、帰っていった。

竹下にすれば、「あなたを大切に考えているんだよ」という意思表示をしたかったのだろう。見えすいているが、不愉快にはならなかった。

竹下は、ずるい狐が穴から顔を出しているイメージがあった。そこで、田村は竹下に「フォックス」というあだ名をつけていた。

竹下は、明るくほがらかで冗談も飛ばすが、顔は笑っても、眼だけはけっして笑っていなかった。

竹下は、田中とよく似た手口で札束で面を張るところがあったが、人心収攬術に優れていた。それに、竹下の集金能力は、田中に次いで抜群であった。田中とちがい、用意周到でもあった。刑務所の塀の上から、うまいこと道路のほうに飛び降りる。

田中は、やや抜けたところがあり、刑務所側に落ちてしまった。が、そういう一面が田中の魅力でもあり、好かれる理由の一つであったと田村は思う。

案の定、田村は田村グループのほとんどを連れて創政会を発展・改組した「経世会」に参加するが、竹下から、派閥の運営方針について相談を受けることはなかった……。

創政会が着実に参加メンバーを増やしていったときにも、愛知和男は、いくら誘われても、創政会に加わるつもりはなかった。それまで世話になった田中から離れるつもりはなかった。最後まで田中に殉じるつもりであった。

山下元利に、何度も執拗に決起をうながした。

「先生、田中派の暖簾を守るためにグループを旗揚げしてください。わたしは、先生についていきますよ」

しかし、山下は、

「わかった、わかった、いまにやるから」

と言うだけで決断できなかった。

山下は、大きな体つきからして一見、豪放磊落のように見えるが、いささか気が小さいところもあった。子飼いの議員もつくらなかったので、数に自信がなかったのである。

一方、愛知和男は、創政会に参画した渡部恒三から何度も誘われた。

「とにかく、会合に出てほしい」

愛知は、そのたびに断った。

「申し訳ないですが、出るつもりはありません」

渡部は、執拗に誘った。

「それなら、秘書でもいいから代理出席してくれ」

「いや、それもできません」

焦れた渡部は、懇願するように言った。

「運転手でもいいから、とにかく会合に出してくれ」

そこまで言われ、さすがに断ることができなかった。

「わかりました」

しかし、結局、運転手すら出さなかった。

最終的には、一人で政治活動をおこなうことはできないと判断し、奥田敬和ら中間派とともに経世会に参加する。

田中に最後まで殉じた愛知は、気持ちのうえではすっきりしていた。が、最後まで会合に参加しなかったことが原因で、竹下に疎んじられ、初入閣は同期のなかでいちばん最後となる……。

竹下擁立集会から一ヵ月後の七月四日、竹下派「経世会」が発足した。

〝経世〟とは儒教の教典の四書五経のうち『書経』に出てくる言葉で、「世の中を治め、人民の苦しみを救う」ことを意味する。衆参合わせて、百十三人もの議員が参加した。

田中派は、完璧に解体し、二階堂派はわずか十五人、中立派が十三人となった。

経世会会長は、むろん竹下登である。副会長は亀岡高夫、長田裕二、事務総長は小渕恵三、事務局長は羽田孜、小沢一郎は総務局長に就任した。

竹下派は、この布陣で昭和六十二年秋の総裁選にのぞむことになった。

竹下は、〝数の論理〟〝数の力〟からいえば、おなじく総裁候補である宮澤喜一、安倍晋太郎、二階堂進に対して圧倒的に有利であった。

なにしろ竹下派の議員数は、党内第二派閥の宮澤派を、二十人以上も上回っている。しかも、仮に予備選挙となっても、勝敗の鍵を握る党員・党友集めは、他派を圧倒していた。いざ、本選挙となっても、竹下と盟友関係にある安倍との、いわゆる「安竹連合」で、過半数を制することができる。

竹下派にとって、本選挙はのぞましいことであった。

創政会の結成時に一度参加しようとしたが、田中に会いとりやめた箕輪登は、その後、執拗に誘われた。

「参加してください」

が、そのつど断った。

「おれは、二君にまみえるのは嫌いだ」

経世会が結成されてまもなく、箕輪後援会の幹部数人が北海道から上京してきた。箕輪は、後援会幹部に口説かれた。

「経世会に参加してほしい」

箕輪は、突っぱねた。

「いや、おれは、角さんを守る」

幹部は、高圧的に言った。

「あんたは、おれたちの応援で当選してきたんじゃないか。経世会に参加しないというのなら、今度の選挙は、あぐらをかいて、運動しないぞ！」

幹部が強気なのには、わけがあった。竹下の後見人である金丸信から圧力を受けていたのである。竹下は、全国に後援会づくりを展開しており、北海道にも進出した。利権官庁に影響力をもつ竹下の後援会に入れば、なにかしら恩恵を受けるかもしれない。箕輪後援会の主だった幹部は、入会を希望した。

その際、金丸に、

「入会したいのなら、箕輪を経世会に参加させるよう口説いてくれ」

と条件をつけられたのだ。

幹部にあぐらをかかれては、当選はおぼつかない。箕輪は、しぶしぶ幹部の要請を受け入れざるをえなかった。

「わかった……」

箕輪は、経世会に参加した。

小沢辰男は、竹下登らが経世会を設立したあと、中村喜四郎ら中堅議員にたびたび誘われた。

「先生も、とにかく参加してください」

小沢辰男は、きっぱりと断った。

「それは、おれにはできない。おれは、角さんが最高裁で勝つまでは守っていくつもりでいる。角さんをほったらかして、だれもいなくなったらどうするんだ」

小沢辰男のもとには、戸井田三郎、山下元利らが残っていた。

小沢は彼らに言った。

「きみらは、おれと行動を共にすると損をするぞ。経世会に参加しろ」

頑固な山下は、首を横に振った。

「わたしは、竹下さんが嫌いだから行きません。わたしはわたしで、頑張ります」

竹下を襲った皇民党〝ほめ殺し〟事件

総裁選を目前にひかえ、竹下派、いや竹下本人にとって厄介な問題が降りかかっていた。

昭和六十二年の初めから、右翼団体で香川県高松市に居を構える「日本皇民党」が、十数台の街宣車を連ね、国会周辺をマイクでがなりたてていた。

「国民のみなさん、この秋には、評判の悪い中曾根さんが退陣します。われわれ国民の代表として、金儲けのうまい竹下さんを、ぜひ総理総裁にしましょう」

ポスト中曾根の最有力候補である竹下を、皮肉たっぷりにほめたたえることにより、逆にイメージダウンを狙った巧妙な〝ほめ殺し〟であった。

車体の横っ腹には、「竹下さんを総理にしよう」「大道一直線政界刷新　竹下登新総裁擁立」「誠実清廉の人　竹下登」などと大書されていた。

永田町だけでなく、昭和六十二年八月末に開かれた竹下派結成後、初の議員研修会にも追いかけてきた。限られた人しか知らない側近の自宅にも押しかけた。

竹下派事務総長であった小渕恵三は、警察に何度も解決を頼んだが、取り締まる法規がなかった。警察当局は、通過県警と連絡をとり、道路交通法違反などで十三件、十四人を検挙した。が、本筋の〝ほめ殺し〟は、脅迫にも名誉毀損（きそん）にもあたらないことから、それ以上の取り締まりはしていない。

そのうえ、日本皇民党だけでなく、ほかの右翼からも、執拗な攻撃を受けた。ニセ爆弾が竹下の事務所に送られてきたり、議員会館に短銃と実弾が宅配便で送りつけられたりした。

だれよりも打たれ強く、したたかな竹下も、さすがに精神的にこたえていた。なにしろ、左側頭部の耳と頭頂の真ん中あたりに、直径三センチほどもあるハゲができたほどである。神経性の円形脱毛症であった。周囲には隠しつづけていたが、そのストレスのいちばんの原因は、〝攻撃〟であった。

竹下派の議員は、不安を覚えた。

「あれでは、竹下さんのイメージが悪くなる。総裁選に悪影響をおよぼすんじゃないか」

「なんとか、やめさせる方法を考えたほうがいい」

小沢一郎は、数人の議員からそんな相談を持ちこまれた。が、小沢はまったく無関心であった。

「あんなの、ほっとけばいい。相手にするだけ、わずらわしいよ」

だが、あまりの執拗な攻撃に竹下派の複数の議員が、日本皇民党総裁の稲本虎翁（いなもととらおう）との接触をはかった。が、いっこうに解決の糸口は見つからなかった。

金丸信と親しく、やくざ世界に顔の利く浜田幸一（はまだこういち）も、昭和六十二年のお盆すぎ、高松に乗りこんだ。JR高松駅前の高松グランドホテルで稲本総裁と会おうとした。が、稲本は、ついに姿を見せなかった。

浜田の前に現れたのは、皇民党行動隊長の大島竜珉（おおしまりゅうみん）であった。浜田は言った。

「竹下の就任阻止運動を、やめてくれ」

「あれは反竹下ではない。竹下支持の運動だ」

「ほめ殺しじゃないか。あんたらの運動で、みんな迷惑している。やるなら、正面から堂々とこい」

その後もほめ殺しはつづいた。

小沢一郎は、ますます落ち込んでいく竹下を、勇気づけた。

「みなさん、竹下先生のことを心配して、いろんな手を尽くしているようですが、あんなのはほっとけばいいんですよ。やりたければ、勝手にやらせておけばいい。気にする必要はまったくないですから」

だが、竹下は、力なくうなずくばかりであった。

稲本総裁の竹下ほめ殺しの直接的な動機は、竹下派の旗揚げを「裏切り行為」ととらえる道義上の反発でもあった。

そのうえ、田中元首相に対する個人的思い入れもあった。

おなじ高松市の右翼「大日本義和団」の岩崎寿昭団長は、稲本総裁とは夜を徹してよく話しあった。

田中については、「容共」「金権」と批判してきたが、「地元新潟に対する愛郷精神は愛国心につながる」という点で、二人は一致していた。

なぜ、竹下が一地方の右翼の活動に、これほどまでに怯(おび)えなければならなかったのか。

稲本総裁は、「平和相互銀行事件などいくつかの〝竹下スキャンダル〟を握っている。第二、第三の切り札を持っている」と言っていた。

平和相互銀行事件とは平和相互銀行経営陣の内紛に端を発した一連の不正融資事件である。なかでも、金屏風の売買をめぐり、政界に巨額の献金が流れたといわれた。

さらには、中曾根首相が皇民党降ろしを後継指名の条件にしていた、ともささやかれていた。

総裁選を一ヵ月後にひかえた九月下旬、思いあまった竹下は、金丸に総裁選を棄権する、とまで言い出した。打たれ強く、したたかな竹下の吐いた、めずらしい弱音である。

金丸は、あわてて竹下を制した。

「竹さん、わしに心当たりがある。任せろ。だから、ほかの人間をうろうろさせるな」

九月末日、金丸は、赤坂の日商岩井ビル十九階の金丸の行きつけの高級フランス料理店「クレール・ド・赤坂」に、一人の男を招いた。東京佐川急便社長の渡辺広康であった。

渡辺は、佐川急便グループのナンバーツーであった。総帥の佐川清は、政界のタニマチとして、名を馳せていた。

金丸は、渡辺に相談を持ちかけた。

「竹下を総裁にするように工作している。が、困ったことがある。右翼の日本皇民党が騒いでいる。なんとか、ならないか。竹下政権樹立に、力を貸してくれ」

渡辺は、しばし思案にふけった。

組んでいた手をほどくと、ぽつりと洩らした。

「毒を制するには、毒をもってするのが、いちばんいいと思う。石井会長に、正式に頼んでみますか」

渡辺は、広域暴力団稲川会会長の石井進の名前を出した。

さすがの金丸も、一瞬ひるんだ。

しばらく、ためらった。

が、一心同体ともいうべき竹下が、政権を取れないかもしれないのだ。意を決して言った。

「よろしく、頼みます。その石井会長にお骨折り願いたい。あなたから、お願いしてもらえないか。あんただけが頼りだ」

なお、この一件をきっかけに、金丸と渡辺の関係がはじまり、平成四（一九九二）年、金丸は五億円の闇献金を受け取ったとして、東京佐川急便事件で議員辞職することになる。

右翼の要求は「竹下みずからが田中邸に詫びを入れろ」

東京佐川急便社長の渡辺広康は、ただちに稲川会会長の石井進に事態の収拾を依頼した。

石井は、渡辺の要請を快諾し、みずから稲本の説得に動いた。

その際、稲本から街宣車活動を中止する条件が出された。

「竹下みずからが、目白台の田中角栄邸に詫びを入れること」

竹下は、その条件を呑んだ。

十月三日、竹下は田中邸を訪れるべく、黒塗りのトヨタ・センチュリーに乗りこんだ。が、大勢の報道陣が待ち構えていることを知り、そのまま引き返してしまった。

それから二日後の十月五日午後九時、東京プリンスホテル十六階の一室に、五人の男が集まった。金丸、渡辺広康、竹下登の秘書青木伊平(あおきいへい)、政界のフィクサーといわれる元衆議院議員の中尾宏(なかおひろし)、それに小沢一郎であった。しばらくして、竹下も姿を見せた。

渡辺の口から、竹下に日本皇民党が出した条件の説明がなされた。

「稲本総裁は、竹下さんが田中邸に赴き、詫びることを絶対の条件として出してきています」

竹下は、肩を落とし嘆(なげ)いた。

「以前、目白に行ったが、会ってもらえなかった。おそらく、今回行ってもだめだろう。それじゃ、あまりにもぶざまだ。もう、総裁選はあきらめるしかない」

竹下は、この年の一月一日の午前十二時三十五分、田中邸を訪ねている。が、門前払いを食わされていた。

じつは、この東京プリンスホテルでの協議の前に、小沢が田中家に電話を入れて打診していた。

「幹事長が、目白を訪問したいという意向があります。どうでしょうか」

田中家の信用が厚く、小沢一郎とも親しい鹿児島県奄美群島選出の保岡興治が応対に出た。

「田中家のほうでは、とてもお会いできる状況ではないのでは」

十分後、竹下本人も、田中家に電話を入れた。

「お会いしたいと思っていたのですが、田中家の事情がそうであるなら、遠慮したい」

そんな経緯から、竹下は、一度断られ、しかも、こちらも遠慮したものを、どうして訪問することができるだろうか、という不安に胸を締めつけられていた。

金丸が、これまで見せたことのない涙を浮かべながら、竹下を叱責した。

「なにを言っているんだ。経世会は、あんたを総理にするためにつくった会じゃないか。オヤジに反逆者と言われながら手弁当でやってきたのも、みんなあんたを総理総裁にするためだろう。なにをいまさら弱気になっているんだ」

重苦しい空気が流れた。

小沢は、隣の部屋で事の成り行きを見守っていた。ときおり、飲み物を交換するため顔を出した。事が秘密を要するだけに、ホテルのボーイを部屋に招き入れることはできない。最年少の小沢が、飲み物の手配をせざるを得なかった。

のちに、東京佐川急便事件の公判の渡辺調書を書き写した新聞記事に、小沢がそのとき「おろおろしていた」と書かれる。が、実際は「おろおろ」ではなく、「うろうろ」のまちがいであった。渡辺の眼に、小沢が飲み物を手配する姿が、「うろうろ」と映ったせいである。

小沢とて、話の内容を聞きたいのはやまやまであった。が、自分のような若造が話し合いの席に顔を出すべきではないと考え、いっさい参加はしなかった。

むろん、飲み物を交換するとき、その内容が途切れ途切れに小沢の耳に入ってくる。が、長居は無用とばかりに、すぐさま隣の部屋にもどった。

重苦しい雰囲気のなか、金丸が、結論を下した。

「まあ、行くだけ行ってみよう。だめならだめで、そのとき考えればいい」

金丸は言った。

「田中の信頼の厚い長谷川信なら、田中邸フリーパスだ」

長谷川は、田中とおなじ新潟選出の参院議員。田中派分裂時、竹下派にも二階堂グループにも所属しない中立派を貫いていた。

金丸はつづけた。

「門が開いたところで、長谷川に、中に入れてもらってはどうか」

竹下とすれば、田中邸前で右往左往するぶざまな姿を晒すのは避けたかった。長谷川なら、仮に竹下本人が門の中に入れられなくても、田中邸門前で「即席代理人」として活用できる。皇民党サイドから突きつけられていた「田中元首相への立候補あいさつ、お詫び」という二つの条件を、なんとかクリアできるという計算が働いた。

金丸は、さっそく長谷川に渡りをつけた。

長谷川に、田中邸に午前七時半に来てもらい、竹下を取り次いでもらう段取りをつけた。小沢一郎が、竹下に同行することになった。

翌十月六日午前八時三分、小沢は、竹下とともに、黒塗りのトヨタ・センチュリーに乗り、目白台の田中邸を訪れた。

降りしきる雨のなか、長谷川が、傘もささずに閉ざされた門の前で出迎えた。

車は、田中邸前の歩道に前輪を乗りあげてしまった。

車から、竹下と小沢が降りた。

竹下は、長谷川に近づき、内緒話をするように右手で口元をおおいささやいた。

「田中先生に会えないので、伝えてほしい。いろいろご迷惑をかけた。あさって、立候補します」

竹下は、小沢とともに、車にもどった。その間、わずか一分というあわただしさであった。

竹下と小沢を乗せた車は、都心へ向かって走り去った。

その一時間半後の午前九時半、金丸は、閣議出席のため首相官邸に顔を出した。

記者団が金丸を取り囲み、訊いた。

「今朝、竹下幹事長が目白に行ったという話があるが」

秘密で動いていることが、どうしてわかってしまったのか。金丸は、いつもの眠そうな眼のまま、あくまですっとぼけた表情で短く答えた。

「聞いていない。何しに行ったんだ？」

日本皇民党の十ヵ月にもわたった活動は、その翌日からぴたりと止まった。

竹下政権、歓喜の誕生

竹下登が田中角栄邸を訪れた二日後の昭和六十二年十月八日、自民党総裁選が告示された。ポスト中曾根康弘をめぐり、竹下登、安倍晋太郎、宮澤喜一（みやざわきいち）の三者が立候補の届けを提出した。

竹下は、党内最大派閥「経世会」を率いている。話し合いでケリがつかなければ、その数を背景に、党則どおり選挙をおこなうことを念頭に置いていた。いざとなれば、盟友・安倍と手を結ぶ「安竹連合」という切り札もあった。

が、安倍の考えはちがった。仮に本選挙に突入すれば、「安竹連合」の関係から、竹下に総理総裁の座を譲らねばならない。そこで、三者協議を積み重ねることで、「安竹連合」は崩さぬまでも、「安竹対立」のきびしさを印象づけておく。そうして、中曾根から「挙党体制のためには、中立の安倍しかいない」との支援を得ることを目論（もくろ）んだ。そのためにも、三者協議はぎりぎりまでつづけたかった。

宮澤は、はなから候補者間協議、党長老の意見聴取をへて、首相の裁定に持ちこむ肚づもりであった。

中曾根は、みずからが後継総裁を指名することで、影響力を保持し、元老的立場になることを目論んでいた。十月十五日に首相官邸でおこなわれた竹下との秘密会談の席でも、不快の念をあらわにした。

「せっかく三者協議をしているのだから、徹底的に話しあってほしい。しかし、きみのところの少年探偵団というか、チビッコギャングというか、彼らを黙らせてくれ。選挙だ、選挙だと騒ぎすぎる」

中曾根のいうチビッコギャングとは、主戦論をさかんに唱える小沢一郎、羽田孜、梶山静六のことである。竹下は、その一言で確信した。

〈連中を黙らせろということは、とにかく選挙はするな、ということだ。ようするに白紙一任で、中曾根裁定に持ちこんでくれ、という意味になる。つまり、自分に花を持たせてくれれば、おれを総裁に指名するということだわな〉

竹下は、すかさず「わかりました。厳重に注意します」と言うや、精一杯の微笑を中曾根に投げかけた。

十月二十日午後零時三十分、自民党本部四階の総裁室で、中曾根による裁定がおこなわれることになった。

中曾根から手渡された白封筒に入った裁定文を、党五役を代表して、政調会長の伊東正義（いとうまさよし）が、円形テーブルに座った、安倍、竹下、宮澤の三人に手渡した。

三人が開封した。

「では……」

伊東が、裁定文を読みはじめた。

三人は、伊東の声も聞こえないかのように、自分の前に置かれた封筒から裁定文を取り出した。

竹下は、いきなり二枚飛ばして、自分の名前の書いてある三枚目の結論を確認し、裁定文をテーブルの上に伏せると、静かに眼を閉じた。

〈ついに、ついに……〉

興奮に、体が熱くなった。

宮澤は、指名が書いてある三枚目を、真っ先に見た。

そこには、自分の名前はなかった。竹下登の名が、眼を抉（えぐ）るように突き刺さってきた。

宮澤は、伊東がまだ読み上げているにもかかわらず、さっと立ち上がり、竹下に握手をした。

安倍は、裁定文を見るまでもなく結果を知っていたが、伊東が読み終わるまで伊東の朗読に合わせて文章を黙読していた。それが礼儀であると思っていた。そのため、竹下に祝福の言葉をかけるのを控えようとしていた。

が、宮澤がそんなことをしたので、安倍は、心の中で、

〈なんて礼儀知らずのことをするんだろう……〉

と舌打ちしながら、最後まで結論にたどりつき、はじめて、すわったままとなりの竹下に声をかけた。

「おめでとう」

経世会の会長室に、中曾根裁定は竹下で決まった、という報せが入るや、金丸は、この世でこれほどうれしいことはない、というように顔をくしゃくしゃにした。

橋本龍太郎は、そばで見ていて、思った。

〈これは、百万ドルの笑顔どころじゃない、一億ドルの笑顔だな……〉

巨体の田村元が、思わず飛び上がっていた。

原田憲は、感極まって、泣き出した。

橋本と梶山は、わっと抱き合った。

宮澤は、竹下指名の後、赤坂の宮澤事務所に引き揚げると、

「ひどいなぁ……」

とひとこと言った。

宮澤の眼には、悔し涙が光っていた。

〈この一年間、本当に心から中曾根さんの全面支援をし、中曾根政治の継承まで誓ったのに……〉

その頃、経世会の事務所で、金丸が記者に取り囲まれ、宮澤について口にしていた。

「願をかけても仕方がない人に願をかけることを戦略の中心に据えたことが、間違いさ……」

金丸は、インタビューを終えると、両脇から秘書官に体を抱きかかえられるようにし、部屋を出た。廊下を、よたよたとまるで雲の上でも歩いているように歩き、奥のエレベーターの前にあるカードも使える公衆電話の前に立った。

金丸が受話器をあげて耳に当てると、かたわらにいた秘書官が、懐中からカードを取り出し、電話に差

し込んだ。

金丸は、自分でプッシュボタンを押した。

「金丸信だが、総理をお願いします」

中曾根が出ると、金丸は丁重に言った。

「いろいろと、ご配慮いただき、ありがとうございました」

中曾根から、何か言葉を受けると、

「奥さんに、よろしく」

と最後に言って、電話を切った。

昭和六十二年十月三十一日に開かれた第四十八回臨時党大会で、竹下は正式に第十二代自民党総裁に選出された。田中角栄内閣が退陣して以来、じつに十三年ぶりに総裁派閥となった竹下派の面々は、いっせいに歓喜の声をあげた。

リクルート退陣と竹下院政のはじまり

昭和六十三（一九八八）年七月十九日、第百十三回臨時国会が召集された。政府・自民党は、さっそく減税法案を成立させ、ただちに税制改革関連六法案を閣議決定し、国会に提出した。つづいておこなわれた所信表明演説で、首相の竹下登は、税制改革への強い決意を表明した。

だが、税制改革の審議は、当初から混乱に混乱を重ねることになった。消費税導入に反対する野党の強硬姿勢に加え、政府・自民党に新たなる難題が降りかかっていたのである。不動産会社リクルートコスモス社の未公開株の譲渡をめぐる疑惑、いわゆる「リクルート疑惑」であった。

昭和六十三年六月十八日、朝日新聞は、この日の朝刊で、神奈川県川崎市の助役小松秀熙が、リクルートコスモス株で一億円の売却利益を得ていた、と報道した。

七月六日には、リクルート株の譲渡先として、前首相の中曾根康弘、蔵相の宮澤喜一、幹事長の安倍晋太郎の名が報じられた。翌七日には、竹下の秘書、青木伊平の名までもがあがった。事件は、一気に政界上層部にまで波及したのである。

野党は、税制改革の審議を少しでも先延ばしにするため、リクルート疑惑の真相究明を主張し、税制改革関連六法案の趣旨説明を拒んでみせた。とりわけ、野党第一党の社会党の態度は強硬であった。

二期四年はつづく、とみずから確信し、まわりもそう見ていた竹下首相は、平成元（一九八九）年四月、リクルート事件の責任をとり、退陣を表明した。ここで本来なら、安倍晋太郎、宮澤喜一ら党内実力者が受け皿となるはずだった。が、両者とも、竹下と同様、リクルート疑惑の泥沼にどっぷりつかっており、その資格を失っている。

後継総裁には、中曾根派の宇野宗佑が就任した。かつての田中院政にかわる竹下院政のはじまりであった。

終　章　巨星、墜つ

田中角栄、死す

佐藤昭子が、政経調査会事務所で、田中角栄危篤の報を耳にしたのは、平成五（一九九三）年十二月十六日の正午であった。ある新聞記者からの電話だ。

「田中角栄さんが危篤だということを、お聞きになっていらっしゃいますか」

佐藤は、思わず受話器を握りしめた。

田中は、その三ヵ月前の九月下旬、病のために新宿区信濃町にある慶応義塾大学病院に入院した。その後、田中の病状は悪くなる一方だという噂が、まことしやかに流れていた。

入院してから、延命のために足を切断した、という信じられない噂まで流れていた。しかし、田中に会ったという者や、田中の女婿で田中派分裂後に自民党宏池会入りしていた田中直紀の事務所の話では、まだ元気だということだった。

佐藤は、田中の容態を知らせる記事やニュースを見るたびに、田中がかわいそうに思えてならなかった。

〈あの人は、病院のベッドで、苦しみもがいているにちがいない〉

佐藤は、記者に問い返した。

「どういうことですか。そんなお話は、知りませんよ」

記者は、かつて「越山会の女王」と呼ばれ、田中角栄の秘書として三十三年間も苦楽を共にした佐藤ならば、何か新たな情報が入っているのではないかと探りを入れてきたにちがいない。

記者は、状況を説明しはじめた。

「じつは、医師団もついにあきらめ、心臓マッサージをやめたそうです」

「…………」

「すでに、慶応病院には取材陣が張りついているんですよ」

佐藤は、そのときから、執務室のテレビのスイッチを入れ、田中の動向がどうなるか、一心にテレビを見つめつづけた。

元田中番の記者たちからも、電話が入った。政経調査会事務局長の朝賀昭（あさがあきら）は、田中の情報がとれるところすべてに連絡をとり、情報を収集した。

ハマコーこと浜田幸一（はまだこういち）から、朝賀あてに電話が入った。

「オヤジが、死んじまった……」

「えっ、本当ですか」

「死」をはっきりと知らせる連絡は、これが初めてであった。

朝賀も、さすがに言葉を詰まらせた。

浜田は、嗚咽（おえつ）を洩（も）らしている。浜田は、この平成五年に引退するまでどこの派閥にも属さず、一匹狼で予算委員長の座まで獲得した男である。田中にも悪態をついて食らいつきながらも、「オヤジ、オヤジ」と慕（した）っていた。

その浜田が、嗚咽している。田中を崇拝（すうはい）する気持ちは、元田中派の議員たちにも劣らなかったのである。

浜田は、佐藤や朝賀につねづね言っていた。

「おれのような暴れ者を使いこなせるのは、オヤジだけだったよ」

いつもの豪快なハマコーはそこにはなく、力なく電話を切った。

午後三時四十分すぎ、テレビに、田中の死去を告げるテロップが流れた。

「本日午後二時四分、田中角栄元首相が病気のため亡くなりました」

死因は、元来ある甲状腺機能亢進症に肺炎を併発したものだった。

佐藤の表情は、強張っていた。

〈ついに、このときがやってきたんだわ〉

「今太閤」「庶民宰相」「コンピュータ付きブルドーザー」と国民からもてはやされる一面、「闇将軍」として政界に君臨しつづけた田中角栄が、ついにこの世を去ったのである。七十五歳だった。

佐藤は泣かなかった。厳しい表情でテレビに見入りつづけている。朝賀は、佐藤が気丈なゆえに、胸のうちを察すると、よけいにつらかった。

田中が倒れたあと、田中の家族は看病してはくれたが、思うように回復しなかった。もともとせっかちな田中は、二倍も三倍もはがゆい思いをしていたにちがいない。それだけでなく、生前には、ロッキード事件の刑事被告人としてのあつかいを受けつづけた。それを晴らす前に、田中は逝ってしまった。胸の潰れる思いをしていたにちがいない。

佐藤は、テレビから視線をはずすと、朝賀に言った。

「マスコミに対して、コメントを書くわ」

「田中角栄の金庫番」、ときには、「越山会の女王」と呼ばれた佐藤である。新聞記者をはじめとするマスコミ陣が、コメントを求めて押し寄せてくるのは必至だ。そんなときに醜態をさらせば、それこそ、田中の名に傷をつけることにもなりかねない。あらかじめコメントを発表し、マスコミ陣の機先を制することにしたのである。

朝賀は、執務室を出ていった。

佐藤は、ペンを走らせはじめた。

その瞬間、自分にも思いもよらなかったことが起こった。ペンを持つ手が震え、大粒の涙が、どっとあふれ、頬を伝って落ちてくるではないか。

幼いときから、これまで多くの死を目の当たりにしてきた。肉親たちの死にすら、他人の前では一回も涙を流したことはなかった。まわりに醜態をさらしたくないという自尊心が、その悲しみを胸の奥に押しこめていたにちがいない。

田中が昭和六十（一九八五）年二月二十七日に倒れたときでも、そうだった。むしろ自分が頑張らなければならないと自分に言い聞かせ、この八年九ヵ月ものあいだ、頑張りつづけた。いまこそ、これまでのように気丈でなければいけない。

にもかかわらず、これほどまでに涙がこぼれ落ちるのは、なぜなのだろうか。

それにしても、田中の死は、あれほど権勢をふるった政治家の最期にしては、あまりにもさびしい。

〈さびしすぎる……〉

晩年は、佐藤をはじめとしたまわりにいた人たちですら、会えなかった。

佐藤は、ハンカチで涙を押さえながら、マスコミへのコメントを書きつづった。

「生あるものは何時か滅するものとは知りながら、余りにも早く神に召されて仕舞いました。誠に痛恨の極みでございます。しかし、形式にとらわれず私の心の中に永久に生き続ける事でありましょう。

これからは田中の意志を遺志におきかえて生きて行こうと決心致しました。それが私の田中に対する恩返しでもあると思って居ります。何卒安らかに眠り国家国民の安寧を神の世からお守り下さい」

五千人が参列した青山葬儀所

翌十七日、目白台の田中邸には朝早くから弔問客が相次いだ。

創政会旗揚げ後、田中家と絶縁状態にあった竹下登元首相は、午前十時十五分、黒塗りのトヨタ・センチュリーに乗ったまま邸内に入った。玄関先で車を降りた。

出迎えた娘婿の田中直紀と簡単な言葉を交わした。

その後すぐに車に乗り、田中邸をあとにした。その間、わずか一分足らずであった。田中家側の見送りはなかった。

十八日午後一時から田中邸で、密葬がはじまった。

長女の眞紀子が、あいさつした。

「父は生前、『天に召されるときは、眞紀子よさらば、と言う。このときは、動じることなく毅然としていてほしい』と言っていた。しかし、この約束も果たされず、天に駆け昇っていってしまった」

眞紀子は、涙で言葉を詰まらせながら話しつづけた。

「父は性格が強く、激しくついていけないところもあったが、同時に朗らかでさびしがり屋のところがあった。母は、たくさんの辛酸をなめてきた。これからは、母を大事にしていきたい」

田中の戒名は「政覚院殿越山徳栄大居士」であった。

平成五年十二月二十五日午後一時から、港区にある青山葬儀所では、田中家と自民党による田中角栄の合同葬がいとなまれた。

さすがに「政界の闇将軍」とまで呼ばれ、一時代を築きあげた田中角栄の葬儀である。その列席者は、与野党を問わない。総理大臣細川護熙、新生党党首羽田孜、自民党党首河野洋平、梶山静六、小渕恵三、橋本龍太郎、中曾根康弘、竹下登、社会党元委員長で衆議院議長の土井たか子といった顔ぶれがそろっていた。用意された席に座れない議員が百人近くいたほどである。

その数は、一般弔問客も入れて、のべ五千人にも達した。

焼香を待つ列には、田中の番記者だった男だけでなく、意外とも思えるマスコミ人もいた。かつて、読売新聞で福田赳夫派の政治記者として鳴らし、はっきりと反田中派を標榜していた、日本テレビ専務を歴任した常盤恭一までもが参列していた。田中には、そのように敵味方関係なく人をひきつける魅力がある。

一般の弔問客も、これほどの列は見たことがないというほどに並んでいる。

列は、青山葬儀所の門を出て、右に折れていた。二百メートルほど離れた青山の議員宿舎の前の信号機をさらに右に折れ、墓地を上がる坂を上り切り、先の信号をさらに右に曲がり、桜並木を青山通りに向かって並んでいる。四、五百メートルはあろうか。

しかし、列はいっこうに進む気配を見せない。列の末尾に並んでいる人は、おそらく二時間から三時間近く待たされるにちがいない。

青山葬儀所に設置された焼香台の横では、吉田茂元首相の孫である麻生太郎衆議院議員が、声を嗄らしてくり返し叫んでいた。

「ご焼香は、一回のみにてお願い申し上げます」

弔問客は、作法にのっとって三回焼香しようとする。が、これだけの人数で一人三回ずつ焼香すると、いつまで経っても、後ろの人たちに順番がまわってこない。麻生は、そこで、焼香は一回にしてくれ、と要請しているのだ。

が、人々は最後の別れはやはりきちんとしたい、と三回したがる。長蛇の列は、まるで国会の牛歩戦術のように、なかなか動かない。

列の後ろに並んでいる男が、ついにしびれを切らして大声を出した。

「もし田中の角さんだったら、もっと手際よくやるぞぉ！　角さんが、怒っているよ」

朝賀は、つい苦笑いした。

〈これは、オヤジの葬儀じゃないか〉

しかし、佐藤の胸中は複雑だった。田中は、総理大臣にまでのぼり詰め、日中国交正常化まで成し遂げた。本来ならば、国葬とまではいかないにしろ、政府が葬儀をしてもおかしくない。

一方、田中は、いまもなお争いつづけているロッキード裁判の刑事被告人でもある。ゆえに、政府与党が関与するわけにはいかない。そのために、田中家と自民党との合同葬というかたちをとったのである。

稀代の政治家・田中角栄

佐藤は、田中角栄は、下の議員から畏敬の念をこめて「オヤジさん」と呼ばれる最後の政治家ではないかと思う。ごく一般的に、オヤジとは田中角栄のことをいう。のちに、梶山静六がふらりと佐藤昭子の事務所にやってきて、こう言った。

「オヤジといわれるのは、目白のオヤジでおしまいだ」

梶山は、一年生議員のときから、田中のことを「オヤジさん」と呼び、慕っていた。

小沢一郎も、毎日午後四時になると「おばんです」と言いながら田中事務所に顔を出し、田中の横でなにかを吸収しようとしていた。単に怖いだけなら、だれも寄りつかない。

たとえば、佐藤派の議員が、佐藤栄作元首相のところに気やすく遊びに行ったであろうか。幹部たちが何か用事があったときに行くだけだ。田中の場合は、一年生議員は言うにおよばず、これから立候補しようとしている新人も訪ねてきて、「オヤジさん」と親しみをこめて呼んだ。

リーダーには、政策能力と合わせていくつもの要素が求められる。が、まず、人間性が問われる。人間的魅力がなければ、だれもついてこない。ついてくる人がいなかったら、そこから傑物も出てこない。

田中派「木曜クラブ」の事務局員をへて、昭和六十一年に国会議員となり、選挙区事情から中曾根派入りした石破茂は、これまでの人生のなかで、「この人は、人間ではない」という印象を受けたのは、田中角栄だけであった。

〈田中先生は、人ではない。魔神だ〉

田中には、全身に漲るパワーに圧倒されるような怖さがあった。

その背景には、絶大なる権力があった。

田中は、目白台の私邸で豪語していた。

「みなさんネッ、日本の政治はネッ、永田町で決まるわけでも、霞が関で決まるわけでもない。ここで決まるんです、ここで。わたしが決めれば、なんでも決まるッ」

石破は、その話を耳にするたびに、全身が震えたものだ。

田中の弁護人の一人であり、衆議院議員を十三期つとめた保岡興治は、田中角栄はマネージメントもうまかった、と思う。

田中は、こう言っていた。

「政界は、海千山千の動物園だ。いろいろな人がいるが、政策実現の目的のためには、みんなそれぞれに使えるんだ」

保岡も、つくづくそう思う。田中は、適材適所の布陣を組んでいた。

田中政治は、金権腐敗、族議員化、サービス型政治の極み(きわ)であったと負の部分を強調する人もいる。が、保岡は、それは一方的すぎるという。

「田中政治は、日本型システムの成功例として、一時代を築いた。欧米モデルという国民のコンセンサスを得た国家目標があったので、それをひたすらめざし、経済の拡大をくわだてた。サービスこそ政治という欧米モデルの姿・形を、みごとに中選挙区のなかで活かし、実現した。役割を分担し、役所と連携し、国民の求めているサービスを実現させ、議員は、地位と金をつくれるようにした。そのようにして、順番に族議員を育てていった。

そうして、なんでも玉手箱、どこを引き出しても国民が求めているサービスがあるという巨大な田中派をつくった。田中派が、〝総合病院〟といわれたのもこのせいだ」

だが、その手法には、行きすぎがあり、節度を失ったことも事実だ、と認める。

「いま、田中政治を総括し、日本は何をすべきかに意識を集中させ、みんなが持てる力を合わせて国家のために一生懸命に取り組むことが必要だ。田中政治が一時代を築くことができたのは、時代が求めていたいい部分があったからだ。

しかし、かつては成功システムであったものも、時代に合わなくなったら、大胆(だいたん)に変えていく必要がある。オヤジがいま政界にいれば、大胆にシステムを変えていく」

鳩山邦夫(はとやまくにお)は、田中の秘書をしている頃、総理として全盛期にあった田中から、しみじみとした口調で言われた。

「田中政治を継承しろとも言わない。時代は変わる。きみとおれとでは、タイプが違う。したがって、田中政治の教師たる部分は、大いに吸収してもらいたいが、むしろ反面教師の部分もあるだろうから、それは批判精神をもっておれの政治を見ておってくれ」

二十一世紀に入ってもなお、田中角栄待望論は根強く残っている。いや、いっそう強くなっている。この田中待望論をどのようにとらえればいいのか。

なお、最高裁は、平成五年十二月二十四日、受託収賄罪と外為法違反などの罪に問われていた田中角栄が死亡したことにより、田中の公訴を棄却する決定をした。公訴棄却の決定とは、有罪・無罪の裁判ではなく、死亡により公訴（検察官の起訴）を無効にするという裁判である。

したがって、田中に対する有罪判決はなくなった。

著者略歴

一九四四年、広島県に生まれる。広島大学文学部を卒業。「週刊文春」記者をへて、作家として政財官界から芸能、犯罪まで幅広いジャンルで旺盛な創作活動をつづけている。

著書には『十三人のユダ　三越・男たちの野望と崩壊』（新潮文庫）、『昭和闇の支配者』シリーズ（全六巻、だいわ文庫）、『トップ屋魂　首輪のない猟犬』（イースト・プレス）、『安倍官邸「権力」の正体』（角川新書）、『高倉健の背中　監督・降旗康男に遺した男の立ち姿』（朝日新聞出版）、『孫正義に学ぶ知恵』（東洋出版）、『落ちこぼれでも成功できる　ニトリの経営戦記』（徳間書店）、『逆襲弁護士　河合弘之』『専横のカリスマ　渡邉恒雄』『激闘！闇の帝王　安藤昇』『永田町知謀戦』（1・2・3・4）『百円の男　ダイソー矢野博丈』『日本のドン　血と弾丸の抗争』（以上、さくら舎）などがある。

田中角栄（たなかかくえい）　最後（さいご）の激闘（げきとう）
――下剋上（げこくじょう）の掟（おきて）

二〇二〇年二月一〇日　第一刷発行
二〇二〇年二月二二日　第二刷発行

著者　大下英治（おおしたえいじ）

発行者　古屋信吾

発行所　株式会社さくら舎　http://www.sakurasha.com
東京都千代田区富士見一-二-一一　〒一〇二-〇〇七一
電話　営業　〇三-五二一一-六五三三　FAX　〇三-五二一一-六四八一
編集　〇三-五二一一-六四八〇　振替　〇〇一九〇-八-四〇二〇六〇

装丁　石間　淳

印刷・製本　中央精版印刷株式会社

ISBN978-4-86581-236-7